Case Study ケーススタディ

多額の資産をめぐる離婚の実務

財産分与，婚姻費用・養育費の高額算定表

三平聡史 Satoshi Mihira ［著］

日本加除出版株式会社

はしがき

社会において夫婦や婚姻外の男女のトラブルはとてもありふれています。法律的には離婚，財産分与，養育費や婚姻費用として解決することになります。当然，これらの法律的な理論や解決のためのノウハウについて説明する書籍は数多くあり，離婚や男女問題に取り組む弁護士の多くが一般的な知識を習得しています。

しかし，一般的な知識では対応できない問題もいくつかあり，その１つが「当事者の１人の収入や資産が大きい」場合の法的扱いです。

まず，離婚に伴う財産分与では，通常であれば「ふたりの財産を合わせて折半する」という大原則を比較的スムーズに適用できますが，一方の収入や資産が大きい場合は，分与対象財産をどのようにカウントするか，また，分与割合として50% は妥当なのか，という問題がでてくる傾向が強いです。

また，婚姻費用・養育費については，通常であれば標準算定表を当てはめた上で，特殊事情で微調整するというプロセスで足りることが多いですが，当事者の一方が算定表の上限年収を超える場合には，そもそも算定表に当てはめること自体ができません。当然，個別的に計算することになりますが，画一的な計算方法はありません。

日々，いろいろな文献・論文を目にしていますが，このような「多額の収入や資産を持つ者」にテーマを絞ったものはほとんど見当たりません。そこで多額の資産をめぐる財産分与と高額の収入に関する婚姻費用・養育費をテーマとして，実務に携わる弁護士や司法書士の方が使いやすい書籍としてまとめようと考えました。多額の資産や高額の収入に関する問題は，前述のように個別的事情が反映される傾向が強いです。そこで，具体的ケースの紹介を中心としつつ，婚姻費用・養育費については(改定)標準算定表の上の部分(義務者の収入が上限を超える部分)を表として作ることにしました。なお，一般の方(当事者ご自身)が読んでも分かるように，専門用語には説明を加えるなどの工夫もしました。

なお，脱稿時点で，新型コロナウイルス（COVID-19）感染症が世界中への拡散の規模が大きくなりつつあり，社会・経済に大きな影響を与えています。今後，事業内容によっては大きなダメージを受け，従事する個人が職を失うことや収入が大きく下がるということが生じることが予想されます。その結果，婚姻費用・養育費の算定への反映をどうするか，また，既に定まっている婚姻費用・養育費の増減額請求をどのように扱うかということを中心に，（元）夫婦間のトラブルにつながることが考えられます。これらの問題も結局，基本的な従前の考え方に当てはめるということに変わりはありません。

いずれにしましても，本書は，日々調査，研究している，裁判例，学説と事例を基に，弁護士・司法書士の方，また，一般の方がトラブルを解決する際に役立つように執筆しました。当然，今後も法令や解釈は社会情勢とともに変わっていきますので，私としても，調査，研究を続けたいと思っております。

2020年4月

弁護士　三平聡史

凡　例

文中に掲げる裁判例・文献等については，次の略記とする。

〔裁判例〕

最判昭和33年4月11日

最高裁判所判決昭和33年4月11日

札幌高決昭和44年1月10日家月21巻7号80頁

札幌高等裁判所決定昭和44年1月10日家庭裁判月報21巻7号80頁

名古屋家審平成10年6月26日判タ1009号241頁

名古屋家庭裁判所審判平成10年6月26日判例タイムズ1009号241頁

松山地西条支判昭和50年6月30日判時808号93頁

松山地方裁判所西条支部判決昭和50年6月30日判例時報808号93頁

〔判例集〕

家月　家庭裁判月報

家判　家庭の法と裁判

下民　下級裁判所民事裁判例集

東高民時報　東京高等裁判所民事判決時報

判時　判例時報

判タ　判例タイムズ

〔文　献〕

実証的研究　司法研修所編『養育費，婚姻費用の算定に関する実証的研究』（法曹会，2019年）

日弁連・新算定表マニュアル　日本弁護士連合会両性の平等に関する委員会編著『養育費・婚姻費用の新算定表マニュアル』（日本加除出版，2017年）

松本　松本哲泓『婚姻費用・養育費の算定―裁判官の視点にみる算定の実

務―』（新日本法規出版，2018年）

森・算定事例集　森公任・森元みのり編著『簡易算定表だけでは解決できない養育費・婚姻費用算定事例集』（新日本法規出版，2015年）

岡・判タ1209号　岡健太郎「養育費・婚姻費用算定表の運用上の諸問題」判例タイムズ1209号（2006年）

判タ1111号　東京・大阪養育費等研究会「簡易迅速な養育費等の算定を目指して―養育費・婚姻費用の算定方式と算定表の提案―」判例タイムズ1111号（2003年）

松本・家月62巻11号　松本哲泓「婚姻費用分担事件の審理―手続と裁判例の検討」家庭裁判月報62巻11号（2010年）

掲載ケースの説明

1　一般的注意点

本書に掲載しているケースは，解決に至った事例を基にして，その一部を変更し，または複数の事例を組み合わせてまとめたものです。もちろん，同種案件の処理において参考となるよう，本質的な判断のエッセンスは残してあります。一方で，判断プロセスや解決結果にほとんど影響を及ぼさない事情については記載を省略しています。

なお，ケースの背景事情等については，あくまで架空の設定であることをおことわりしておきます。

2　標準算定方式・算定表の「改定」との関係

本書に掲載しているケースは，標準算定方式・算定表の「改定」（→「第3　標準算定方式・算定表の「改定」について」57頁）よりも前に解決した事例を基にして，その一部を変更し，または複数の事例を組み合わせてまとめたものです。このことから，婚姻費用や養育費の計算では，（改定ではない従来の）標準算定方式・算定表を用いています。

しかし，これらについては，「第3　標準算定方式・算定表の「改定」について」のように，「改定」においても基本的な枠組みに変更はありません。そのため，現在（今後）の案件処理においても，基礎収入割合（統計データ）と子の生活費指数を最新の数値に置き換えれば基本的にそのまま通用します（問題は生じません）。

目 次

第３　標準算定方式・算定表の「改定」について

第４　婚姻費用・養育費

資料　高額算定表

第1 証拠（資料）の収集

財産分与・養育費・婚姻費用に関する証拠収集

⑴　証拠収集が重要である構造

財産分与・養育費・婚姻費用に関する問題は，（元）夫婦それぞれの財産の状況によって判断されます。しかし，対立している状況では，当事者が財産に関する証拠（資料）を任意に開示しないということがとてもよくあります。そこで，相手方の財産に関する証拠を十分に取得できるかどうかが，結果に大きく影響することが多いです。

⑵　証拠収集の方法

相手方の財産に関する証拠を取得する方法にはいろいろなものがあります。家事調停・審判や訴訟の段階では，裁判所を介した調査，具体的には文書送付嘱託，調査嘱託や，文書提出命令を申し立てることができます。訴訟提起後（係属中）であれば，当事者照会も利用できますが，実効性に問題があります（加藤新太郎ほか編『新基本法コンメンタール　民事訴訟法1』（日本評論社，2018年）473，474頁参照）。

一方，交渉の段階では原則的に，このような裁判所による強力な証拠収集手段を利用することはできません。この点，交渉や調停の段階でも利用できる証拠収集手段として，弁護士会照会（弁護士法23条照会）があります。しかし，照会先の機関が開示に応じない傾向があり，裁判所による手続よりも実効性が劣るといえます。

なお，令和元年に民事執行法が改正され，債権者が債務者の財産を調査する手続が従前よりも大きく拡充されました（令和2年4月1日施行）。具体的にはまず，従前は財産開示手続の申立に必要な債務名義の種類が制限されていましたが，この制限が解消されました（金銭債権の債務名義であれば種類を問わなくなりました）（民事執行法197条1項本文）。また，財産開示手続における債務者の不出頭，宣誓拒絶，陳述拒絶，虚偽陳述についての罰則が，30万円以下の過料から，6か月以下の懲役又は50万円以下の罰金に強化されました（民事執行法213条1項5号，6号）。さらに，法改正により「第三者からの情報取得手続」が新たに創設されました（民事執行法197条，205～207条）。債務者の所有する不動産，債務者名義の預貯金，債務者の給与に関する情報（勤務先）について，第三者（登記所，金融機関，市町村など）に対して，裁判所を通して照会できるという制度です。

ただしいずれも「債務名義を取得した債権者」だけが利用できるものです。これは，従前の財産開示手続の制度の目的が，権利実現の実効性を確保するというものであるためです（山本和彦監修『論点解説　令和元年改正民事執行法』（金融財政事情研究会，2020年）16頁）。この点，財産分与・養育費・婚姻費用をこれから定める状況では通常，まだ相手方に対する債務名義を取得していません。そこで，財産分与・養育費・婚姻費用を計算するために民事執行法上の財産開示手続や第三者からの情報取得手続を利用するということはあまり考えられません。あえて言えば，別居中に調停や審判によって婚姻費用が定められた後に，義務者が履行しない（支払わない）という状況で，権利者が財産開示手続や第三者からの情報取得手続を利用し，結果的に義務者の財産の状況を把握できる（その後の財産分与や養育費の計算に用いる）ということはありえます。

⑶　財産に関する証拠（資料）の具体例

相手方の財産（ストック・フロー）を把握するための証拠にはいろいろなものがあります。

ア　預貯金・有価証券

預貯金や株式その他の有価証券については，金融機関に対して取引履歴の開示を求めます。ただし現状では，ほとんどのケースで金融機関は「名義人の承諾」がない限り開示には応じないという対応をとっています（民事証拠収集実務研究会編『民事証拠収集－相談から執行まで』（勁草書房，2019年）16頁）。

イ　税　金

収入について最も有用な資料は，源泉徴収票や確定申告書（控え）などの税金（納税）に関する公的な資料です。実際に養育費・婚姻費用の算定のケースの多くで当事者が任意に開示しています。

任意に開示されない場合には，税務署に対して照会するという方法が考えられますが，実際に弁護士会照会をしても，拒否されますし，裁判所の調査嘱託に対しても，公務員の守秘義務を根拠にして開示に応じないのが通常のようです（民事証拠収集実務研究会編『民事証拠収集－相談から執行まで』（勁草書房，2019年）28頁）。

ウ　各収入の支出者

相手方の（元）勤務先に対して，給与支給額（給与明細）や退職金の支払明細の開示を求める方法もあります。

例えば，相手方が医師である場合には，その収入のうち一部（大部分であることが多い）は社会保険から受領する診療報酬です。そこで，都道府県の国民健康保険団体連合会，都道府県の社会保険診療報酬支払基金事務所に対して，診療報酬の支払実績の開示を求める方法もあります。

また，相手方が音楽に関する著作活動をして収入を得ている場合には，一般社団法人日本音楽著作権協会に対して，著作権使用料の支払実績の開示を求める方法もあります。

いずれも，照会先が開示に応じることもありますが，開示するかどうかが一律に決まっているわけではありません。

第2　財産分与

1　夫または妻名義の個人事業の資産の扱い

(1)　典型的な分与対象財産（前提）

清算的財産分与の対象財産は，実質的に夫婦の協力によって得た財産です（民法768条3項参照）。これを夫婦共有財産と呼んでいます。簡単にいうと，婚姻から破綻の時点までの間に夫と妻が得た収入ということになります。

分与対象財産（夫婦共有財産）の典型的なものは，預貯金その他の金融資産や不動産です。これらの財産であれば，金銭に評価することや分与することは比較的容易です。

(2)　事業の扱いの問題点

しかし，夫や妻の就労や任務への従事の結果が事業となっているケースでは，分与対象財産として捉えるべきかどうか，分与対象財産として扱う場合には，金銭的評価の方法，分与する方法が問題となります。

(3)　個人事業の扱い

ア　基本（事業用資産を分与対象とする）

最初に，事業を夫または妻の個人として行っている，つまり個人事業（主）であるケースについて説明します。

基本的には，個々の事業用資産を分与対象財産として扱います。つまり，事業用であってもなくても，夫・妻に帰属する財産（のうち夫婦の協力によって得たもの）は分与対象財産になるということです。これは，名実ともに個人での事業といえるような小規模なものを前提としています。

➡ケース２，ケース３

イ　例外的な評価（収益性の評価）

大規模な設備や多くの従業員がいるような大規模な事業である場合には，個々の資産だけではなく収益性により事業の価値を評価する方法をとる傾向があります。

➡参考裁判例１（松山地西条支判昭和50年６月30日）

しかし実際には事業の規模が大きくなった場合，株式会社その他の法人を設立し，その法人が事業を引き継いで遂行する（法人成りする）ことが多いです。そのため，個人事業主で規模が大きいというケースは少ないです。

ウ　特殊な分与の方法（事業譲渡）

個人事業については，従前の事業主（夫または妻）が事業を継続することをもって分与を受けたものとするのが通常です。つまり，他の分与対象財産については，事業主以外の配偶者の方が多くの分与を受けることになります。

ただし，事業そのものを夫と妻に振り分けるケースもあります。具体的には顧客を振り分けるという方法です。法的には事業譲渡にあたるといえるでしょう。

➡ケース１，参考裁判例２（東京高判昭和54年９月25日）

◎関連するケース・裁判例

- ▶ケース１　財産分与として夫と妻の個人名義の事業の顧客を分けた
- ▶ケース２　夫独自の個人事業に用いていた不動産を分与対象財産に含めた
- ▶ケース３　夫独自の個人事業の財産を債務も含めて分与対象財産とした
- ▶参考裁判例１　松山地西条支判昭和50年６月30日判時808号93頁
- ▶参考裁判例２　東京高判昭和54年９月25日東高民時報30巻９号225頁・判時944号55頁

財産分与として夫と妻の個人名義の事業の顧客を分けた

事案の概要

男性（夫）と女性（妻）は婚姻し，２人の子をもうけました。

夫婦で機械の販売業を営んでいました。法人化はせず，基本的に夫の名義で取引を行っていました。実情は，夫婦それぞれが営業活動をし，得意先を持っていました。

業績は良好で，年間収益として2500～3000万円を維持していました。

婚姻後約25年の時点において，自宅以外の不動産や預貯金として２億5000万円相当の財産がありました。財産は基本的に夫の名義となっていましたが，婚姻後の事業収入により形成したものでした。

その後，夫婦の仲が悪くなり，離婚に向けた協議が進みました。

不動産や預貯金については，実質的に折半にすることについては夫婦で同意できましたが，今後の事業をどのようにするかについて意見が対立しました。

≪争点（見解の違い）≫

夫：夫名義での取引（事業）については財産分与には関係しないので，離婚後には取引に妻は関与しない。

妻：夫名義での取引の実質としては妻自身による取引も含まれる。財産分与として，離婚後にも，妻が一定の顧客との取引を継続する。

結論　裁判外の和解成立

離婚する。

夫名義での取引（顧客）のうち約４割を妻（が設立した会社）が承継して取引を継続する。

実質的な事業譲渡として妻が夫に3000万円を支払う（財産分与の中で調整する）。

合意成立のポイント

1　事業の承継者

大きな方向性として，妻が主に担当していた顧客について，新たに妻が設立した会社で引き取ることについて，両当事者は同意しました。

2　事業承継の対価

ただし，妻が引き取る顧客と，夫に残す顧客とで，取引による収益の程度に差がありました。妻としてはこの差額を金銭で調整すべきであると主張しました。

そこで，両当事者で，各顧客の過去の売上・利益のデータを基にしつつ，各顧客の今後の売上見込（約7年間に得る利益）を表にまとめる作業を行いました。

交渉を経て，それぞれの主張の中間付近の内容で「売上・利益の見込表」を同意するに至りました。これを基にして，夫が妻に調整金として3000万円を（実質的に）支払うことになりました。

具体的には不動産や預貯金の分与に3000万円の差を付ける（調整する）という内容でした。

3　事業承継の履行

なお，この交渉と平行して，各顧客に対して取引主体が変更することについて説明し，了承を取り付ける活動も進めていました。

最終的には，「事業譲渡」を含む内容で離婚条件を書面にまとめて調印しました。不動産・預貯金については，夫が妻に1億4000万円相当を分与し，夫には1億3000万円相当が残ることになりました。

4　特徴的な解決プロセス

顧客との取引の価値を，客観性を持たせつつ評価（計算）したところが特徴的でした。

夫独自の個人事業に用いていた不動産を分与対象財産に含めた

事案の概要

男性（夫）と女性（妻）は婚姻し，2人の子をもうけました。婚姻後，夫婦は一緒に飲食店を営んでいました。

飲食店経営とは別に，夫は不動産の取引も行っていました。不動産業については，夫と従業員1人で行っていました。

やがて夫婦の仲が悪くなり，離婚する方向で協議が進みました。

夫名義の5000万円相当の預貯金，2億5000万円相当の不動産が存在しました。預貯金のうち大部分と，不動産のすべては，不動産業の一環として取得し保有しているものでした。

≪争点（見解の違い）≫

夫：夫名義の財産は夫自身の個人事業の事業用資産であるため，分与対象財産ではない。

妻：夫名義の財産は事業用資産も含めて分与対象となる。

結論　調停成立

離婚する。
夫名義の事業用資産も分与対象に含める。
夫が妻に6300万円を分与する。

合意成立のポイント

1　不動産業への妻の関与

夫の不動産業について妻が関与することはなく，夫が独自に行っているといえる状態でした。

2　家計と不動産業との分離

一方，不動産業に関する預貯金と家計としての預貯金は，明確には分けられていませんでした。

このように，財産の区別が曖昧である上に，不動産業の人員的な規模が小さいという事情から，不動産業に関する財産も分与対象とする方向性となりました。

3　妻の事業への関与

不動産業の利益は大きいものでしたが，これに対する妻の直接の関与がありませんでした。一方で，飲食店経営による利益はそれほど大きくはありませんでした。

そのため，妻が2つの事業による財産形成に貢献した程度は比較的小さいといえるものでした。そこで，妻の分与割合を小さくする方向性となりました。

4　全体的な調整

最終的に，家計としての預貯金1000万円の50%（500万円）と，事業用資産の預貯金と不動産２億9000万円相当の20%（5800万円）を妻に分与することで合意に達しました。

以上のように当初は，不動産業の事業用資産について分与対象に含めるかどうかについて，当事者の意見が対立していました。これについて，夫側としては，妻の分与割合を下げることを前提に，不動産業に関する財産も分与対象に含めることに応じたともいえます。

CASE 3　夫独自の個人事業の財産を債務も含めて分与対象財産とした

事案の概要

男性（夫）と女性（妻）は婚姻し，１人の子をもうけました。婚姻後，夫婦で食品製造業を営んでいました。

食品製造業とは別に，夫は不動産取引と宿泊事業も行っていました。不動産取引については従業員はなく，宿泊事業については，アルバイトが数人いました。

やがて，夫が不貞を行い，これが妻に発覚しました。夫婦の仲が悪くなり，離婚する方向で協議が進みました。

夫名義の5000万円相当の預貯金，8000万円相当の不動産が存在しました。また，不動産の取引に伴う夫名義の借入が約3000万円程度残っていました。

≪争点（見解の違い）≫

夫：夫名義の預貯金のうち大部分と不動産すべては夫自身の個人事業の事業用資産である。事業用資産は分与対象財産ではない（分与対象財産は預貯金のうち一部だけである）。

妻：夫名義の財産はすべて分与対象となる。

結論　裁判上の和解成立

離婚する。

夫名義の事業用資産も分与対象に含める。
夫が妻に5000万円を分与する。

合意成立のポイント

1　不動産業・宿泊業への妻の関与

夫の不動産取引，宿泊業については，妻が事業に関与することはありませんでした。

2　家計と事業との分離

一方，不動産取引に関する預貯金と家計としての預貯金は，明確に分けられていませんでした。宿泊業に関する預貯金は，一応家計と区別されていましたが，金額として多くはありませんでした。

3　裁判所の心証開示

このように，財産の区別が曖昧である上に，不動産取引の人員的規模が小さいという事情から，裁判所は，不動産取引に関する財産も分与対象とするという心証を開示しました。

4　全体的な調整

最終的に，夫から妻に5000万円を分与して離婚するという和解が成立しました。

これは，不動産取引に関して負った夫の債務も含む事業用財産も分与対象として扱い，分与割合として5割を用いたことにより算出されたといえます。ただし，実際には夫は不貞の慰謝料を負担すべき状態でした。実質的には，資産形成の寄与の程度は夫の方が若干大きいけれど，夫の不貞慰謝料分を差し引いた結果，（表面的な）分与割合が5割となったともいえます。

参考裁判例1　**夫婦（個人）共同の事業（営業権）の評価額を顧客数を基に計算した**
松山地西条支判昭和50年6月30日判時808号93頁

婚姻後，妻がプロパンガス販売業を始めた。その後，夫も従事するようになった。法人化することはせず，夫婦それぞれ個人が取引をしているような状況であった。

妻は，（離婚に伴う）財産分与を請求した。

裁判所は，不動産を含む事業用資産その他の財産・負債とは別に営業権も計算上，夫婦共有財産として認めた。営業権の評価については，得意先１戸あたりの単価 5000 円に約 3000 戸を乗じた 1500 万円とした。そして「原告（妻）の長期間忍従を強いられながら夫婦財産を構築してきたその尽力の程度，子の養育に捧げてきた費用等諸般の事情を考え」て，妻の分与割合を７割とし，夫が妻に金銭で分与することとした。

判決文から明確には読み取れないが，事業を開始し，規模を拡大したことについて妻の関与が大きかったことに加え，夫の不貞や婚外子を作ったことによる慰謝料的要素も分与割合に反映されているように思われる。

参考裁判例２　**夫婦（個人）共同の事業の得意先（名簿）を妻に分与した**
東京高判昭和 54 年９月 25 日東高民時報 30 巻９号 225 頁・判時 944 号 55 頁

夫婦が共同で医薬品配置販売業（いわゆる「富山の薬売り」）を営んでいた。妻は，（離婚に伴う）財産分与を請求した。

裁判所は，夫婦の離婚に伴う財産分与として，清算的・慰謝料的・扶養的要素のすべてを考慮した上で，土地・建物・金銭とともに，帳簿９冊，現金 500 万円を夫が妻に分与することを定めた。なお，帳簿とは，「懸場帳」と題するもので，配置薬の得意先 905 戸分が掲載されていた。

2 法人の財産の扱い

⑴　法人の株式（株価）を分与対象財産とする（法人の原則形態）

夫や妻，また，その近親者が中心となって事業を行っているというケースはよくあります。いわゆる家業と呼ばれるような状況です。

そうすると，事業用財産や事業そのものに大きな経済的価値があり，夫婦がこれらを築いたと考えることもできます。この問題に関する法的扱いにはいくつかのバリエーションがあります。

最初に，法人として事業を遂行しているというケースについて説明します。

まず，理論的な原則論として，清算的財産分与の対象となる財産は，基準時（破綻の時点，通常は別居時点）において夫・妻に帰属する財産（のうち，特有財産以外）です。夫・妻以外の者に帰属する財産は分与対象財産とはならないのが原則です。

この原則論からは，法人に帰属する財産や，法人として行っている事業（そのもの）は分与対象財産とはなりません。一方で，事業を行う株式会社の株式を夫や妻が保有しているというケースはとても多くみられます。その場合，株式が分与対象財産となります。これが，清算的財産分与における家業を行う法人の原則的な扱いです。

実務では，分与対象財産の計算における株式の評価（額）について意見が熾烈に対立することがよくあります。そこで，株式の評価（株価算定）の基本的な方法について以下説明します。

⑵　株式の評価（上場・非上場）の一般論

ア　上場株式の評価方式

上場株式の評価は単純です。

別居時（清算的財産分与の基準時）に保有していた株式の数量に，現在時の株式の時価（株価）をかけて評価額を算出するのが原則です。

ただし，株価の変動が大きい場合には，この原則的な評価では公平性を欠くようなこともありえます。そのような場合には，いろいろな形で個別的な調整がなされます。例えば，別居時（基準時）と現在時（訴訟の場合は口頭弁論終結時）の平均の金額を採用することもあります。

イ　非上場株式の評価方式

⑺　財産分与における評価方式

実際には，家業が法人となっているケースでは通常，株式は上場されていません。公開された市場における評価額というものは使えないのです。

財産分与における非上場株式の評価方法について確立した基準はありません。個別的な事情によって裁判所が裁量で評価方法を決めるということになります。

ところで，財産分与に限らず，いろいろな状況で非上場株式の評価は行われます（後述）。遺産分割では，税務上の評価が流用されることが多いです。財産分与でもほぼ同じです。

財産分与の評価方法のうち主なものは，純資産価額方式，類似業種比準価額方式，これらの併用方式，配当還元方式などです。

なお，遺留分の請求に関して非上場株式の評価が行われる場合には，評価方法の傾向に少し違いがあります（後述）ので，注意が必要です。

⑴　遺産分割における評価方式

非上場株式が遺産分割の対象となる場合，一般的に，会社法の株式買取請求における価格の算定や税務上の評価を参考とします（片岡武・管野眞一編著『第３版　家庭裁判所における遺産分割・遺留分の実務』（日本加除出版，2017年）229頁）。

⑼　税務上の評価

相続税申告における非上場株式の評価の方式（基準）は，財産評価基本通達に示されています。税務上は「取引相場のない株式」と呼びます。

会社の規模などによって，原則的な評価方式は，類似業種比準方式・純資産価額方式・これらの併用方式などとされています。特例的に配当還元方式による評価を用いることもあります。

(エ)　遺留分の請求における評価方式

遺留分減殺請求（改正法の遺留分侵害額の請求）の手続の中で，遺留分侵害額を算定する際に，非上場株式の評価が必要になることもあります。この場合には，一般的に，時価純資産価額を用いる傾向が強いです（東京地判平成22年12月27日ウエストロー・ジャパン）。

ウ　非上場株式の評価の具体的方法

実際に非上場株式が財産分与の対象となっている場合には，通常，当事者それぞれが具体的な評価（算定）を主張します。私的鑑定を用いることもよくあります。裁判所は，当事者の主張や私的鑑定のうちいずれかを採用するか，中間的な金額を採用することになります。

理論的には裁判所が鑑定を実施する方法もありえますが，実際に裁判所の鑑定が行われることはほとんどありません。

エ　非上場株式の評価をしない分与方法

財産分与において，夫婦共有財産に非上場株式が含まれている場合に，必ずしも株式の評価が行われるとは限りません。株式を（一定の株数で）ふたりに帰属させる（現物分割）という分与方法をとれば，結果的に株式の評価を避けることができます。

もちろん，一般論としては，家業を運営する会社の株式を離婚後の元夫婦が持ち合うことは好ましくはありません。そこで，裁判所が積極的に非上場株式の現物分割を選択することは通常ありません。

ただし，非上場株式の評価額が立証されない（立証が困難である）ので，裁判所がやむを得ず，非上場株式を他の財産から切り離し，財産分与の割合に応じて現物分割を命じるという方法もあります（山本拓「清算的財産分与に関する実務上の諸問題」家月62巻3号7,36頁参照）。

◎関連するケース・裁判例

▶ケース4　夫が経営する会社の株式を分与対象として私的鑑定で株価を算定した

▶ケース5　実質的に夫の個人事業といえる会社の純資産評価がマイナスだったため株価をゼロとした

▶ケース6　医療法人の出資持分を分与対象財産とし出資持分は純資産の

6割と評価した

▶参考裁判例3　大阪高判平成26年3月13日判タ1411号177頁

夫が経営する会社の株式を分与対象として私的鑑定で株価を算定した

事案の概要

男性（夫）と女性（妻）は婚姻しました。

婚姻後に，夫は株式会社Aを設立し，事業を始めました。夫は，会社Aの株式のすべてを有していました。その後事業の規模は拡大し，従業員は約20人に達しました。

やがて夫婦の仲が悪くなり，妻が離婚をしたいと告げ，夫も離婚することについては承服しました。ここで，株式の評価について大きな見解の違いが生じました。

≪争点（見解の違い）≫

夫：夫婦共有財産は1億円（株式の評価額は7000万円）である。
その30％である3000万円が清算的財産分与の金額である。

妻：夫婦共有財産は4億円（株式の評価額は3億5000万円）である。
その2分の1である2億円が清算的財産分与の金額である。

結論　**裁判上の和解成立**

離婚する。

会社Aの株式を分与対象財産に含める。婚姻後の株価の上昇分を分与対象財産として計算する。

夫が妻に解決金として5000万円を支払う。

合意成立のポイント

1　特有財産からの出資

夫から株式会社への出資の大部分は，婚姻前に夫が蓄えた預貯金（特有財産）から支出されていました。婚姻後に増資もなされており，その際の出資は夫の特有財産と，婚姻後の収入（共有財産）が混在しており，比率を明確に特定することはできませんでした。

2　私的鑑定をベースとした和解交渉

夫側が株価の私的鑑定を行いました。後述のように，詳細な評価が示され，当事者は評価の内容をベースとしつつ，裁判所を介して和解交渉を進めました。

3　純資産方式

純資産による評価は1億円でした。会社の保有資産は現預金が多く，純資産としての評価の幅はあまりありませんでした。

4　収益還元方式

会社Aの収益については，直近5年間では，平均値から上下に30%程度の変動に収まっていました。経費の中には，妻への給与もありましたが，実際には稼働も支給もありませんでした。この「帳簿上の経費」については経費から除外（収入に加算）した上で，収益還元方式による算定が私的鑑定の中で示されていました。

収益還元方式による株価は1億8000万円でした。

5　株価の変動（上昇）

前記の純資産方式，収益還元方式による株価の評価額のうち，婚姻後の株価の上昇分は3000万円～1億5000万円程度という評価でした。

6　全体的な調整

株式以外の財産の評価額3000万円を加えて，夫婦共有財産の合計額としては1億5000万円を目安とすることとなりました。

これに財産分与割合30%を掛けると，分与額を約4500万円となります。

最終段階では，夫の方が離婚成立への希望が強かったこともあり，分与額の目安にさらに500万円程度を加算した5000万円を解決金として和解が成立しました。

CASE 5　実質的に夫の個人事業といえる会社の純資産評価がマイナスだったため株価をゼロとした

事案の概要

男性（夫）と女性（妻）は婚姻しました。

婚姻後に，夫は株式会社Aを設立し，小売業を始めました。夫は，会社Aの株式のすべてを有し，役員（取締役）は夫だけでした。

直近の数年間の会社Aの利益は300～600万円程度でした。しかし，純資産額は直近２期の決算時点でマイナスでした。

夫婦の蓄えとしては，夫名義の預貯金が 5000 万円ありました。

やがて夫婦の仲が悪くなり，離婚する方向性で協議が進みましたが，財産分与の中のＡ社株式の評価について見解が対立しました。

≪争点（見解の違い）≫

夫：会社Ａの株式の評価額はゼロである。
預貯金のみが分与対象財産である。

妻：会社Ａは利益が生じ続けているのであるから株価は利益を基準（収益還元方式）にするべきである。そうすると株式の価値は約 5000 万円となる。
これと預貯金の合計額が分与対象財産である。

結論 **調停成立**

離婚する。
株式の評価はゼロとする。
預貯金だけを分与対象財産とする。
夫が妻に 3000 万円を分与する。

合意成立のポイント

1 株価評価の方法の一般論

非公開会社の株価の評価にはいくつかの方法があります。清算的財産分与の計算においては，純資産方式が用いられる傾向がありますが，収益還元方式が用いられることもあります。

2 会社の経済的実情

本ケースでは，純資産方式と収益還元方式とで大きな違いが出るという状況でした。その本質的な理由，つまり会社の経済的な実情は，借金を減らしつつあるという状況だったのです。

3 株価評価方法と会社の実情との関係

仮に（一般論として），借入れにより大きな投資をして，その成果が出て利益が出続けているのであれば，会社の財産状況の評価としては，現時点での借入れ（純資産）に着目するのは適切ではなく，利益が出ている状況に着目する方が適切であるといえます。

しかし，本ケースでは設備投資のようなものがあったわけではなく，長期的な損益の変動（波）の中にあるという状況でした。

そこで，原則的な純資産方式が妥当であると考えられたのです。

4　私的鑑定と意見書

離婚調停の進行中に，夫・妻が株価についての私的鑑定を行いました。さらに，それぞれが相手方による私的鑑定についての意見書（批判するもの）を提出しました。

5　全体的な調整

結果としては，前述のような理由で実質的に純資産方式による評価額が採用されたといえます。ただし，預貯金の半額2500万円よりも500万円を上乗せした金額が最終的な分与額となりました。仮に訴訟に至り，裁判所による鑑定が実施された場合には，収益還元方式が部分的に採用される（純資産方式よりも高い評価額となる）可能性もありました。そのため，夫側がこのリスク分を譲歩したともいえます。

CASE 6　医療法人の出資持分を分与対象財産とし出資持分は純資産の６割と評価した

事案の概要

男性（夫・医師）と女性（妻）は婚姻しました。

夫は婚姻当時勤務医でしたが，その後，診療所を開業しました。夫は後に，診療所を法人化しました（医療法人社団・出資持分あり）。

出資持分は夫が90%，夫の父Ａが10%を有していました。しかし，Ａの出資のうちほぼ全額は，現実には夫が負担していました。

診療所の開設以来，妻が事務長として非常勤で従事し，その他の常勤の事務スタッフは２〜３名いました。

やがて夫婦の仲が悪くなり，離婚する方向で協議が進みましたが，財産分与の中の診療所に関する扱いについて見解が対立しました。

医療法人の保有財産は8000万円でした。

他に預貯金や金融資産もありましたが，この財産についての見解の対立はありませんでした。

≪争点（見解の違い）≫

夫：医療法人の保有する財産は分与対象ではない。
夫の持つ出資持分（90%）は分与対象となるが，確実に換金できるものではないので評価はゼロである。
仮に分与対象財産であったとしても妻の寄与割合は10% である。

妻：医療法人の保有財産は，法人化前の診療所の施設や設備であったので分与対象財産となる。
仮にそうではないとしても，夫が実質的に持つ出資持分（100%）が分与対象財産となる。出資持分の評価は医療法人が保有する財産である（純資産方式）。結局，医療法人が保有する財産を分与対象財産としたのと同じ結果である。
妻の寄与割合は50% である。

結論　裁判外の和解成立

離婚する。
医療法人の保有財産の６割相当額を分与対象とする。
妻の寄与割合は３割とする。

合意成立のポイント

1　診療所に関する財産の扱い

夫が医療法人を実質的に支配して（決定権を持って）いましたが，法人と個人を別に扱うという原則から，法人の保有資産をそのまま分与対象財産とすることは避けました。しかし，出資持分を純資産方式で評価することになったので，原則的には同じ結果となるはずです。

しかし，医療法人の特有の仕組みから，一般的な法人である株式会社とは違って出資持分を換金するには大きな制約があります。

2　出資持分の評価

本ケースでは，このような出資持分の特徴から，純資産方式による評価を用いつつ，換金の制限を４割の減額として調整しました。

3　寄与割合の評価

妻は一貫して診療所の運営に従事していたけれども常勤ではなかったという状況から，妻の寄与割合は3割とすることになりました。

4　他の事情の影響

ただし，実際には，合意内容としてこれらの割合が明示されたわけではなく，実質的に診療所に関する財産についての分与額を1300万円として計算することになったといえます。

参考裁判例3

医療法人の出資持分を分与対象とし，純資産の7割相当を評価額とした

大阪高判平成26年3月13日判タ1411号177頁

医師である夫が診療所を運営していた。診療所の財産は夫婦共有財産であった。

その後，夫は医療法人社団（持分あり）を設立し，医療法人として診療所を運営することとなった。

医療法人の出資持分の96.66％を夫が保有し，夫が医療法人を実質的に支配する立場にあった。

妻は，離婚に伴う財産分与を請求した。

裁判所は，医療法人の保有資産は分与対象財産とはせず，医療法人の出資持分（夫の母名義の出資持分を含む）を分与対象財産とした。

【出資持分の評価】

裁判所は，出資持分（全体）の評価としては，医療法人の純資産価額の7割相当額として，夫から妻に金銭で分与することを定めた。

【分与割合】

裁判所は，夫が医師の資格を獲得するまでの勉学等について婚姻届出前から個人的な努力をしてきたこと，婚姻後に医師資格を活用し多くの労力を費やして高額の収入を得ていること，妻が診療所の経理も一部担当していたことを考慮し，夫の寄与割合を6割，妻の寄与割合を4割と定めた。

(3) 法人の保有財産を分与対象財産とする（法人の例外1）

前述のように，法人の保有財産や法人が行う事業そのものは，原則的には分与対象財産には該当せず，あくまでも夫や妻が保有する株式や出資持分が分与対象財産となります。しかし，状況によってはこの原則論では不都合が生じます。

例えば，近親者が株主となっているようなケースでは，株主構成（誰がどの程度の株式を有しているのか）を明確に特定できないこともあります。この場合は，株式の評価自体ができたとしても分与対象財産の算定ができないことになります。

また，医療法人のうち持分なしの社団の形態である場合には，文字どおり出資持分自体が存在しないので出資持分の評価はできません。

そこで，例外的に，法人の保有財産を直接的に分与対象財産として扱うこともあります。なお，株式会社の保有財産を分与対象財産とした場合と，株式を分与対象財産として株価を純資産方式で算定した場合では実質的に同様の結果となります。

◎関連するケース・裁判例

▶ケース7　家業を行う会社の保有財産を分与対象財産とした
▶ケース8　医療法人とMS法人の保有財産を分与対象財産とした
▶ケース9　医療法人（持分なし）の5年分の収益を分与対象財産とした
▶ケース10　家業の会社の保有資産を「祖父母と夫婦」全体の共有として扱った
▶ケース11　家計との混在があったので会社保有財産を分与対象財産とした
▶参考裁判例4　広島高岡山支判平成16年6月18日判時1902号61頁
▶参考裁判例5　大阪地判昭和48年1月30日判タ302号233頁・判時722号84頁
▶参考裁判例6　福岡高判昭和44年12月24日判タ244号142頁・判時595号69頁
▶参考裁判例7　札幌高決昭和44年1月10日家月21巻7号80頁・判タ242号327頁
▶参考裁判例8　長野地判昭和38年7月5日家月16巻4号138頁・下民14巻7号1329頁・判タ166号226頁

家業を行う会社の保有財産を分与対象財産とした

事案の概要

男性（夫）と女性（妻）は婚姻し，４人の子をもうけました。

婚姻前から夫は製造業を行う会社を経営していました。婚姻後，妻も夫の事業に従事するようになりました。妻は当初，経理の業務を行っていましたが，その後，事業が拡大するに伴い，営業の業務も行うようになりました。会社には，夫と妻以外に従業員が２名いました。

会社の業績は良好であったため，会社名義で不動産を中心に多くの資産を取得していきました。

会社名義で所有している不動産の評価額は全体で７億円でした。会社名義の預貯金その他の金融資産は5000万円相当でした。夫名義の資産は預貯金として300万円程度でした。ただし，会社名義の財産と家計としての財産は明確に区別されておらず，混在している状況でした。

その後，夫が不貞をするに至り，これにより夫婦の仲が悪くなり，離婚に向けた協議が進みました。

財産分与に関して見解が対立しました。

≪争点（見解の違い）≫

夫：会社名義の資産は分与対象財産ではない。
仮に夫婦共有財産であるとしても，妻の寄与割合は１割程度である。

妻：会社は夫婦の協力で運営・維持されているため，分与対象財産である。
妻の寄与割合は５割である。

結論　**調停成立**

離婚する。
会社の保有財産を分与対象に含める。
妻の寄与割合は50％とする。
夫は妻に約３億4000万円相当の不動産と預貯金3500万円を分与する。

合意成立のポイント

1 会社と家計の財産の混在

会社財産と家計（夫婦の財産）は混在しており，実際に夫婦（夫個人）名義の財産が非常に少なく，また，会社の従業員は夫婦以外に2名だけと，小規模であったというような状況から，交渉では，会社名義の財産を実質的に夫婦共有財産（分与対象財産）として扱う方向性となりました。

2 寄与割合

会社の事業については，夫が個人的なつながりを広げたために事業が拡大したという経緯もありました。一方，妻は，経理と営業の大部分を担っていたので，貢献の程度は小さくはありませんでした。さらに妻は，4人の子を出産するとともに育児を全面的に担っていました。

以上のような状況から，寄与割合は原則どおりに50％を適用することについて，夫・妻側の共通認識に達しました。

3 不動産の評価と分与対象の選択

なお，不動産については評価額について見解の対立がありましたが，最終的には，調停委員が中間的な金額を提案し，夫と妻の両方が受け入れました。また，妻への分与の大部分は不動産であったため，具体的に分与する不動産についても多少対立がありました。これについては，妻が夫に対する不貞の慰謝料請求を行わないことと引き換えに，妻の希望を優先するという互譲により，比較的すみやかに合意に達しました。

医療法人とMS法人の保有財産を分与対象財産とした

事案の概要

男性（夫・医師）と女性（妻）は婚姻しました。

婚姻以前より，夫は医療法人として診療所を経営していました（医療法人社団・出資持分あり）。

妻は経理を中心に，診療所の運営に従事するとともに，MS（メディカルサービス）法人の役員となっていました。ただし，医療法人とMS法人の財産を明確に区別しておらず，混在している状況もありました。

やがて，妻が夫に不貞の様子がみられたことなどから，夫婦の仲が悪くなり，離婚する方法で協議が進みました。

夫婦の同居期間中に，医療法人の保有する預貯金は約3500万円から約5000万円に増加していました。同じ期間中に，医療法人が受けていた融資の借入残額は約5000万円から約1000万円に減っていました。

MS法人名義の預貯金は約800万円ありました。

夫と妻のそれぞれの名義の預貯金はほぼ同額でした。

夫と妻は財産分与に関して見解が対立しました。

≪争点（見解の違い）≫

夫：医療法人やMS法人の保有財産は分与対象ではない。
医療法人への出資持分は特有財産であり分与対象ではない。

妻：医療法人とMS法人の保有財産は夫婦の貢献により蓄積されたものであり分与対象である。

結論　**裁判外の和解成立**

離婚する。

医療法人とMS法人の保有財産を分与対象財産とする。

妻の寄与割合は50%とする。

夫は妻に約3000万円を分与する（うち500万円はMS法人の退職金として支給する）。

合意成立のポイント

1　分与対象財産の範囲

医療法人とMS法人のいずれも，夫婦以外との者は実質的な資本関係がありませんでした。そして，これらの法人と家計との資産の区別が不十分であり，財産が混在している状況でした。そこで，夫・妻と2つの法人が一体となって，夫婦で築いた財産を保有しているものとして扱うことが妥当という共通認識に至りました。

2　法人財産の評価と寄与割合

医療法人については，プラス財産とともにマイナス財産（債務）もあり，同居期間中に大きく変動していました。そこで，「プラス財産の増加」と「マイナス財産（債務）の減少」の合計額を，実質的な夫婦共有財産の増加額として扱うことになりました。金額としては，プラス財産の増加は1500万円，マイナス財産の減少は4000万円であり，合計額は5500万円です。MS法人の預貯金800万円を加えると6300万円となります。このうち3000万円を妻に分与することになったので，寄与割合はほぼ50％ということになります。なお，この3000万円のうち500万円については，実態と整合する範囲での節税策としてMS法人からの退職金として支出することになりました。

3　他の事情の影響

なお，夫の持つ医療法人の出資持分の評価額を分与対象財産とする考え方もあります。この算定方法を用いた場合，評価に幅が出てくるので，任意の交渉だけでは解決に至らず，手間や時間を多く要することになります。特に夫側は，長期化することや裁判手続となることを避けたいという要望が強かったので，早期解決のために夫側が譲歩したという経緯もあったと思われます。

また，夫には不貞が疑われる状況にあり，仮に任意の交渉が決裂した場合，妻が夫や不貞相手と思われる方に対して慰謝料を請求することが想定されました。この事情も，夫側が譲歩することにつながっていると思われます。

医療法人（持分なし）の５年分の収益を分与対象財産とした

事案の概要

男性（夫・医師）と女性（妻）は婚姻し，２人の子をもうけました。

婚姻以前より，夫は開業医として診療所で稼働していました。その後夫は診療所を法人化しました（医療法人社団・出資持分なし）。

妻は事務長として診療所の運営に従事していました。

やがて夫婦の仲が悪くなり，離婚する方法で協議が進みました。

医療法人の年間の収益（利益）は1800万～2300万円程度であり，医療法人が保有する資産は預貯金を中心として4000万円相当でした。これ以外に，帳簿上は医療法人は夫の複数の親族から数千万円の借入れがありましたが，実態を伴うものかどうかが曖昧でした。

夫名義の預貯金は約1200万円でした。

夫と妻は財産分与に関して見解が対立しました。

≪争点（見解の違い）≫

夫：医療法人の保有財産は分与対象ではない。
出資持分はないので，「出資」が分与対象となることもない。
仮に医療法人の保有財産を分与対象とするとしても親族からの借入れを控除すると評価額はゼロに近い。

妻：医療法人の保有財産は実質的に夫婦が築いたものであり，分与対象となる。

結論　**裁判外の和解成立**

離婚する。

医療法人の５年分の収益（利益）相当額を分与対象とする。

妻の寄与割合は約５割とする。

夫が妻に5500万円を支払う（うち約2000万円は将来の複数回の子の進学時に分割して支払う）。

養育費は標準的金額よりも月額３万円低い金額とする。

合意成立のポイント

1 .医療法人の保有財産算定の困難性

診療所については，実質的に夫婦だけで経営しているといえる状態でした。そのため，医療法人の保有財産を分与対象とすることも考えられましたが，親族からの借入れをどのように扱うかという点について，夫婦間に大きな見解の対立がありました。

2　医療法人の収入からの分与額算定

一方，医療法人のフロー（収入）については，年度による変動がそれほどはありませんでした。そこで，収入をベースにして分与対象財産を算定するという方向性となりました。結果的に，2000 万円程度の年間収入の 5 年分（1 億円）を分与対象としました。これに，夫名義の預貯金 1200 万円を加えた 1 億 1200 万円が分与対象財産の総額となり，その約 2 分の 1 の 5500 万円が分与額となりました。

3　他の事情の影響

実際には，養育費の金額について妻側が譲歩したことも分与額に反映されています。

CASE 10　家業の会社の保有資産を「祖父母と夫婦」全体の共有として扱った

事案の概要

男性（夫）と女性（妻）は婚姻しました。

婚姻前より，夫とその父Ａ，母Ｂ，弟Ｃは，株式会社Ｄとして電気工事業を行っていました。夫が代表取締役で，妻・Ａ・Ｂ・Ｃは取締役でした。株式は，夫・Ａ・Ｂ・Ｃが保有していました。

業務の実態としては，夫・妻・Ａ・Ｃがフルタイムで就業しており，そのほか（親族以外）には従業員が 4，5 名いました。

株主や役員となっている親族は関係が良好であり，役員報酬を実際には支給しないことも多く，また，夫・妻の家族としての出費を会社の預貯金から支給するなど，（夫・妻の）家計と会社Ｄの財産を明確に区別して管理していない状態でした。

やがて夫婦の仲が悪くなり，離婚する方向で協議が進みましたが，財産分与に関して見解が対立しました。

会社Ｄの預貯金その他の保有財産は約 5000 万円でした。夫名義の預貯金は約 300 万円でした。

≪争点（見解の違い）≫

夫：会社Ｄの保有財産は分与対象ではない。
夫が保有する会社Ｄの株式は，婚姻前に，しかも父Ａが実質的に出資（負担）したものであるから特有財産であり，分与対象ではない。

妻：会社Ｄの保有財産は夫婦が築いたものであり，分与対象である。

結論　裁判外の和解成立

離婚する。
会社Ｄの保有財産の８分の３を分与対象とする。
妻の寄与割合は５割とする。
会社Ｄの財産から妻に約 1000 万円を分与する。

合意成立のポイント

1　会社財産の特殊性と分与財産としての扱い

会社Ｄは実質的に複数の親族によって支配され，親族間で信頼関係があったため，個人（家計）の財産との混在もありました。このような状態であったため，夫婦の財産分与の中で会社Ｄの預貯金の扱いが問題になりました。

結果的には，会社財産の一定割合を夫婦共有財産（分与対象財産）として扱うことになりました。具体的な考え方は，会社財産を関与している親族（個人）で共有していることにする，というものでした。共有割合は，実質的に各親族（個人）が会社（事業）に貢献した程度をもって定めることになりました。個々人の割合としては，夫と妻で合計 1.5，ＡとＢ（夫婦）で 1.5，Ｃは 1，とすることになりました。2 組の夫婦については 2 人で 1.5 人としてカウントするということです。この係数を使うと，全体は 4 となり，夫婦合計が 1.5 です。そこで，会社財産 5000 万円（相当）のうち 4 分の 1.5（8 分の 3）である 1875 万円を夫婦共有財産（分与対象財産）とすることになりました。

これ以外に，夫名義の預貯金 300 万円も夫婦共有財産であるため，夫婦共有財産の合計額は約 2175 万円となりました。

2　寄与割合

ところで，妻の会社（事業）への寄与度は，出資していない点では夫に劣るという見方もできました。そこで，妻の寄与割合は基本的に５割としつつ，100万円未満の端数をカットすることで，最終的な分与金額について合意に達しました。

なお，夫の保有する会社Dの株式を分与対象とした上で，株価評価（算定）のやり方によっては同様の結論となると考えることもできます。

CASE 11 家計との混在があったので会社保有財産を分与対象財産とした

事案の概要

男性（夫）と女性（妻）は婚姻し，2人の子をもうけました。

婚姻前から夫は飲食店を経営していました。婚姻後，株式会社に法人化し，夫が代表取締役，妻が取締役となりました。接客業務は夫婦がフルタイムで従事しており，ほかにアルバイトが数名いました。

夫婦はマイホームを取得しましたが，会社の所有名義として，会社の社宅という扱いにしていました。現預金も大部分が会社名義となっており，会社名義の預貯金から家計の出費をしていました。また，夫・妻個人と会社の間では役員報酬の支払いは，実際には定期的に行っておらず，貸し借りがある扱いとなっていました。

やがて夫婦の仲が悪くなり，離婚する方向で協議が進みましたが，財産分与に関して見解が対立しました。

会社の保有財産は，不動産・預貯金などの合計6500万円相当でした。

夫名義の預貯金・金融資産は合計300万円相当でした。

≪争点（見解の違い）≫

夫：会社の保有財産は分与対象財産ではない。
妻への分与額は150万円である。

妻：会社の保有財産も分与対象財産に含まれる。
妻への分与額は3400万円である。

結論 **調停成立**

離婚する。
会社の保有財産を分与対象財産とする。
妻の寄与割合は約5割とする。
夫（会社）から妻に解決金として3000万円を支払う。

養育費は標準的金額よりも月額５万円低い金額とする。

合意成立のポイント

1　会社財産の扱い

会社の財産と家計（夫婦の財産）が混在しており，他方，実質的に夫婦以外の者の財産は含まれていませんでした。そこで，会社の保有財産を夫婦共有財産として扱うことになりました。

2　寄与割合

飲食店の運営としても，夫婦がともにフルタイムで稼働しており，貢献度としては対等といえる状態でした。そこで，寄与割合も５割ずつということになりました。

3　他の事情の影響

ただし，会社設立の際の出資に，夫の婚姻前の預貯金も一部含まれていました。この点が妻への分与額を減額する方向に働き，最終的に，単純な半額よりも下回る金額の分与（解決金）で合意に至りました。

実際には，養育費について標準的な金額よりも多少上乗せしたことも，分与額（解決金額）を減額することに影響したと思われます。

参考裁判例４　**夫婦で従事する会社の保有財産を分与対象とした**
広島高岡山支判平成 16 年６月 18 日判時 1902 号 61 頁

夫婦は自動車販売業と所有するマンションの賃貸業を行っていた。後に，Ａ社を設立し，自動車販売業を行うこととし，Ｂ社を設立し，マンションの管理業を行うことにした（法人成り）。Ａ・Ｂ社は夫婦を中心とする同族会社であり，夫婦がその経営に従事していた。

やがて妻は，離婚に伴う財産分与を請求した。

裁判所は，Ａ・Ｂ社名義の財産も「財産分与の対象として考慮する」とした。具体的には，Ａ・Ｂ社が所有する不動産は分与対処財産に含め，預貯金は含めなかった。

妻は，家事や４名の子の育児に従事しながら，夫の事業に協力し続け，資産形成に大きく貢献したということから，裁判所は妻の寄与割合を５割とし，分与額は3億2639万3568円となった。

なお，不動産の評価については，最初の別居時の時価と，一審の口頭弁論終結（に近い）時期の時価の平均値をもって評価額とした。

参考裁判例5　**実質的に夫だけが従事する会社の保有財産を分与対象とした**
大阪地判昭和48年1月30日判タ302号233頁・判時722号84頁

婚姻後，夫婦で飲食店を運営していた。その後，夫がA社を設立し，代表取締役となり，飲食店の運営を承継した。

やがて妻は，離婚に伴う財産分与を請求した。

裁判所は，営業の実態から，財産分与においては夫個人の営業と同視するものとし，建物などのA社の保有資産を分与対象財産とした。

参考裁判例6　**夫が経営する医療法人の扱いについて明示せず分与額だけを定めた**
福岡高判昭和44年12月24日判タ244号142頁・判時595号69頁

夫は医師であり，医療法人を経営していた。妻は，離婚に伴う財産分与を請求した。

裁判所は，「医療法人X会が実質上一審被告（夫）の個人経営と大差ない実情に鑑み，財産分与の額を決定するに当つては，同法人の資産収益関係をも考慮に入れて然るべきであると考える。（もちろん，同法人の利益処分等については法令上の制限が加えられていることを斟酌しなければならず，この点において純然たる個人資産と全く同一視することはできないが。）」と判示した。

ここで，夫の個人資産のうち主要な財産は約9900万円相当，債務は約600万円であった。医療法人の保有資産は約1億1600万円相当，債務は約1億666万円であった。医療法人の直近年度の診療報酬収入は約1億2759万円であった。

裁判所は夫から妻への分与額として2000万円が相当であると判断した。

一方，分与割合について，「一審被告（夫）が前示の如き多額の資産を有するに至つたのは，一審原告（妻）の協力もさることながら，一審被告（夫）の医師ないし病院経営者としての手腕，能力に負うところが大きいものと認められるうえ，一審原告（妻）の別居後に取得された財産もかなりの額にのぼつているのであるから，これらの点を考慮すると財産分与の額の決定につき一審被告の財産の二分の一を基準とすることは妥当性を欠く」と判示した。

医療法人の資産（ストック）としては債務を控除すると約1000万円に過ぎない。医療法人の収入（フロー）が1億円を超えるほどに高額であったことが，分与額を上げる方向に働いたように読める。また，分与割合として原則的な2分の1は適用しないということも明示されている。しかし結局，判決文には分与割合を含めて分与額の計算過程は示されていない。

参考裁判例7　**夫婦と養父母で従事する会社の保有財産を分与対象とした**
札幌高決昭和44年1月10日家月21巻7号80頁・判タ242号327頁

夫の養父Aが土地・建物を購入するとともに，初期費用を負担し，夫婦と養父母（Aとその妻）で共同して毛糸店を始めた。

その後，Aが新聞販売店を開業し，夫婦と養父母が毛糸店とともに業務に従事するようになった。その後，夫婦と養父母が出資して有限会社Bを設立し，毛糸店・新聞販売店を承継した。

やがて妻は，離婚に伴う財産分与を請求した。

離婚の際の財産分与に関し，裁判所は，「帳簿上はともかく実質的には商業上の収支も家計上の収支も渾然一体となつて管理運用され，……しかし右営業が養父母夫婦と抗告人ら夫婦との共働によつて営まれ……また右有限会社がその実質は家族経営の域を出ないものであることからみると，その名義を問わず一家に蓄積された資産は養父母ならびに抗告人（夫）ら夫婦の共働によつて形成された共有財産とみるべき実体のものである。」と判示した。その上で，B社の保有資産のうち5分の2相当額（160万円）が，夫婦の協力によって形成した財産（夫婦共有財産）であると判断した。そして，裁判所は夫から妻に70万円を分与することを定めた。

参考裁判例8　**実質的に夫1人が従事する会社の保有財産を分与対象とした**
長野地判昭和38年7月5日家月16巻4号138頁・下民14巻7号1329頁・判タ166号226頁

料理店営業を目的とする会社が設立されたが，実際には税金対策のために設立され，夫1人がその経営及び財産を支配しうる状態にあった。

やがて妻は，（離婚に伴う）財産分与を請求した。

裁判所は，「法律上は第三者に属する財産であつても（従つて被告の責任財産に属しない。）事実上被告が支配し又は支配し得る財産或は将来被告の財産となる見込が十分な財産は，被告の潜在的な財産としてその価額を加算すべきものと解するのが相当である」と判示した。その上で，会社財産を夫の潜在的財産として認め，分与対象財産とした。

裁判所は，妻の寄与分を２分の１とし，また，扶養的財産分与も含めて，最終的に夫から妻に1200万円分与することを定めた。

⑷　法人財産・株式を分与対象財産とはしない

法人が家業を行っているケースでも，個別的な事情によっては，株式や法人保有財産を分与対象財産とすることが不合理となることもあります。例えば，夫や妻が保有する株式は特有財産であり，また，事業の規模が大きく，夫と妻が事業を築いたとは評価できないようなケースです。

また，会社から夫への報酬の未払いが多いという特殊な状況があったケースにおいて，未払い分（法的には夫に帰属する報酬債権）を分与対象財産として扱う一方で，株式や法人保有財産は分与対象財産としては扱わないという処理をしたものもあります。

◎関連するケース・裁判例

▶ケース12　法人の保有財産は分与対象とせず夫への役員報酬未払分を分与対象とした

▶参考裁判例9　名古屋家審平成10年6月26日判タ1009号241頁

CASE 12 法人の保有財産は分与対象とせず夫への役員報酬未払分を分与対象とした

事案の概要

男性（夫）と女性（妻）は婚姻し，２人の子をもうけました。

婚姻前，夫の父Ａが宿泊業を営んでいて，夫はそれを手伝っていました。

婚姻を機に，宿泊業を夫が承継することとなりました。具体的には，宿泊業の運営を法人化し，夫が代表取締役となりました。Ａも会長として取引先との付き合いには関わることとしました。

株式は９割を夫，１割をＡが持ちました。妻はパートタイムで経理などの事務を行っていました。

法人化してから２年後に，会社として土地を購入し，旅館としての建物を新築しました。この際，不動産への担保権設定はありませんでした。また，会社にはまとまった金額（資産）はありませんでした。

その後，子（長男）Ｂが成人し，館長として就労するようになりました。このとき，夫（父）からＢに，２割の株式を譲渡しました。

妻・長男は会社から給与を得ていました。夫の役員報酬については，経理上は月額50万円でしたが，そのうちの大部分の支給は実際には行わず，貸付金として扱っていました。

その後，夫婦の仲が悪くなり，離婚する方向で協議が進みましたが，財産分与に関して見解が対立しました。

会社の資産は主に不動産であり，１億3000万円の評価額でした。会社から夫への役員報酬は，5500万円が未払いという扱いになっていました。

≪争点（見解の違い）≫

夫：会社名義の財産は家計とはまったく別のものである。
実際には，会社名義の財産には実家（夫の父）の資金も多く含まれている。
会社名義の財産も株式も分与対象とはならない。

妻：会社名義の不動産や預貯金も実質的な夫婦共有財産（分与対象財産）である。
そうでないとしても夫の保有する株式が分与対象になる。

結論 **調停成立**

離婚する。

会社の保有財産と夫の保有する株式は分与対象とはしない。
会社から夫への役員報酬の未払分を分与対象財産とする。
夫が妻に解決金として 4400 万円を支払う。

合意成立のポイント

1　会社保有財産の扱い

会社の財産の管理は家計とは明確に区別されていたので，会社の保有財産を分与対象とはしないこととなりました。

2　夫が保有する株式の扱い

ところで，会社の設立の２年後に会社が不動産を取得していましたが，担保権の設定はなく，また当時の会社の資金も少なかったため，不動産の取得資金は夫の父が負担していると思われる状況でした。つまり，実質的には夫の保有する株式の払込金は，夫の父が負担していると考えられました。

このような状況から，夫の保有する株式も，分与対象財産とはしないこととなりました。

3　未払いの役員報酬の扱い

夫が支給を受けていない役員報酬 5500 万円については，夫が保有する会社への債権として，分与対象財産に含めることとなりました。

4　分与額の決定

未払いの役員報酬 5500 万円と，夫名義の預貯金・有価証券（約 3300 万円相当）とを合わせた約 8800 万円を分与対象財産とすることになりました。その２分の１である 4400 万円を妻に分与することになりました。

参考裁判例９　**夫が経営していた会社保有の財産と会社株式のいずれも内縁解消時の分与対象としなかった**
名古屋家審平成 10 年 6 月 26 日判タ 1009 号 241 頁

男性Ａと女性Ｂが内縁関係を形成した。内縁関係の開始前より，男性は２つの株式会社を経営しており，内縁開始時点では多数の従業員が存在していた。内縁関係の開始後に夫が２つの会社の株式を取得したことはなかった。

Ａ と Ｂ は内縁関係を解消することとなった。Ｂ は財産分与を請求した。

裁判所は，２つの会社は夫とは別個独立の経済主体になっていたとして会社の資産は財産分与の対象にはならず，さらに，会社の株式も財産分与の対象にはならないと判示した。分与対象財産（夫婦共有財産）としては，内縁期間中の預金の増加額から負債額を控除した額だけが認められた。

3 第三者名義の財産（事業）の扱い

家業を行う主体が法人ではなく，（夫・妻以外の）近親者個人であるというケースもあります。実際には夫（や妻）の父の名義で事業を行っているというケースがよくあります。

この場合，事業用資産や事業そのものは夫にも妻にも帰属していないので，分与対象財産とはなりません。しかし，夫と妻の貢献を経済的に評価できる場合には，夫婦が一定の財産を築いたものといえるので，分与対象財産として扱うこともあります。

例えば夫の父名義の事業に夫と妻が献身的に従事していた一方，従事した業務に見合う賃金を得ていなかったというケースで，実質的に賃金が減額されたと観念して，この減額分を分与対象財産としたものがあります。公平を保つために，いわば未払い賃金を算定したという見方もできます。

◎関連するケース・裁判例

▶ケース 13　夫の父の名義の事業は分与対象とせず夫婦の平均賃金の累積額を分与対象とした

▶ケース 14　夫の父経営の会社への貢献として給与支給額と平均賃金の差額の累積額を分与対象とした

▶参考裁判例 10　熊本地八代支判昭和 52 年 7 月 5 日判時 890 号 109 頁

▶参考裁判例 11　水戸地判昭和 51 年 7 月 19 日判タ 347 号 276 頁

CASE 13　夫の父の名義の事業は分与対象とせず夫婦の平均賃金の累積額を分与対象とした

事案の概要

男性（夫）と女性（妻）は婚姻し，1人の子をもうけました。

婚姻前から，夫は父Aとふたりでプラスチック加工業を行っていました。仕入れや販売などはすべてAの名義で行っていました。

婚姻後は，妻も業務に加わるようになりました。夫と妻は，Aから給与の支給を受ける形となっていましたが，雇用契約書を交わすような正式な扱いではありませんでした。実際の給与としての支給額は生活の最低額で，夫婦の家計に必要がある場合にはAから必要額の支給を受けるという状況でした。2人が1年あたりに支給を受けた合計額は500万円でした。

事業用資産である小規模な工場（倉庫），機械類や，売上を保管し，経費を支出する預金はすべてA名義となっていました。一方，夫婦名義の預貯金はほとんどない状態が続いていました。

やがて，夫の不貞が発覚することで夫婦の仲が悪くなり，妻が子を引き取って離婚するという方向で協議が進みました。夫婦が就業している期間は10年に達していました。財産分与に関して意見が対立しました。

≪争点（見解の違い）≫

夫：分与対象財産は夫婦名義の預貯金だけである。

妻：A名義の事業用資産は実質的な夫婦共有財産であり，分与対象となる。

結論　裁判上の和解成立

離婚する。

A名義の事業用資産のうち，一定の部分を分与対象財産とする。

過去の夫婦の賃金として想定される妥当な金額は合計8000万円（2人の合計年収800万円の10年分）である。

実際に支給された金額は合計5500万円である。

A名義の財産のうち，差額の2500万円相当は，実質的に夫婦の協力によって築いた財産として，分与対象となる。

妻の寄与割合は50％である。

Aの事業用資産より妻に1300万円を支払う。

合意成立のポイント

1　事業の実態

プラスチック加工業は夫婦とAが実質的に行っていましたが，名義としてはAが用いられており，結果的にAの名義で利益が蓄積されたという状況でした。

2　事業用資産の扱い

そこで，A名義の事業用資産のうち一定の部分は夫婦共有財産として扱うことになりました。夫婦共有財産として扱う金額については，実質的な未払いを算出することにしました。

まず，賃金センサスや同業種の平均賃金を基にして，過去の夫婦の賃金として妥当な金額を算出しました。その妥当な賃金額から，実際に支給された金額を差し引いた残額を夫婦共有財産の金額としました。

このように算出した夫婦共有財産の金額の2分の1を妻に分与することになったのです。

3　他の事情の影響

実際には，夫の不貞が疑われる状態だったので，慰謝料の趣旨や，また，養育費の前払いとして分与額を加算する方向の要素もあり，最終的な解決金額の合意に至りました。

CASE 14　夫の父経営の会社への貢献として給与支給額と平均賃金の差額の累積額を分与対象とした

事案の概要

男性（夫）と女性（妻）は婚姻し，2人の子をもうけました。

婚姻前から，夫の父Aは，宿泊業を株式会社Cとして行っていました。夫とAの妻（夫の母）Bは宿泊業に従事していました。婚姻後，妻も宿泊業に従事するようになりました。

宿泊業は，いわゆる家業であり，Aが代表取締役，Bが取締役でした。

Aが高齢となり業務量を減らしていくとともに，夫が取引先との連絡窓口となり，実質的に世代交代（事業承継）が進んでいました。

やがて夫婦の仲が悪くなり，妻が子を引き取って離婚するという方向で協議が進みました。しかし，財産分与に関して意見が対立しました。

夫・妻の役員報酬・給与は，２人の１年あたりの合計が750万円未満と生活するのに必要な最低額に近く，夫婦名義の財産としては，夫名義の預貯金400万円程度でした。一方，会社Ｃの資産は預貯金を中心にして５億円相当に達していました。

≪争点（見解の違い）≫

夫：会社Ｃの保有財産は分与対象ではない。
夫は会社Ｃの株式を有していないので，株式が分与対象となることもない。
夫名義の預貯金だけが分与対象財産である。

妻：会社Ｃの保有財産の一部も分与対象となる。

結論　裁判外の和解成立

離婚する。

会社Ｃの保有財産の一部を分与対象財産とする。

過去の夫婦の賃金として想定される妥当な金額は合計１億5000万円（２人の合計年収1000万円の15年分）である。

実際に支給された金額は合計１億1000万円（約750万円の15年分）である。

会社Ｃの保有財産のうち，差額の4000万円相当は，実質的に夫婦の協力によって築いた財産として，分与対象となる。

妻の寄与割合は50％である。

夫（会社Ｃ）から妻に2200万円を支払う。

養育費は標準的な金額よりも３万円低いものとする。

合意成立のポイント

1　家計と会社財産の関連性

宿泊業は夫の血縁者による家業として行われていて，夫・妻には適正な金額の給与が支払われていませんでした。そのために，夫・妻の名義の預貯金は異常に少ない状態でした。

2　会社財産の扱い

実質的には，本来夫・妻に支払うべき賃金の一部が未払いであるといえます。そこで，会社Ｃの保有財産のうち，この未払いの賃金の相当額については，実質的に夫婦共有財産として扱うこととなりました。

まず，賃金センサスや同業種の平均賃金を基にして，過去の夫婦の賃金として妥当な金額を算出しました。その妥当な賃金額から，実際に支給された金額を差し引いた残額を夫婦共有財産の金額としました。

このように算出した夫婦共有財産の金額の２分の１を妻に分与することになったのです。

3　他の事情の影響

実際には，養育費の月額を下げ，前払いとして分与額を加算するという経緯もあり，最終的な解決金額の合意に至りました。

参考裁判例 10　**夫の父の名義の事業であるが夫が承継予定であったので事業用資産を分与対象とした**
熊本地八代支判昭和 52 年 7 月 5 日判時 890 号 109 頁

夫婦を含めた近親者が，畜産業に従事していたが，経営名義は夫の父であった。妻は，（離婚に伴う）財産分与を請求した。

裁判所は，「「甲野畜産」の経営名義人は被告（夫）の父太吉であり，実際の仕事は原被告（夫婦）のほか，被告の両親，被告の兄甲野太郎夫婦が分担してなしていたこと，原被告の結婚当初は被告の両親と原被告が乳牛 10 数頭を飼育し，右太郎は食堂を経営していたが，その後乳牛を肉牛に切替えて経営規模も次第に拡大し，原告（妻）が実家に帰った昭和 50 年 8 月頃には原被告と太吉が肉牛 570 ないし 580 頭（1 頭当り金 35 ないし 40 万円）を飼育し，太郎は肉屋と食堂を経営し，被告の母と太郎の妻が養蚕（桑畑五町歩）に従事していて，従業員も 5，6 人いたこと，太郎経営の食堂関係を除いて収入はすべて太吉に帰属していたことが認められる。

右事実によれば，原被告の婚姻後昭和 50 年 8 月までに太吉名義で形成取得した財産中には原被告の労働による寄与分が存することは明らかであって，しかも右は太吉の死亡による相続等で将来被告の財産となる見込が十分な財産であるから，右財産部分は本件離婚における清算の対象となるものというべきである。」と判示した。つまり，名義としては夫の父となっている財産を分与対象財産として認めた。具体的には，賃金センサスから求めた夫と妻の平均賃金の累積額から，実際に夫と妻に支払われた賃金額の累積額を控除した額（400万円）を分与対象財産とした。

参考裁判例 11　夫の父名義の事業であったが家計との混在があったので事業用資産を分与対象とした

水戸地判昭和51年7月19日判タ347号276頁

夫の父が経営する有限会社が料亭を運営していた。妻は夫の両親と同居し，十数年にわたり料亭の手伝いをしていた。会社から妻に支給された金銭は夫婦と子の生活費として消費された。

やがて妻は，離婚に伴う財産分与を請求した。

裁判所は，夫が将来父親の会社経営者としての地位を承継しうる地位にあることを考慮して財産分与を定めた。他の夫名義の夫婦共有財産もあり，最終的な夫から妻への分与額は300万円と定められた。

料亭の営業についての妻の寄与分（貢献度）のうち手当を上回る分（経済的利益）が会社に帰属しており，夫がその会社の経営者の地位を承継すると，夫がこの経済的利益を得るという考え方がとられたといえる。

4 実家からの財産譲渡（経済的援助）の扱い

夫（または妻）の親その他の近親者が，夫や夫婦全体に対して経済的な援助をすることがあります。このような夫婦以外の者，いわゆる実家からの援助について，清算的財産分与の中でどのように扱うかという問題があります。

経済的援助の内容には，金銭だけではなく，不動産の利用権原や使用利益も含まれます。いずれにしても，夫と妻の公平を図るという財産分与の趣旨から，個別的な事情に応じて具体的な処理方法は異なってきます。

判断の目安は，経済的な援助の趣旨・目的が夫婦への利益の移転であるか，あるいは夫（または妻）個人への利益の移転であるかという点です。夫婦への移転であれば，当然当該財産（利益）は夫婦共有財産（分与対象財産）になります。一方，夫（または妻）個人への移転であれば，要するに親子間（実家内部）での移転として，夫婦共有財産（分与対象財産）にはなりません。理論的には以上のような扱いとなりますが，実際には援助の趣旨・目的を明確に判定できないことが多いです。

◎関連するケース

▶ケース 15　夫の父から実質的に譲渡された借地権の1割相当額を分与対象財産とした

▶ケース 16　婚姻直後の親からの土地の無償貸与による利益（更地の20％）相当額を分与対象とした

▶ケース 17　親からの土地の無償貸与による利用権原を分与対象とはしなかった

CASE 15　夫の父から実質的に譲渡された借地権の１割相当額を分与対象財産とした

事案の概要

男性（夫）と女性（妻）は婚姻し，３人の子をもうけました。

婚姻当時，夫は会社に勤務していましたが，婚姻後に退職し，不動産の仲介業を始めました。

やがて夫婦は自宅を持ちたいと思うようになり，ちょうど，夫の父Ａが借地上の建物に居住していたところ，転居することを計画していました。そこで，地主の承諾を得て，借地権をＡから夫（Ａの息子）に譲渡し，建物を建て替える（新築する）ことになりました。夫と地主の間で新たな土地賃貸借契約を締結しましたが，（借地人となる）夫が地主に権利金を払うことはしませんでした。

その後，夫婦の仲が悪くなり，離婚する方向で協議が進みました。借地上の建物と借地権を夫が維持することについては意見が一致しました。しかし，財産分与における借地権の扱いと将来の子の学費の負担に関して，意見が対立しました。

住居としていた借地上の建物は夫名義となっていました。それ以外にも夫名義の収益不動産がありました。

自宅以外の夫名義の不動産や預貯金などは合計１億2000万円相当でした。

借地権（と建物）の評価額は3000万円でした。

長男は医学部に既に進学しており，次男も医学部または薬学部を志望している状況でした。長女は，高校以降の進路について明確な予定（希望）はまだありませんでした。ただし，少なくとも４年制大学に進学する意向でした。

≪争点（見解の違い）≫

夫：借地権は実質的にＡ（父）から贈与されたものであり特有財産である。分与対象財産には含まれない。
将来の子の大学以降の学費は養育費に加算しない。

妻：妻は借地権の維持に貢献した。借地権も分与対象財産に含まれる。
将来の子の大学以降の学費も養育費に加算する。

結論　**裁判外の和解成立**

離婚する。
借地権は分与対象財産としては扱わない。

ただし，借地権の1割相当額を子の養育費に反映させる。

合意成立のポイント

1　借地権の経済的な負担

夫が借地権取得のために経済的な負担（権利金の支払）をしていないことから，実質的には無償でAから借地権の譲渡を受けたといえる状態でした。一方で，借地権は夫婦の生活の基盤を構成する財産でした。そこで交渉の初期段階では，借地権の評価額の1割相当だけを分与対象財産とする方向となりました。

2　子の学費の扱い

学費の負担については，子の志望が医学部や薬学部であり，特に私立の場合には数千万円単位となるため，仮に裁判所が判断した場合には，無制限に学費を養育費に加算することは認められないと予測されました。

3　全体的な調整

結果的には，この2つの点について，夫・妻が互いに譲歩することになりました。つまり，3人の子の養育費として，大学卒業までの学費をすべて夫が負担する代わりに，借地権の1割相当額を分与対象財産に加算しない，という条件で離婚する合意に達したのです。

現在の借地権の1割相当の金額と将来の大学の学費は，金額としてバランスが取れていないとも思えます。しかし，夫（父）としては子どもたちが希望する進路を実現してあげたいという気持ちが強かったために，このような条件を受け入れたと思われます。

CASE 16　婚姻直後の親からの土地の無償貸与による利益（更地の20%）相当額を分与対象とした

事案の概要

男性（夫）と女性（妻）は婚姻しました。

夫は食品製造業の経営を行っていました。妻は外資系証券会社に勤務し，900万円の年収を得ていましたが，婚姻を機に退職しました。

婚姻した直後から，夫婦は戸建住宅を取得することを希望していました。最終的に夫の父Ａの協力を得て，Ａが所有している更地の上に夫婦の家を新築することとなりました。夫とＡは，土地の使用貸借契約書に調印しました。その後，夫からＡに，土地の固定資産税額相当の金銭を定期的に支払っていました。

建物の建築資金 4000 万円のうち，頭金の 1000 万円は夫の婚姻前の預貯金から支出し，残りの 3000 万円は住宅ローンによりまかないました。Ａが所有する敷地と夫婦の建物に抵当権を設定しました。

結婚から約３年後，夫婦の仲が悪くなり，離婚する方向で協議が進みました。

建物は夫が取得する（夫の所有を維持する）ことについて，夫婦の意見は一致していました。しかし，財産分与における借地権の扱いに関して意見が対立しました。

純粋な建物の価値としては，住宅ローンの残額と同程度であり，実質的にはゼロと評価できる状態でした。

敷地の更地としての評価額は１億 2000 万円でした。

婚姻期間中に新たに形成した住宅以外の財産としては，夫名義の金融資産が 3000 万円相当ありました。

≪争点（見解の違い）≫

夫：土地はＡ（父）の好意で利用できている。利用権限の取得は夫婦の協力によるものではない。
土地の利用権原は分与対象財産に含まれない。
分与額は 1500 万円である。

妻：土地の利用権原も分与対象財産に含まれる。
土地の利用権原の価値は更地評価額の 20% 相当の 2400 万円である。
分与額は 3900 万円である。

結論　裁判上の和解成立

離婚する。
実質的に土地の利用権原（相当額）の一部を分与対象財産に含める。
夫が妻に 2700 万円を支払う。

合意成立のポイント

1　敷地利用権の扱い

Aから夫への土地の貸与の時期が婚姻直後であったことから，Aが「夫婦の両方に対して」利益を提供したといえる状況でした。そこで裁判所は，敷地利用権は実質的な夫婦共有財産であるということを前提として，「夫が妻に1500万円を支払い離婚を成立させる」という内容の和解を勧告しました。最終的に，ほとんどこのとおりの内容での和解が成立しました。夫名義の金融資産（夫婦共有財産）の半額（1500万円）よりも1200万円が上乗せされたことになります。

2　収入の差に対する配慮

妻は婚姻する前は900万円の収入を得ていましたが，婚姻を機に退職しました。一方夫は，食品製造業の経営を行っており，婚姻中に規模を大きく拡大し，夫自身の年収は2500万円に達していました。

このように，夫と妻の稼働能力に大きな差が生じていたため，裁判所はこのアンバランスを是正する趣旨も含めて勧告案を考えたようにも思われます。

CASE 17　親からの土地の無償貸与による利用権原を分与対象とはしなかった

事案の概要

男性（夫）と女性（妻）は婚姻し，2人の子をもうけました。

婚姻から16年後に夫婦は住宅を新築しました。この時，夫の父Aの協力を得て，Aが所有している更地の上に夫婦の家を新築しました。権利金その他の名目で一時金を授受することはありませんでした。

Aが土地の貸与（使用貸借）を始めた時に，Aは，「当該土地（敷地）を夫（長男）に相続させる」内容の遺言を作成するとともに，夫（長男）以外の2人の子にもそれぞれ約1000万円程度の財産を贈与しました。そして税務署に相続時精算課税選択届出書を提出しました（生前贈与について，税務上将来の相続において承継した扱い（相続税の課税対象）とする手続）。

その後，夫からAに，土地の固定資産税額相当の金銭を定期的に支払っていました。

建築資金 3500 万円のうち，頭金の 2000 万円は婚姻後に夫婦が貯蓄した預貯金から支出して，残りの 1500 万円は住宅ローンによりまかないました。

自宅の新築から 8 年後に，夫婦の仲は悪くなり，離婚する方向で協議が進みました。しかし，財産分与における敷地の利用権原の扱いに関して意見が対立しました。

住宅以外の夫婦の財産としては夫名義の預貯金が 6500 万円ありました。

住宅ローンの残債は少なくなっていて，完済に近くなりましたが，建物自体の評価額はとても低いものでした。

≪争点（見解の違い）≫

夫：土地はA（父）の好意で利用できており，利用権原の取得は夫婦の協力によるものではない。
敷地の利用権原は分与対象財産に含まれない。
分与額は 3250 万円である。

妻：敷地の利用権原も分与対象財産に含まれる。
敷地の更地としての評価額は約 8000 万円であり，使用借権の価値は更地の 20% なので 1600 万円となる。
分与額は 4850 万円である。

結論　**裁判外の和解成立**

敷地利用権原は分与対象財産とはしない。
建物は夫に分与する（夫所有を維持する）。
夫が妻に 3500 万円支払う。

合意成立のポイント

1　土地（建物敷地）の貸与の趣旨

住宅敷地をA（父）が夫（長男）に貸与する際，他の子にも財産を贈与して，かつ相続時精算課税届出をしていたことから，敷地の貸与は「親子間の相続の前倒し」という趣旨であることが読み取れました。さらに，敷地を貸与した時期が婚姻から約 16 年も経過した時期であったので，「婚姻に伴ってA（(義) 父）が夫婦に対して提供（贈与）した」という趣旨は読み取りにくいものでした。結局，明らかに「相続の前倒し」という趣旨であると判断できるものでした。

そこで，敷地利用権原は，夫の特有財産であり，夫婦共有財産ではないという方向になりました。

2　他の事情の影響

建物建築資金には夫婦の収入による蓄財が用いられていましたが，建物自体の価値は，評価としてはゼロに近くなっていました。とはいっても，その建物を引き取る夫は，現実に居住することができる立場になります。そこで，妻への分与額は，住宅・敷地以外の夫名義の財産の半額（3250万）よりも多少上乗せすることで，合意に達しました。

ほかにも，離婚後の妻や子の生活費の上乗せという配慮（扶養的財産分与の趣旨）もあったと思われます。

5 実家への経済的援助・送金（夫婦共有財産の逸失）の扱い

夫や妻から，自身の実家（主に親）に対して経済的な援助がなされる状況はよくあります。財産分与において，これをどのように扱うかが問題となります。

夫婦共有財産が夫婦外に流出（逸失）したと考えると，計算上は戻すことが公平であるように思えます。一方，もともと親子間には，夫婦間と同じように扶養義務があります。夫（子）から親に金銭を渡すことは何ら不当なものではないともいえるのです。

そこで，具体的な経済面やその他の状況から，扶養の範囲を逸脱しているものではない限りは，実家への援助相当額を夫婦共有財産に戻して計算するという扱いはしません。実際には，援助した金額が一定の規模に達しているケースで対立が激しくなることが多いです。

◎関連するケース

▶ケース 18　両親への送金 700 万円を扶養として扱い分与対象財産として扱わなかった

CASE 18 両親への送金700万円を扶養として扱い分与対象財産として扱わなかった

事案の概要

男性（医師・夫）と女性（妻）は婚姻し，２人の子をもうけました。

夫の父Ａは，50歳の時に大きな病気を患い，その後，定職に就けなくなりました。Ａは，不定期な就労からの収入によりＡとＡの妻Ｂ（夫の母）の家計をまかなっていましたが，経済的な余裕がない状況になりました。

夫は，何度かＡとＢに対して金銭を送金していました。送金額は１回で50～100万円程度，10年間の間で合計約10回で，送金の合計額は700万円に達していました。

その後，夫婦の仲が悪くなり，離婚する方向で協議が進みましたが，財産分与に関して意見が対立しました。

婚姻後に形成した夫・妻の名義の預貯金・金融資産は，合計8000万円相当でした。

≪争点（見解の違い）≫

夫：Ａ・Ｂ（両親）への送金は「親族の扶養（扶助）」という性質であり，「夫婦共有財産を減少させる目的」ではない。分与対象財産には含まれない。
妻の寄与割合は30％である。
分与額は2400万円である。

妻：夫からＡ・Ｂ（両親）への送金分である約700万円も分与対象財産に含まれる。
分与対象財産の合計額は8700万円となる。
妻の寄与割合は50％である。
分与額は4350万円である。

結論　裁判上の和解成立

離婚する。
夫が妻に4000万円を支払う。
夫からＡ・Ｂ（両親）への送金した金額を分与対象とはしない。
妻の寄与割合は50％とする。

合意成立のポイント

1 親への送金の扱い

Aの疾病によりA・Bの生活は苦しい状況にあり，他方，夫（と妻）の家計は比較的裕福でした。

また，夫婦共有財産であることについて意見が一致している（争いのない）財産が8000万円であることに対して，問題となっていた夫からA・B（両親）への送金の金額は700万円であり，相対的に小さい割合でした。さらに，争いのない夫婦共有財産の金額の絶対額自体が大きい金額でした。

以上のような状況から，夫からA・B（両親）への送金については，扶養の範囲内といえる傾向が強いと思えるものでした。つまり，両親への送金は適正な支出であるので，分与対象財産に算入しないこととなりました。

2 分与割合（とのバランス）

実際には，裁判所がこのような考えを前提として，夫から両親への送金分を加算しない，つまり8000万円だけを分与対象財産とするという内容で和解することを勧告しました。この時点では，裁判所は分与割合については明確に示していませんでした。妻側は，分与割合として50％を用いることを前提に承服する旨回答しました。その後，養育費についての調整を経て，最終的に夫側はこの妻側の提案を受け入れ，和解が成立しました。

第3　標準算定方式・算定表の「改定」について

1　標準算定方式・算定表の「改定」の公表

令和元年12月23日に改定標準算定方式・算定表が公表されました。これは文字どおり，「標準算定方式・算定表」を「改定」したものです。それ以降は，裁判・交渉を問わず実務では改定した方（改定標準算定方式・算定表）を用いる運用が定着しつつあります。

「改定」，つまり変更・改良の内容の詳細については「司法研修所編『養育費，婚姻費用の算定に関する実証的研究』（法曹会，2019年）」において解説されています（同書に示された解説のことを「改定標準算定方式・算定表の解説」と呼びます）。以下，「改定」の内容を要点に絞って説明します。

2　標準算定方式・算定表の「改定」の概要

⑴　変更がないところ（収入按分方式）

標準算定方式の大枠である収入按分方式については，「改定」によっても変更されていません（実証的研究15頁）。

収入按分方式とは，義務者・権利者の基礎収入を按分するという考え方です。そして，基礎収入を計算する際に原則として基礎収入割合を用いる方法についても「改定」で維持されています。

⑵　変更があったところ（統計データ・生活費指数）

「改定」で変更されたものは，「基礎収入（割合）の計算の中で用いる統計データ」（統計データから計算した基礎収入割合も含む）と「（子の）生活費指数」です。いずれの数値（データ）も，実際に婚姻費用や養育費を計算する上で直接使うことのあるものです。そこで以下，要点のみ説明します。

3 変更した統計データの内容

⑴　基礎収入（割合）を計算するために使う統計データ

標準算定方式において（基礎収入（割合）を計算する中で）使われている統計データは平成10〜14年のもので，現時点の同様の統計データとの差が大きくなってきています。そこで，改定標準算定方式では，最新の統計データとして平成29，30年（まで）のものを用いています。

改定標準算定方式で用いている統計データ（計算式含む）の内容を以下まとめておきます。

ア　公租公課

公租公課の内容（所得税＋社会保険料＋住民税）について，平成30年7月時点のものは次のとおりです（実証的研究18，20，21頁）。

㋐　所得税

所得税＝（(総収入－給与所得控除額）－所得控除）×所得税率

所得控除の内容→社会保険料控除＋基礎控除（38万円）

所得税率→5〜45％

㋑　社会保険料

・健康保険料

健康保険料＝標準報酬月額（≒総収入）×11.59％ ×0.5

・厚生年金保険料

厚生年金保険料＝標準報酬月額（≒総収入）×18.3％ ×0.5

・雇用保険料

雇用保険料＝賃金額（≒総収入）×0.3％

⑺　住民税

住民税＝（(総収入－給与所得控除）－所得控除）×10％

⑴　まとめ

総収入に占める公租公課（所得税＋社会保険料＋住民税）の割合はおおむね8～35％となります（高額所得者の方が大きい）。

イ　職業費

平成25～29年の「職業費実収入比」の表が示されています（実証的研究28頁）。

ウ　特別経費

平成25～29年の「特別経費実収入比」の表が示されています（実証的研究31頁）。

【職業費・特別経費実収入比】

年間収入階級	職業費実収入比	特別経費実収入比
200万円未満	16.52％	20.39％
250万円未満	18.10％	18.19％
300万円未満	17.92％	21.46％
350万円未満	17.97％	19.56％
400万円未満	16.75％	19.34％
450万円未満	16.52％	19.84％
500万円未満	16.34％	19.55％
550万円未満	15.82％	18.78％
600万円未満	15.81％	18.87％
650万円未満	15.20％	18.23％
700万円未満	15.21％	18.40％
750万円未満	15.03％	18.48％
800万円未満	15.47％	17.86％
900万円未満	15.55％	17.48％
1000万円未満	14.82％	17.11％
1250万円未満	14.43％	16.54％
1500万円未満	14.01％	14.87％
1500万円以上	13.35％	13.67％

（参考）実証的研究28，31頁

⑵　基礎収入割合

原理的には，前記の出費（公租公課・職業費・特別経費）を計算した上で基礎収入を計算します。一方，当該出費を集約して基礎収入をより簡易・迅速に計算できるようにした係数（基礎収入割合）も示されています。

【基礎収入割合表】
（給与所得者）

収入（万円）	割合（%）
0〜75	54
〜100	50
〜125	46
〜175	44
〜275	43
〜525	42
〜725	41
〜1325	40
〜1475	39
〜2000	38

（事業所得者）

収入（万円）	割合（%）
0〜66	61
〜82	60
〜98	59
〜256	58
〜349	57
〜392	56
〜496	55
〜563	54
〜784	53
〜942	52
〜1046	51
〜1179	50
〜1482	49
〜1567	48

（参考）実証的研究35頁

4　変更した生活費指数の内容

子の生活費指数については，「改定」によっても「年齢区分」については変更されていません。しかし，生活費指数（数値）は変更されています。

【生活費指数】

	改定標準算定方式	標準算定方式（参考）
0〜14歳	62	55
15歳以上	85	90

※大人を100とする

（参考）実証的研究46頁

第4 婚姻費用・養育費

1 高額所得者の婚姻費用・養育費の計算方法

改定標準算定方式（を基にした改定標準算定表）の上限となっている年収（総収入）は，給与所得者については（源泉徴収票の「支払金額」）2000万円，自営業者については（確定申告書の「課税される所得金額」）1567万円（標準算定表では1409万円）です（以下「上限年収」といいます）。

そこで，当事者の一方または両方の総収入がこの上限を超過している場合（以下「高額所得者」といいます）に婚姻費用や養育費をどのように計算するのかが問題となります。

まず，婚姻費用について実務で用いられる計算方法（考え方）は主に4つに分けられます。なお，養育費についてはそのようなバリエーションはありません。

いずれにしても，高額所得者の婚姻費用・養育費の計算においては，定型化しにくい個別的な事情による影響が大きいです。そのため，判断の幅が大きい傾向にあります。つまり，予測できる精度が低い（再現可能性が低い）ということもできるため，その点は注意が必要です。

以下，具体的な計算方法について説明します。

⑴　上限頭打ち方式（婚姻費用）

ア　上限頭打ち方式の考え方

高額所得者の婚姻費用の計算方法の１つは，標準算定表の上限年収による婚姻費用を適用するというものです。標準算定表では，義務者の年収を当てはめようとすると最上段よりも上に突き抜けるはずですが，最上段で止めてしまうという単純な発想によるものです。理論的には，上限を超過した部分の収入は資産形成にあてられているという考え方といえます（松本138頁）。後述の貯蓄率控除方式と同じ考え方が基になっているともいえます。

イ　上限頭打ち方式を用いる状況

この上限頭打ち方式を用いるのは，義務者の年収が上限年収を超過する金額が500万円程度までが目安として指摘されています（松本144頁，松本・家月62巻11号83～85頁）。

一方，超過金額が900万円程度であるケースで上限頭打ち方式が用いられた実例もあります。

⑵　上限頭打ち方式（養育費）

ア　上限頭打ち方式が用いられる傾向

高額所得者の養育費（の上限金額）については，標準算定方式の公表の際には基準として示すことが避けられています（判タ1111号292頁）。改定標準算定方式の解説ではこのテーマに触れていません。

実務では，高額所得者の養育費について，標準算定表の上限額を用いることが一般的といえます。他の算定方式を用いることは否定される傾向にあります（松本146頁，岡・判タ1209号8頁）。

実際に，平成9年から平成13年の審判の集計において，子1人あたり月額20万円に収まる実例が多かったという指摘もあります（判タ1111号292頁，296頁「資料5」）。

理由としては，婚姻費用と違ってすでに離婚が成立しているため，関係が希薄になっているというようなものと考えられます。明確な理論や統一的な見解があるわけではありません。これに対する，強い批判もあります（判タ1111号292頁）。

まとめると，標準算定表の上限を用いることを原則としつつ，個別的な特殊事情（標準算定方式が前提とする事情との違い）によって修正する，ということになります。個別的な事情の典型例は，海外留学費用のような教育に関係する費用です（松本146頁，岡・判タ1209号8頁）。

イ　実　例

実際には高額所得者の養育費の計算において，上限頭打ち方式以外の算定方式が用いられることもあります。具体的には，有責配偶者からの離婚請求のケースにおいて任意の和解がなされる状況です。このようなケースでは，基本的に離婚請求の相手方（不貞をされた側）が任意に離婚に応じない限り，長期間離婚が実現しない状態にあります。経済面を捉えると，養育費ではなく婚姻費用の支払を長期間継続することを強要される状態といえます（いわゆる婚費地獄）。そこで，婚姻費用に準じる金額の養育費を設定することを条件として，不貞をされた側が離婚に応じるという駆け引きが行われることがよくあるのです。

結果的には，養育費の計算という形式ではありながら，計算の内容は婚姻費用に準じた算定方式を用いるということが起きるのです。

なお，当初から婚姻していない男女間の子（婚外子）の生活費の請求も養育費として計算することになります。

➡ケース 19，32，47，54

(3)　基礎収入割合修正方式（婚姻費用）

ア　基礎収入割合修正方式の考え方

高額所得者の婚姻費用の算定の方法の１つとして，事案に適した基礎収入割合を設定した上で，標準算定方式をそのまま使って計算する，という方法があります。これを，基礎収入割合修正方式といいます。

もともと基礎収入割合は，基礎収入を算出するのを容易にするための方法（指数）です。原理的には，総収入から必要不可欠な出費を控除した残額が基礎収入（可処分の金額）です。必要不可欠な出費の内容は公租公課・職業費・特別経費に分類できます。これらの実際の出費を集計して控除することにより基礎収入を計算するのが原理的な方法です。しかし，この方法によると手間・時間を要するため，年収に応じた必要不可欠な出費の割合（出費金額を控除した残額の割合＝基礎収入割合）を用いるのが一般的です。標準算定方式ではこのような考え方がとられています。

つまり，高額所得者の基礎収入割合さえ特定することができれば，標準算定方式をそのまま使うことができるのです。別の言い方をすると，収入が高額であることの影響・特徴を基礎収入割合にのみ反映させることで，標準算定方式を維持できるということです。年収が上限金額未満の場合に使う基礎収入割合を修正して用いることから，基礎収入割合修正方式と呼びます。

イ　基礎収入割合を修正する方向性

年収が上がることによって必要不可欠な出費の割合は変わってきます。まず，職業費・特別経費の割合は，年収が上がるに従って低下します。公租公課の割合は逆に，年収が上がるに従って増加します。これは，累進課税（所得が大きいほど税率を高くする）という政策的な規律によるものです。累進課税による影響がとても大きいため，トータルでは年収が上がるに従って必要不可欠な出費の割合は（実効税率の上限までは）上がっていきます。結論として，上限年収を超えたゾーンでは，年収が上がるに従って，収入のうち自由に使える金額の割合（基礎収入割合）は下がります。

純粋な必要不可欠な出費とは別に，年収が上がると貯蓄・資産形成にあてる部分も大きくなってきます。このことも基礎収入割合を下げる方向に働きます（松本139頁，松本・家月62巻11号80頁）。

このように，基礎収入割合修正方式では，上限年収における基礎収入割合をどの程度下げるか，ということを定めることが必要になります。実務においては，基礎収入割合の数値について熾烈に対立することがよくあります。

ウ　上限年収における基礎収入割合の数値

基礎収入割合修正方式では，上限年収における基礎収入割合を控除する元の数値として用います。

改定標準算定方式では，給与所得者の上限年収（総収入）は2000万円で，これに対応する基礎収入割合は38％です（標準算定方式では34％）。

改定標準算定方式では，事業所得者の上限年収（総収入）は1567万円で，これに対応する基礎収入割合は48％です（標準算定方式では上限年収が1409万円で，これに対応する基礎収入割合は47％）（実証的研究35頁，松本・家月62巻11号57頁）。

改定標準算定方式の数値は平成29年や平成30年（まで）の統計データを基にして計算されています。標準算定方式は平成10年～14年の統計データを基にして計算されています。

この点，給与所得者の基礎収入割合については，日弁連が平成23年～27年の統計データを基にして計算したものを公表しています。これによると，2000万円の総収入（1022万円～）に対応する基礎収入割合は38.19％です（日本弁護士連合会「養育費・婚姻費用の新しい簡易な算定方式・算定表に関する提言」（2016年11月15日）22頁「別表2」（2011～2015年・現算定方式・給与所得者））。

実際に，基礎収入割合修正方式や貯蓄率控除方式による計算の中で，平成23年～27年の統計データ（を基にした上限年収における基礎収入割合）を用いるケースもありました。

➡ケース23，24，26，27，39，49，50，51，52

本書に掲載したケースの中では，その解決の時期や当事者の交渉における条件の1つとして，上限年収における基礎収入割合（控除する基となる基礎収入割合）としてどの時期の統計データを使うのかが異なります。もちろん，今後の実務の処理では，最新の統計データ（改定標準算定方式で用いられている数値＝平成29年，30年（まで）の統計データ）が用いられることになると思われます。

エ　基礎収入割合修正方式を用いる状況

基礎収入割合修正方式を用いる義務者の年収は，上限年収を1億円を超過するまでが目安として指摘されています（松本144頁，松本・家月62巻11号83～85頁）。

◎関連するケース・裁判例

▶ケース19　給与所得7000万円の義務者の基礎収入割合として27％を使った（養育費）

▶参考裁判例12　福岡高決平成26年6月30日（養育費変更）判タ1410号100頁・判時2250号25頁・家判1号88頁

CASE 19 給与所得 7000 万円の義務者の基礎収入割合として 27% を使った（養育費）

事案の概要

男性（夫）と女性（妻）は婚姻し，２人の子をもうけました。

夫は会社経営者であり，給与所得（役員報酬）が 6500 万円，雑所得が 500 万円でした。一方，妻は専業主婦でした。

やがて，夫の不貞が発覚し，夫婦の仲が悪くなり，妻が子（０歳と３歳）を引き取って離婚するという方向で協議が進みました。しかし，養育費の計算方法について意見が対立しました。

≪争点（見解の違い）≫

夫：標準算定表の上限（28～30 万円）が妥当である。

妻：標準算定方式により計算すべきである。

7000 万円 × 基礎収入割合 34% = 2380 万円

2380 万円 × (55 + 55)／(55 + 55 + 100) ≒ 1247 万円

1247 万円／12 ≒ 104 万円

結論　調停成立

離婚する。
標準算定方式によって養育費を計算する。
基礎収入割合として 27% を用いる。
養育費は月額 82 万円とする。

合意成立のポイント

1　婚姻費用に準じた考え方の採用

養育費については，標準算定表の上限を用いることが一般的です。しかし，本ケースでは夫に有責性（不貞）があり，夫側の意向だけでは長期間離婚が認められない状況でした。妻側としては，離婚に応じない場合と同様の生活費の負担を前提に，任意に離婚に応じるという意向でした。

そこで，夫側は，養育費について，婚姻費用と同じ考え方を採用することを承服しました。その上で，算定方法について交渉が進みました。

2 算定方法の種類

義務者の年収（給与所得）が2000万円（標準算定表の上限）を超える金額は5000万円でした。そこで，養育費の算定の方法としては，基礎収入割合修正方式または貯蓄率控除方式を用いるのが適切といえる年収ゾーンです。

3 基準となった裁判例

類似事案の裁判例として，給与所得約6172万円の義務者の基礎収入割合として27％を用いたものがあります（福岡高決平成26年6月30日）。この裁判例が意識され，本ケースでも基礎収入割合として27％を用いることになりました。

4 計算内容

標準算定方式を用いて単純に計算すると次のようになります。

7000万円×基礎収入割合27％＝1890万円 1890万円×（55＋55）／（55＋55＋100）＝990万円 990万円／12＝82.5万円

5 微調整

実際には，義務者の年収は，直近年度では約7000万円でしたが，それより前の数年については7000万円を下回っていました。つまり，現実的には直近年度だけが偶然に高かったと思える状況でした。主にこの事情が，計算上の養育費月額のうち，1万円未満の端数をカットすることにつながりました。

参考裁判例12 **年収6172万円の義務者（医師）の基礎収入割合を27%とした**
福岡高決平成26年6月30日（養育費変更）判タ1410号100頁・判時2250号25頁・家判1号88頁

義務者は，医師であり，医療法人の代表者として働いている。直近年度の総収入は約6172万円（給与所得と雑所得の合計）であった。

養育費を標準算定方式によって計算する際の義務者の基礎収入割合を27％とした。

⑷　貯蓄率控除方式（婚姻費用）

ア　貯蓄率控除方式の考え方

高額所得者の婚姻費用の算定の方法の１つとして，標準算定方式を用いることは維持しつつ，基礎収入の算定において貯蓄率を控除するという方法があります。これを，本書では貯蓄率控除方式といいます。

高額所得者の場合には，収入のうち貯蓄・資産形成に回る部分が大きくなることを前提として，これを基礎収入の計算に反映させるという考え方です。

控除する貯蓄率としては統計上のデータを用いますが，上限年収未満の場合でも貯蓄率がゼロというわけではないので，上限年収未満の場合の貯蓄率を超過する部分のみを控除するということになります（松本145頁，松本・家月62巻11号84，85頁）。

イ　貯蓄率控除方式を用いる状況

貯蓄率控除方式を用いる義務者の年収は，上限年収を１億円を超過するまでが目安として指摘されています。このことは基礎収入割合修正方式と同じです。なお，基礎収入割合修正方式と貯蓄率控除方式には，考え方，仕組み，結論に大きな違いはありません（松本144頁，松本・家月62巻11号83～85頁）。

◎関連するケース・裁判例

▶ケース20　給与所得3500万円の義務者の基礎収入を貯蓄率7%を控除して計算した（婚姻費用）

▶参考裁判例13　東京高決平成28年9月14日（婚姻費用）判タ1436号113頁・家判16号116頁

CASE 20 給与所得3500万円の義務者の基礎収入を貯蓄率7%を控除して計算した（婚姻費用）

事案の概要

男性（夫）と女性（妻）は婚姻し，1人の子をもうけました。

夫婦の仲が悪くなり，妻が子（5歳）を連れて家を出て別居するに至りました。妻が夫に婚姻費用を請求したところ，金額について意見が対立しました。

夫は会社を経営しており，役員報酬は3500万円程度でした。一方，妻は専業主婦でした。

≪争点（見解の違い）≫

夫：標準算定表の上限（18～20万円）が妥当である。

妻：標準算定方式により計算すべきである。

3500万円×基礎収入割合34%＝1190万円

1190万円×（55＋100）／（55＋100＋100）≒723万円

723万円／12≒60万円

結論　裁判外の和解成立

婚姻費用の算定において，基礎収入割合から貯蓄率（差分）7%を控除した割合を用いる。

婚姻費用は月額48万円とする。

合意成立のポイント

1　貯蓄率控除方式の適用

義務者の年収（給与所得）が2000万円（標準算定表の上限）を超える金額が1500万円でした。そこで，婚姻費用の算定の方法としては，基礎収入割合修正方式または貯蓄率控除方式を用いるのが適切といえる年収ゾーンです。

類似事案の裁判例として，義務者の給与所得が3940万円のケースにおいて，貯蓄率が標準的な状態よりも7%高いという想定で，基礎収入割合から控除したものがあります（東京高決平成28年9月14日）。この裁判例が意識され，本ケースでも，給与所得2000万円の基礎収入割合（34％）から貯蓄率（差分）の7％を控除した27％を用いて基礎収入を算出する方法をとることになりました。

以上の計算方法を用いた計算は次のようになります。

3500万円×（基礎収入割合34％－貯蓄率（差分）7％）＝945万円
945万円×（55＋100）／（55＋100＋100）≒574万円
574万円／12≒48万円

2　計算の簡略化

なお，理論的に正確に計算するとすれば，総収入から税金・社会保険料を控除した金額の7％（の金額）を基礎収入から控除するべきです。しかし，簡略化して基礎収入割合から貯蓄率（差分）を控除しても大きな違いは生じませんでした。また，義務者の年収には幅があったことからも，厳密な計算をしても正確性が保たれるわけではないといえました。そこで，理論的に正確な計算を簡略化しました。

参考裁判例13　年収3940万円の義務者の基礎収入算定において貯蓄率7％を控除した

東京高決平成28年9月14日（婚姻費用）判タ1436号113頁・家判16号116頁

夫（婚姻費用の義務者）の年収の総額が3940万円であったケースにおいて，婚姻費用の計算方法について，夫と妻で主張が食い違った。裁判所は以下のとおり認定・判断した。

【義務者の収入】

義務者には収入としては，給与収入2050万円，不動産収入約474万円（経費控除後），配当収入1038万円（経費控除後）があった。総合すると（給与収入に換算して）総収入は約3940万円であった。

【基礎収入の計算】

税金・社会保険料については実額で計算し，職業費は年収2000万円の割合（18.92％）を用い，特別経費は年収1500万円以上の割合（16.40％）を用いて（前提となる）基礎収入を計算した。

【貯蓄率による基礎収入の修正】

前提となる基礎収入から，貯蓄率を考慮して最終的な基礎収入を計算することとした。具体的には，年収2000万円の（平均）貯蓄額との差額を差し引くという方法である。統計上，年収1018万円以上の貯蓄率は27.3%であり，全収入平均の貯蓄率は19.8%である。そこで差額（割合の差）は7.5%ということになる。これを基礎収入の計算において控除することとした。

総収入から税金・社会保険料を控除した金額の7%が貯蓄に回されているものとして，基礎収入から控除することとした。

【最終的な基礎収入の計算】

総収入から公租公課・職業費・特別経費を差し引いて算出した金額から7%（貯蓄金額）を差し引いた金額を基礎収入とした。

(5) フリーハンド算定方式

高額所得者の婚姻費用について，標準算定方式を用いないで計算する方法もあります（本書では「フリーハンド算定方式」といいます）。金額を定める上で基準とする要素は，同居中（過去）の生活費（金額）の状況や現在（別居後）の生活費の状況です。わかりやすくいうと，以前の生活水準を維持することを前提として必要な生活費を特定する，ということです。

具体的には，同居中に夫から妻に（または妻から夫に）毎月一定金額を渡していた場合は，この金額を維持する（婚姻費用の金額とする）というものです。ただし，同居中に毎月渡していた金額には，別居後に生じる住居費が反映されていないので，住居費相当額を加算するという調整は必要になります。逆に，同居中に渡していた金額が不相当に高い，つまり浪費といえる状況であった場合には，婚姻費用としては一定額を差し引くという調整が必要になります（松本143頁，松本・家月62巻11号82，83頁）。

◎関連するケース

▶ケース21　事業所得6000万円の義務者（開業医）の婚姻費用を従前の交付額70万円とした

CASE 21 事業所得6000万円の義務者（開業医）の婚姻費用を従前の交付額70万円とした

事案の概要

男性（夫）と女性（妻）は婚姻し，1人の子をもうけました。

夫は医師であり，開業医として医院を経営していました。年収（事業所得）6000万円前後でした。一方，妻は専業主婦でした。

やがて夫婦の仲が悪くなり，妻が子（15歳）を連れて家を出て別居するに至りました。別居前は夫が妻に毎月70万円程度を生活費として渡していました。別居後に妻が夫に婚姻費用を請求したところ，金額について意見が対立しました。

≪争点（見解の違い）≫

夫：標準算定表の上限（28～30万円）が妥当である。

妻：標準算定方式により計算すべきである。

6000万円×基礎収入割合47％＝2820万円

2820万円×90／（90＋100＋100）≒875万円

875万円／12≒73万円

結論 裁判外の和解成立

従前夫が妻に渡していた生活費の金額を維持する。

婚姻費用は月額70万円とする。

合意成立のポイント

1 基礎収入割合修正方式による試算

6000万円程度の収入は，基礎収入割合修正方式や貯蓄率控除方式が用いられることが多い収入ゾーンです。

仮に基礎収入割合修正方式を用いて，基礎収入割合を47％よりも7％下げて40％として計算すると次のようになります。

6000万円×基礎収入割合40％＝2400万円

2400万円×90／（90＋100＋100）≒745万円

745万円／12≒62万円

2　従前の生活費の維持

本ケースでは，別居前から，夫が妻に毎月渡していた生活費がおおむね一定の金額であったことから，結果的に従前の生活費月額を維持する結果となりました。

基礎収入割合修正方式によって計算した婚姻費用の金額（前記の62万円）と大きく異ならないということも，当事者がこの結果を合意する方向に働いたと思われます。

2 婚姻費用の上限金額について

高額所得者の婚姻費用の計算方法については，以上のように主に4つの算定方式があります。ここで，算定方式とは別に，トータルの金額として上限は月額100万円程度とする考え方もあります（岡・判タ1209号9頁）。一方，上限を定めることに反対する見解もあります。生活費として必要な範囲にとどめるべきか，生活保持義務の性質（義務者と同程度の生活水準を保障する）を重視すべきかという価値判断によって見解が異なるといえます（岡・判タ1209号9頁）。そこで，上限を定めることに反対する見解もあります（松本146頁，日弁連・新算定表マニュアル57頁）。

ただし，この婚姻費用の上限設定の当否については，あくまでも裁判所が金額を定める場合の判断に関するものです。任意交渉（和解）の場合には当然ですが，当事者が合意すれば金額が定まるのであり，上限設定というものは関係ありません。実際に，個別的な事情・他の条件との互譲などの影響により月額100万円を超える婚姻費用を合意する実例は少なくありません。

3 特有財産からの収入（賃料収入・金融資産の取引の利益）の扱い

特有財産（と夫婦共有財産の区別）は財産分与でよく問題になりますが，婚姻費用・養育費の計算においても問題となることがあります。その典型の1つは，特有財産からの収入が大きいというケースです。

実際の家計の一般論として，家計は勤労収入によりまかない，特有財産からの収入（果実）は個人の貯蓄に回すという傾向があります。また，法律上は夫婦別産制の原則（夫婦の財産を混同させず，各自の財産とする）がとられています（民法762条1項）。

このようなことから，原則として，特有財産からの収入（果実）は算定基礎に含めないものとされています。ただし，特有財産からの収入が高額であり，かつ就労はせずに全面的に特有財産からの収入によって家計を維持していた場合は，生活保持義務の観点から，これを算定基礎とするという扱いもなされます。

この点，いわゆるデイトレーダーのように，株式などの取引が高頻度で繰り返されているケースでは，取引による利益により家計を維持していたとしても，利益自体に大きな変動があるため，利益の金額をそのまま総収入とすることは妥当ではありません。そこで，生じた利益のうち生活費としてあてていた金額を総収入にする，数年分の損益を平均する，デイトレーダーに転じる前の収入を用いるなどの方法により総収入を認定します（佃浩一ほか編『家事事件重要判決50選』（立花書房，2012年）84，85頁）。

以上のような一般的な解釈論（判断の枠組み）は，基準として明確になっているというわけではありません。また，実際には労働収入と特有財産からの収入の両方があるということも多いです。そのようなことから，熾烈な意見の対立に発展することもよくあります。

◎関連するケース・裁判例

▶ケース22　父から相続した不動産の賃料収入2500万円を総収入とした（婚姻費用）

▶ケース23　父の援助により建築した不動産の賃料収入1800万円を総収入としなかった（婚姻費用）

▶ケース24　両親の援助により建築した不動産の賃料収入1200万円の一部を総収入とした（養育費）

▶ケース25　給与等3100万円とは別の株取引利益600万円は3分の1だけを総収入に含めた（婚姻費用）

▶参考裁判例14　東京高決昭和57年7月26日（婚姻費用）家月35巻11号80頁

CASE 22　父から相続した不動産の賃料収入2500万円を総収入とした（婚姻費用）

事案の概要

男性（夫）と女性（妻）は婚姻し，1人の子をもうけました。

婚姻時，夫は会社員として就業していましたが，その後重度の疾病により就業できなくなり退職しました。夫と妻はその後数年間，いろいろなアルバイトやパートとして就業しましたが，夫婦の年収の合計は150万円前後にしか達しませんでした。そこで，預貯金を切り崩して家計を維持していました。

その後，夫の父Aが亡くなり，夫は相続によって遺産を承継しました。承継した遺産のうち大部分は収益不動産であり，評価額としては約5億円，年間収入は2500万円程度でした。その後約10年間は不動産収入によって家計をまかなうようになり，預貯金を切り崩すことはしなくて済むようになりました。夫婦ともにアルバイト・パートして就業することもほとんどなくなりました。

やがて夫婦の仲が悪くなり，妻が子（16歳）を連れて家を出て別居するに至りました。妻が夫に婚姻費用を請求したところ，金額について意見が対立しました。

≪争点（見解の違い）≫

夫：不動産の賃料収入は婚姻費用算定の基礎とはしない。

妻：不動産の賃料収入を婚姻費用算定の基礎として標準算定方式により計算すべきである。

事業所得2500万円×基礎収入割合47％＝1175万円
1175万円×（90＋100）／（90＋100＋100）≒770万円
770万円／12≒64万円

結論　調停成立

不動産の賃料収入を婚姻費用算定の基礎とする。
標準算定方式を用いて婚姻費用を計算する。
基礎収入割合は47％から10％を下げた37％を用いる。
婚姻費用は月額45万円とする。

合意成立のポイント

1　特有財産からの賃料収入の扱い

収益不動産が夫の特有財産であることについては，夫・妻の意見は一致していました。

しかし，10年間程度の長期間にわたり，家計は不動産の賃料収入によりまかなっている状態が続いていました。そのため，婚姻費用の算定においては，賃料収入を夫の事業所得として扱うことになりました。

2　基礎収入割合の修正

標準算定表の上限の事業所得1409万円を約1100万円上回っていたため，基礎収入割合修正方式や貯蓄率控除方式が妥当といえる年収でした。そこで，基礎収入割合を47％から10％下げて37％とすることにしました。

事業所得2500万円×基礎収入割合37％＝925万円 925万円×(90＋100)／(90＋100＋100)≒606万円 606万円／12≒51万円

3　他の事情の影響

以上の計算に反映していない事情として，妻の潜在的稼働能力や不動産収入のうち家計をまかなっている部分は，すべて（全額）ではないということがありました。これらは婚姻費用を減額する判断となりうる事情です。そこで，基礎収入割合を下げる（修正する）幅を大きめにして，かつ，計算結果（51万円）からさらに減額した（45万円）という考慮も働いたと思われます。

CASE 23　父の援助により建築した不動産の賃料収入1800万円を総収入としなかった（婚姻費用）

事案の概要

男性（夫）と女性（妻）は婚姻し，２人の子をもうけました。

夫は会社員として就業していて，年収は約900万円でした。妻は専業主婦でした。

その後，夫の父Aの将来の相続税対策として，Aの所有土地上に夫が収益用の建物を建築することになりました。実質的には，Aが建物の建築資金8000万円を夫（息子）に援助したので，夫の給与としての収入が建築資金にあてられることはありませんでした。

土地について使用貸借の契約書を調印し，賃料（地代）や権利金の支払いは行いませんでした。

また，収益用建物の賃料収入（による利益）は，年間1800万円程度でした。賃料の振込先口座は夫名義でしたが，その預金通帳の保管を含めて収益用建物の管理はAとAの妻B（夫の母）が行っていて，夫はほとんど関与していませんでした。夫婦の家計は夫の給与収入によりまかなっており，収益用建物からの賃料収入を家計にあてることはありませんでした。

収益用建物の定期的な清掃は業者に発注していました。ごく稀に妻も外階段付近の掃き掃除を行うことがありました。

やがて夫婦の仲が悪くなり，妻が子（8歳，10歳）を連れて家を出て別居するに至りました。妻が夫に婚姻費用を請求したところ，金額について意見が対立しました。

≪争点（見解の違い）≫

夫：不動産の賃料収入は婚姻費用算定の基礎とはしない。

妻：不動産の賃料収入を婚姻費用算定の基礎に含めて標準算定方式により計算すべきである。

事業所得2500万円→給与所得に換算する→2224万円
（平成27年時点の統計データを用いた）
給与所得の合算：給与900万円＋不動産2224万円＝3124万円
給与所得3124万円×基礎収入割合34%≒1062万円
1062万円×（55＋55＋100）／（55＋55＋100＋100）≒719万円
719万円／12≒60万円

結論　**調停成立**

不動産の賃料収入を婚姻費用算定の基礎とはしない。
婚姻費用は月額20万円とする。

合意成立のポイント

1　特有財産からの賃料収入の扱い

収益不動産が夫の特有財産であることについては，夫・妻の意見は一致していました。

賃料収入については，金銭と物件の管理を夫が行っていないことと，実際に夫婦の家計にあてていたことはない（分離して管理されていた）ことから，家計との関連がほぼない状態といえました。

また，妻が収益用建物の掃除をしたのはごく稀にあっただけで，定期的な業者の掃除と比べるとほとんど経済的な貢献とはみられないといえる状態でした。

そこで，婚姻費用の算定において賃料収入を夫の収入として扱わないこととなりました。その結果，夫の給与収入だけを基礎として婚姻費用を算定しました。

2　計算式

具体的な計算内容は次のとおりです。

給与所得900万円×基礎収入割合39.19％≒353万円
（平成27年の統計データを用いた）
353万円×（55＋55＋100）／（55＋55＋100＋100）≒239万円
239万円／12≒20万円

両親の援助により建築した不動産の賃料収入1200万円の一部を総収入とした（養育費）

事案の概要

男性（夫）と女性（妻）は婚姻し，2人の子をもうけました。

夫は会社員として就業していて，年収は約600万円でした。妻は専業主婦でした。

その後，夫の父A・母Bの将来の相続紛争の予防策として，A・Bが共有する土地上に夫が収益用の建物を建築することになりました。建築資金の5000万円は，婚姻前の夫の貯蓄と，A・Bが株式を保有する株式会社Cから夫への貸付金でまかないました。

土地について使用貸借の契約書を調印し，賃料（地代）や権利金の支払いは行いませんでした。

建物の賃料収入（による利益）は年間1200万円程度でした。収益用建物の管理はAとBが主に行っていました。賃料の集金用口座は夫名義で，夫もA・Bも持ち出せる場所に保管されていました。

夫婦の家計は基本的に夫の給与収入によりまかなっていましたが，不足する時には夫が賃料の集金用口座から引き出して家計にあてていました。

やがて夫婦の仲が悪くなり，妻が子（14歳と16歳）を引き取って離婚するという方向で協議が進みました。しかし，養育費の計算方法について意見が対立しました。

≪争点（見解の違い）≫

夫：不動産の賃料収入は養育費算定の基礎とはしない。
（仮に不動産の賃料収入を総収入に含めたとしても）養育費は標準算定表の上限を適用すべきである。

妻：不動産の賃料収入を養育費算定の基礎に含めて標準算定方式により計算すべきである。
事業所得1200万円→給与所得に換算する→1514万円
（平成27年時点の統計データを用いた）
給与所得の合算：給与600万円＋不動産1514万円＝2114万円
給与所得2114万円×基礎収入割合34%≒719万円
719万円×(55＋90)／(55＋90＋100)≒426万円
426万円／12≒36万円

結論　裁判外の和解成立

離婚する。
標準算定方式を用いて養育費を計算する。
不動産の賃料収入のうち3分の1を養育費算定の基礎とする。
養育費は月額22万円とする。

合意成立のポイント

1　特有財産からの賃料収入の扱い

収益不動産が夫の特有財産であることについては，夫・妻の意見は一致していました。

収益物件の管理を夫は行っていませんでしたが，収益（賃料収入）の一部は夫婦の家計にあてていました。つまり，不動産の収益と家計とはある程度関連しているといえました。

そこで，養育費の算定において賃料収入のうち3分の1を夫の収入として扱うこととなりました。

2　養育費の計算式

具体的な計算内容は次のとおりです。

> 事業所得400万円（1200万円の3分の1）→給与所得に換算する→568万円
>
> （平成27年時点の統計データを用いた）
>
> 給与所得の合算：給与600万円＋不動産568万円＝1168万円
>
> 給与所得1168万円×基礎収入割合38%≒444万円
>
> （平成27年の統計データのうち上限の年収の割合を用いた）
>
> 444万円×(55＋90)／(55＋90＋100)≒263万円
>
> 263万円／12≒22万円

3　算定表上限適用の主張の撤回

養育費については，（義務者の総収入が上限収入を超えても）標準算定表の上限を適用するという傾向もあります。しかし，本ケースでは，仮に妻が離婚に応じないと，夫は当面，婚姻費用（養育費よりも高い）の支払を継続する立場にありました。そこで，夫側は譲歩し，「標準算定表の上限の適用」の主張を撤回（譲歩）したのです。

給与等 3100 万円とは別の株取引利益 600 万円は 3 分の 1 だけを総収入に含めた（婚姻費用）

事案の概要

男性（夫）と女性（妻）は婚姻しました。

夫は，Web サービスを販売する会社を設立し，会社は急成長しました。また，セミナーの講師を引き受けることもたまにありました。

夫は，（会社とは関係なく個人的に）婚姻前の預貯金により株式や債権などの金融資産を購入し，保有するようになりました。

一方，妻は婚姻当時，モデルとして就業していました。

婚姻後，夫は不貞を行い，妻に対して暴力をふるうようになりました。

妻は心身のショックからまともに就業することができず，収入はゼロに近くなりました。

妻が家を出て夫婦は別居するに至りました。妻が夫に婚姻費用を請求したところ，金額について意見が対立しました。

直近年度について，夫が会社から支給されている役員報酬は 2300 万円，講演料としての収入は 200 万円でした。金融資産の取引による利益（キャピタルゲイン）が 600 万円でした。

≪争点（見解の違い）≫

夫：講演料については年度によるばらつきがあるので臨時のものとして婚姻費用の計算で用いるべきではない。
金融資産は婚姻前の預貯金（特有財産）で購入したものであり，また，キャピタルゲインは，たまたま数年ぶりに銘柄の入れ替えを行ったものであり，取引前後での金融資産の評価額に変動はないので，収入としての経済力を示すものではない。そのため婚姻費用の計算で用いるべきではない。
役員報酬だけを基にして，標準算定表の上限を婚姻費用とするべきである。
婚姻費用は月額 28 万円となる。

妻：夫の収入のいずれについても（収入としての）経済力が反映されている。いずれも収入として集計し，標準算定方式により婚姻費用を計算すべきである。
事業所得（雑所得含む）800 万円→給与所得に換算→1085 万円
（平成 14 年までの統計データを用いた）

給与所得としての合算：2300万円＋1085万円＝3385万円
給与所得（総額）3385万円×基礎収入割合34％≒1151万円
基礎収入1151万円×100／（100＋100）≒576万円
576万円／12＝48万円

結論　裁判外の和解成立

婚姻費用の計算上，講演料は含めるが金融資産取引による利益のうち３分の１を含める。
講演料の収入を給与所得に換算してから役員報酬と合算する。
基礎収入割合修正方式を用い基礎収入割合を1％下げる。
婚姻費用の月額は40万円とする。

合意成立のポイント

1　総収入の認定

本ケースにおいて，夫の総収入や基礎収入をどのように計算するかが問題となりました。

講演料の収入は，年度によって違いはありましたが，講演料は毎年生じていました。そこで，直近年度の実績（金額）をそのまま用いることになりました。

金融資産の取引による利益（キャピタルゲイン）がありましたが，保有株式のうち一部の銘柄を売却して，その１週間以内に売却代金とほぼ同額だけ，別の銘柄を購入していました。このときに売却した銘柄は，約３年前に購入した時より大きく値上がりしていたので，税務上売却益（キャピタルゲイン）が出たことになっていたのです。実質的には株式の保有を続けていて，含み益を持っている状態と似ていました。ただし，実際に現金（預り金としてのMRF）に変わっていたため，支払能力という意味で経済力があるといえる状態でした。

そこで，キャピタルゲインのうち３分の１，つまり600万円のうちの200万円のみを婚姻費用の計算で用いることになりました。

計算としては，まず，所得を「給与所得」に統一して合算することにしました。

講演料 200 万円 + 金融資産取引の利益（のうち 3 分の 1）200 万円 = 400 万円 雑所得 400 万円→給与所得に換算→592 万円 （平成 14 年までの統計データを用いた） 給与所得としての合算：2300 万円 + 592 万円 = 2892 万円

2　基礎収入割合修正方式の適用

標準算定表の上限の給与所得 2000 万円を約 892 万円上回っていたため，標準算定表の上限を採用することもあり得ましたが，基礎収入割合修正方式を用いることになりました。基礎収入割合を 34% から 1% 下げて 33% とすることにしました。

給与所得（総額）2892 万円 × 基礎収入割合 33% ≒ 954 万円 基礎収入 954 万円 × 100／（100 + 100）= 477 万円 477 万円／12 ≒ 40 万円

個々の計算方法（計算プロセス）についてはいろいろな考え方が成り立ちます。最終的に採用された計算方法は，両方の当事者が譲歩した，つまり相互に有利・不利なものが混ざった状態となっています。

参考裁判例 14　夫の特有財産である不動産からの賃料収入を総収入に含めなかった

東京高決昭和 57 年 7 月 26 日（婚姻費用）家月 35 巻 11 号 80 頁

夫と妻は，婚姻から別居に至るまでの間，マンションに居住し，専ら夫が勤務先から得る給与所得によって家庭生活を営んでいた。夫が承継した相続財産またはこれを貸与して得た賃料収入は，直接生計の資とはされていなかった。

裁判所は，「従つて，相手方と別居した申立人としては，従前と同等の生活を保持することが出来れば足りると解するのが相当であるから，その婚姻費用の分担額を決定するに際し考慮すべき収入は、主として相手方の給与所得であるということになる。」と判示した。そして夫の特有財産（多くの相続財産）と，その貸与による賃料収入は，婚姻費用の計算に反映しないこととした。

4 自己都合での退職・転職による収入減少

高額所得者が関与するケースでは，収入が減少して，それを婚姻費用や養育費の計算においてどのように扱うかが問題となることがよくあります。収入が減少した経緯・理由によっては，減少後の収入を基にして計算することは不公平となることもあります。

自主的に退職や転職したという状況では，（減少後の年収を基に婚姻費用や養育費を計算すると）相手方の生活は苦しくなるので，相手方としては退職に納得しかねるものです。一方で，職業自体が自己実現に直結するものなので，本来，自分自身がどのような仕事をするのか，という判断については尊重されなくてはなりません。

そこで，婚姻費用や養育費の金額を抑えるために退職や転職をした場合には，公平を保つために退職前の収入を計算の基礎とする（退職や転職を反映しない）扱いとするというのが一般的な方法です（松本87頁，松本・家月62巻11号52頁）。

実際には，退職や転職の理由や目的がはっきりと特定できないことが多いです。そこで，特に交渉（和解）では，中間的な扱い（計算）とすることで合意に至るということがよくあります。

◎関連するケース・裁判例

▶ケース26　医師の夫が病院を退職し大学の研究医に転職して減額した年収を総収入とした（婚姻費用）

▶ケース27　弁護士の夫が勤務先事務所を退職し独立開業したが従前の収入を総収入とした（婚姻費用）

▶参考裁判例15　大阪高決平成22年3月3日（婚姻費用変更）家月62巻11号96頁

▶参考裁判例16　福岡家審平成18年1月18日（養育費変更）家月58巻8号80頁

▶参考裁判例17　東京家審平成27年6月17日（婚姻費用）判タ1424号346頁・家判6号84頁

CASE 26　医師の夫が病院を退職し大学の研究医に転職して減額した年収を総収入とした（婚姻費用）

事案の概要

男性（夫）と女性（妻）は婚姻し，1人の子をもうけました。

夫は医師であり，病院に勤務するとともに，アルバイトとして他の医療機関で就業することもありました。給与所得は1600万円前後でした。一方，妻は専業主婦でした。

やがて夫婦の仲が悪くなり，妻が子（5歳）を連れて家を出て別居するに至りました。

その後，夫は勤務先の病院を退職し，大学の研究職として就職しました。給与所得は600万円になりました。

妻が夫に婚姻費用を請求したところ，金額について意見が対立しました。

≪争点（見解の違い）≫

夫：以前から臨床ではなく研究職を志望しており，不当な転職というわけではない。
給与所得600万円を基にして婚姻費用を計算する。
婚姻費用は月額10～12万円である（標準算定表より）。

妻：夫の転職は婚姻費用を下げるための不当なものである。
給与所得1600万円を基にして婚姻費用を計算する。
婚姻費用は月額26～28万円である（標準算定表より）。

結論　**裁判上の和解成立**

給与所得600万円を基にして婚姻費用を計算する。
婚姻費用は月額11万円とする。

合意成立のポイント

1　転職の理由や経緯

本ケースにおいては，夫が大きな収入の減少を伴う転職をした理由や経緯が問題となりました。

夫は医師を目指していた頃から，治療方法や技術を発展させる仕事をしたいと思っていました。医師の資格取得後は臨床医として就業することになりましたが，研究医になることを希望し続けていて，いろいろな大学に見学に行っていました。

このような経緯があったので，婚姻費用を下げるために意図的に転職して収入を下げたとは思えませんでした。

2　裁判所の和解勧告

裁判所もこのような考えを前提として，職業選択は自己実現の１つであるため尊重されるということを指摘し，転職後の収入を基にして婚姻費用を計算することを推奨（勧告）しました。

最終的には，裁判所の推奨した内容どおりに当事者が合意するに至りました。

3　他の事情の影響

転職後の収入の絶対額が異常に低い金額ではなかった，ということが，裁判所の推奨や当事者の合意につながっていたと思われます。

CASE 27　弁護士の夫が勤務先事務所を退職し独立開業したが従前の収入を総収入とした（婚姻費用）

事案の概要

男性（夫）と女性（妻）は婚姻し，２人の子をもうけました。

夫は弁護士であり，法律事務所に勤務し，給与所得 1400 万円前後を得ていました。

妻は会社員で給与所得 400 万円を得ていました。

やがて夫婦の仲が悪くなり，妻が子（5 歳と 7 歳）を連れて家を出て別居するに至りました。

その後，夫は勤務先の法律事務所を退職し，独立して法律事務所を開業しました。夫はアルバイトを 1 人採用しました。開業後の 1 年間での収入（利益）は 500 万円でした。

独立開業後の 1 年間（初年度）の法律事務所の収入を 1 か月ごとにみると，10 万円程度から 300 万円程度まで大きく変動していました。初年度の経費の方は，什器備品として 400 万円が計上されていました。

妻が夫に婚姻費用を請求したところ，金額について意見が対立しました。

≪争点（見解の違い）≫

夫：以前から独立を志望しており，不当な独立開業（退職）ではない。
事業所得500万円を基にして婚姻費用を計算する。
婚姻費用は月額10～12万円である（標準算定表より）。

妻：夫の転職は婚姻費用を下げるための不当なものである。
給与所得1400万円を基にして婚姻費用を計算する。
婚姻費用は月額22～24万円である（標準算定表より）。

結論　**裁判外の和解成立**

退職前の収入（給与所得1400万円）を基にして婚姻費用を計算する。

婚姻費用は月額20万円とする。

毎年各当事者の収入を開示し，標準算定方式（標準算定表）で婚姻費用の金額を改定する。

合意成立のポイント

1　退職の理由や経緯

本ケースにおいては，夫が従前の勤務先の法律事務所を退職して独立開業した理由や経緯が問題となりました。

夫は以前から独立する希望は持っていましたが，漫然とした意向であり，計画として具体化しているわけではありませんでした。

このことだけでは，退職して独立開業した理由が不当なものであったか正当・正常なものであったかをはっきりと判断できないと思われました。

2　収入の変動の内容

また，独立開業直後であり，一般的にも実際にも収入や利益が月ごとに大きく変動していました。一方，初年度のみに大きく生じる初期費用（什器備品としての400万円など）も存在したので，経費は初年度の後に大きく下がることが予想されました。結局，初年度の後には収入が上がる可能性が高いと思われました。

3　婚姻費用の算定基礎としての総収入の認定

そこで，独立開業後初年度の収入（利益）は夫の収入の程度を示す金額としては適切ではない，つまり，婚姻費用の算定の基礎とすることは妥当ではないということになりました。そして，その直前の収入（退職した法律事務所の給与額）を基準として婚姻費用を算定することになりました。

4　婚姻費用の合意と定期的改定条項

夫の従前の収入を標準算定表に当てはめると，婚姻費用は「22～24万円」となります。ここから妻側が若干譲歩して20万円とすることで合意に至りました。

婚姻費用の金額は決めましたが，それ以降（独立開業初年度の後）の夫の収入は大きく変動すると予測されたので，1年毎に，決算結果から婚姻費用を改定することにも合意しました（この内容の条項を入れることによって夫側が承服しました）。

夫の独立開業後初年度の収入の絶対額が実質的な収益性よりも大きく低い金額になっていたことが，妻側の強い意向と夫側の譲歩につながっていたと思われます。

参考裁判例15　**歯科医師が病院を退職し大学の研究生となったが婚姻費用変更を認めなかった**
大阪高決平成22年3月3日（婚姻費用変更）家月62巻11号96頁

夫は歯科医であり，A病院に勤務し，給与及び賞与として，約560万円を得ていた。夫と妻は別居するに至り，婚姻費用を月額6万円と定める調停が成立した。

その後，夫はA病院を退職し，大学の研究生として勤務しながら，病院でアルバイトをすることになった。直近年度において，夫は大学から給料等として約92万円を，アルバイト先のA病院から給料及び賞与として約117万円を得た。

裁判所は，婚姻費用分担額の変更を認めるためには「合意当時予測できなかった重大な事情変更が生じた場合など，分担額の変更をやむを得ないものとする事情の変更が必要である。」と判示した。

さらに，「相手方は，退職の理由について，人事の都合でやむを得なかった旨主張するが，実際にやむを得なかったか否かはこれを明らかにする証拠がない上，仮に退職がやむを得なかったとしても，その年齢，資格，経験等からみて，同程度の収入を得る稼働能力はあるものと認めることができる。」と判示し，（夫は）「自らの意思で低い収入に甘んじている」と評価し，婚姻費用（分担金）の変更を認めなかった。

参考裁判例 16　**退職の目的が養育費回避であったため退職前の収入を基準とした**
福岡家審平成 18 年 1 月 18 日（養育費変更）家月 58 巻 8 号 80 頁

先行する審判で養育費の金額が定められた。この審判の段階で義務者は，「強制執行を受けた場合には勤務先を退職して抵抗する」という意向を示していた。

審判が確定しても義務者（父）が支払わないので，権利者は強制執行を申し立てた。その後，義務者は勤務先を退職した。結局，義務者は一度も支払を行わないままとなった。

裁判所は，義務者は稼働能力を喪失したわけではないと判断し，潜在的稼働能力を有していることを前提として，勤務を続けていれば得られたはずの収入に基づき，養育費を算定した。その算定結果（金額）は，先行する審判で定められた金額と同一であったことから，裁判所は養育費の変更を認めなかった。

参考裁判例 17　**看護学校への入学による減収の不当性を否定**
東京家審平成 27 年 6 月 17 日（婚姻費用）判タ 1424 号 346 頁・家判 6 号 84 頁

妻（権利者）は，2 か所の勤務先から給料賞与として合計 199 万 6113 円の収入を得ていた。妻は准看護学校の入学試験に合格したので，その後，看護助手として稼働することとなった。看護助手の時給は 911 円であり，妻の総収入は約 110 万円となった。

このように権利者の収入が大きく下がったことについて，裁判所は，「相手方（義務者）は，申立人（権利者）が准看護学校に入学したのは敢えて収入を減らすことで婚姻費用分担金を高く算定させようとする不当な意図に基づく旨を主張するけれども，申立人の費用等報告書（甲 14）その他一件記録を精査しても，申立人が上記のような不当な意図をもって准看護学校に入学したとは認められない。」と判示した。つまり，養育費の計算において，減収後の実際の収入金額を用いることとした。

5 意図的な低収入（収入減少）

高額所得者の中には，実質的に自身の収入（報酬・給与）を調整できる状態にある方も多いです。典型例は，自身が100％株主となっている会社から役員報酬を得ているような状況です。個人事業から会社を設立して法人として事業を行うようにした（法人成り）ケースもあります。また，会社の株主や事業主（個人）が近親者であるため，同様に自身への報酬や給与を調整することができるという状況もあります。

このように，収入が低いことについて自身が影響を与え得る立場にある場合は，低い収入（収入の減少）に合理的な理由がないものとして，潜在的稼働能力により総収入を認定することになります。具体的には，意図的に収入を減少させたケースでは減額前の（従前の）収入金額を用い，元から実態と比べて不相当に低い収入金額であった場合には賃金センサスを用いるなどの方法で一定の金額を認定（設定）することになります（松本89頁）。

◎関連するケース・裁判例

- ▶ケース28　同族会社代表者の夫の役員報酬が減額されたが減額前の収入を総収入とした（婚姻費用）
- ▶参考裁判例18　大阪高決平成19年3月30日（婚姻費用）ウエストロー・ジャパン
- ▶参考裁判例19　大阪高決平成16年5月19日（認知後の養育費）家月57巻8号86頁

CASE 28 同族会社代表者の夫の役員報酬が減額されたが減額前の収入を総収入とした（婚姻費用）

事案の概要

男性（夫）と女性（妻）は婚姻し，１人の子をもうけました。

夫は株式会社Ｄの代表取締役でした。会社Ｄは婚姻の約20年前に夫の父Ａと母Ｂが出資して設立されました。その後も株主はＡ・Ｂだけであり，変動はありません。

会社Ｄの役員（取締役・監査役）には，Ａ・Ｂ・夫の弟Ｃが就任していました。会社Ｄでは，夫・Ａ・Ｃがフルタイムで就業しており，親族以外の従業員が５名程度いました。

やがて夫婦の仲が悪くなり，妻が子（16歳）を連れて家を出て別居するに至りました。

別居の直後，夫の役員報酬は月額180万円から100万円に減額されました（妻は後から報酬減額のことを知りました）。報酬減額については臨時株主総会が開催，決議され，議事録が作成されていました。

妻が夫に婚姻費用を請求したところ，金額について意見が対立しました。

≪争点（見解の違い）≫

夫：減額後の収入（月額100万円・年間の給与所得1200万円）を基にして婚姻費用を計算すべきである。
婚姻費用は月額22～24万円となる（標準算定表より）。

妻：減額前の収入（月額180万円）を基にして標準算定方式により婚姻費用を計算すべきである。
給与所得2160万円 × 基礎収入割合38.19% ≒ 824万円
（平成27年の統計データを用いた）
824万円 ×（90 + 100）／（90 + 100 + 100）≒ 540万円
540万円／12 = 45万円

結論　審判における和解成立

減額前の収入を基にして，婚姻費用は標準算定表の上限の金額とする。
婚姻費用は月額38万円とする。

合意成立のポイント

1　役員報酬減額の経緯

本ケースにおいては，夫の役員報酬減額のタイミングが別居直後であったため，減額の意図や経緯が問題となりました。夫（会社D）側の説明や資料の開示がありましたが，長期的な，あるいは一時的な収益の減少やそのおそれは読み取れませんでした。要するに，役員報酬減額は夫とA・B（両親）が協力して婚姻費用（や養育費）の請求を受けることに備えて意識的に行ったものであると読み取れるものだったのです。

2　全体的な調整

そこで，裁判官は減額前の役員報酬の金額を基にして婚姻費用を計算する内容で和解することを勧告しました。

夫側はこれを承服する一方，妻側は「標準算定表の上限を用いる」という譲歩をして合意に達しました。つまり，収入が2000万円を超過した部分をカウントせず，また，用いる統計データを平成27年のものではなく，平成10〜14年のもの（標準算定表の作成過程で用いられている）を用いるという点で妻側が譲歩したのです。

参考裁判例18　**多数株式を有する代表取締役自身の報酬減額の正当性を否定**
大阪高決平成19年3月30日（婚姻費用）ウエストロー・ジャパン

夫（義務者）は会社の代表取締役であったが，夫の役員報酬が減額となり，その後夫は代表取締役を辞任した。

裁判所は，2回の報酬の減額は，婚姻費用の調停の第1回期日の前後と調停が不成立となり審判手続に移行した直後に行われていることと，夫は勤務先のA会社の過半の株式を有する実質的な経営者であり，夫は実質的に自らの報酬額を決定できる立場にあることを理由に，（報酬額減額には）「婚姻費用分担額を低額に押さえようとの目的」があったと判断した。

なお，夫は，夫の役員報酬が会社の経営を圧迫する傾向にあったことを報酬減額の理由として主張していたが，裁判所は，そのような経営状況であるとは認められないとしてこの主張を排斥した。

そして裁判所は，減額前の夫の収入を基礎として婚姻費用分担額を算定した。

参考裁判例 19

叔父経営の会社からの給与額が疑わしいため賃金センサスを用いた

大阪高決平成 16 年 5 月 19 日（認知後の養育費）家月 57 巻 8 号 86 頁

義務者（父）は，叔父（母の弟）の経営する会社に勤務していた。義務者が提出した源泉徴収票，給与支払証明書では年間収入が 150 万円台であった。この給与（収入額）はパート従業員の時給よりも低く，また，大阪府の最低賃金よりも低いものであった。

一方，義務者は，母親を扶養し，車を保有していた。

裁判所は，「相手方（義務者）提出の給与支払明細書は、相手方が○○織布（勤務先）から受けている給与額を正しく記載したものであると考えるには疑問があるといわざるをえず，……この明細書やこれと概ね一致する源泉徴収票に信頼性を認めて相手方の収入を認定することは困難である。」と判示した。その上で，賃金センサスを用いて義務者の収入を推計し，養育費を算定した。

6 事業所得者の総収入の認定

事業所得者の総収入としては，原則として確定申告書の「課税される所得金額」を使います。「課税される所得金額」は売上から経費を控除してあるため利益の金額となっています。しかし，「課税される所得金額」を計算する際に控除されている項目には，現実には支出されていない項目や，特別控除として反映されている項目，養育費や婚姻費用に劣後する項目が含まれます。そこで，総収入を計算する際には「課税される所得金額」に，これらの項目の金額を加算します。加算する具体的な項目は，雑損控除，寡婦・寡夫控除，勤労学生・障害者控除，配偶者控除，配偶者特別控除，扶養控除，基礎控除，青色申告特別控除，医療費控除，生命保険料控除，損害保険料控除，小規模企業共済等掛金控除，寄付金控除です。そこで，総収入を計算する際には「課税される所得金額」に，これらの金額を加算します。

なお，専従者給与を経費として計上しているけれども，実際には支給していない，というケースも多いです。その場合にはこれも加算します（実証的研究32頁，松本・家月62巻11号39，40頁）。

以上のような調整をしてもまだ，実際に手にしている金額との違いが残ることもよくあります。

税務申告上，必要経費といえない費用が計上（控除）されているというものが典型です。いわゆる経費の水増しです。

このような場合には，水増し分の金額を加算します（控除をキャンセルする）。

ただし実際には，必要経費にあたるかどうかを明確に判断できないものも多いです。交渉（調停）の段階では，幅のある中で互譲して合意を目指すことになります。

さらに，税務申告上の金額が，現実的な経済状態とは大きく乖離しているケースもあります。このようなケースでは，残っている資料自体が乏しい，あるいは開示拒否により，売上や経費としての工作部分を特定してその金額を調整（加算または減額）するという補正の計算をすることができないこともよくあります。このようなケースでは，賃金センサスから収入を推認する，あるいは，生活状況から収入を推認するというような対応をします。

➡参考裁判例 20（大阪高決平成 20 年 10 月 22 日）

義務者が権利者に従前渡していた生活費の金額を基にして婚姻費用や養育費の金額を定めることもあります。

◎関連するケース・裁判例

▶ケース 29　開業医の夫の確定申告内容に「除外売上」の修正をして総収入とした（婚姻費用）

▶参考裁判例 20　大阪高決平成 20 年 10 月 22 日（婚姻費用）ウエストロー・ジャパン

CASE 29　開業医の夫の確定申告内容に「除外売上」の修正をして総収入とした（婚姻費用）

事案の概要

男性（夫）と女性（妻）は婚姻し，1人の子をもうけました。

夫は医師であり，開業医として医院を経営していました。妻は経理を中心に事務の全般に従事していました。会計上は，妻の年間給与として480万円が計上されていましたが，実際に妻が手にするということはありませんでした。

やがて夫婦の仲が悪くなり，妻が子（10歳）を連れて家を出て別居するに至りました。妻が夫に婚姻費用を請求したところ，金額について意見が対立しました。

夫の収入は確定申告書では3500万円となっていました。しかし，実際には，自由診療の費用やセミナー参加費，書籍の代金などの大部分は確定申告書には反映されていませんでした。確定申告書に反映していない売上は800万円ありました。

≪争点（見解の違い）≫

夫：婚姻費用は標準算定表の上限（32〜34万円）が妥当である。

妻：夫の事業所得は4300万円，妻の収入はゼロとして，標準算定方式により婚姻費用を計算すべきである。

事業所得4300万円×基礎収入割合38.19%≒1642万円
（平成27年の統計データを用いた）
基礎収入1642万円×(55＋100)／(55＋100＋100)≒998万円
998万円／12≒83万円

結論　**裁判外の和解成立**

標準算定方式を用いて婚姻費用を計算する。

夫の総収入（事業所得）は4300万円として計算する。

基礎収入割合は38.19%（平成27年の統計データ）から約7%下げて31%とする。

婚姻費用は月額70万円とする。

合意成立のポイント

1　会計上計上していない売上の資料の存在

当初，夫は収入は確定申告書に記載のとおりであると主張していました。しかし，妻は会計上計上していない売上の資料（いわゆる裏帳簿）の一部を把握しており，妻側が裏帳簿の一部を夫側に開示しました。夫側は，収入の金額について否定し続けると，妻から調停や審判を申し立てられ，最終的には裁判所を通して銀行に預金取引の履歴の開示を求められてしまうということを懸念しました。そのため，比較的早期の段階で，夫側は未計上の売上も含めた金額を婚姻費用算定における収入として扱うことに応じました。

2　基礎収入割合修正方式の適用

標準算定方式を用いた計算の具体的方法として，基礎収入割合修正方式を用いることとなりました。まず，平成27年の統計データの中の上限年収（事業所得1022万2000円～）に対応する基礎収入割合（38.19％）から7％（と端数）を差し引くことにしました。計算は次のようになります。

事業所得4300万円×基礎収入割合31％＝1333万円
基礎収入1333万円×（55＋100）／（55＋100＋100）≒810万円
810万円／12≒68万円

3　他の事情の影響

実際には子は，両親（夫・妻）の両方の希望によって私立小学校に通い，家庭教師もつけていました。教育費が平均的な家庭よりも高いことから，計算結果よりも若干上乗せして，月額70万円で合意に至りました。

参考裁判例20　**不当に低い事業所得金額につき賃金センサスを利用して収入を推認した**
大阪高決平成20年10月22日（婚姻費用）ウエストロー・ジャパン

義務者（夫）は事業主であり，確定申告書では，事業収入約1318万円，事業所得約 343 万円であった。一方，10 年間にわたり，義務者は，確定申告の事業所得を大幅に上回る婚姻費用分担金・住宅ローンの支払をしていた。8 年前の支払額は，確定申告書記載の事業所得の約 3 倍であった。

裁判所は，「その各年度の確定申告の正確性については著しく疑問を抱かざるを得ず，そうすると平成 19 年の確定申告にも同様の疑念があるというべきであるから，抗告人（義務者）の収入が上記の事業所得の額にとどまるとは到底認められない。」と判示した。その上で，裁判所は，他に義務者の収入を認める証拠がないとして，賃金センサスによって収入を推認した。

7 収入の変動の扱い

事業所得は，サラリーマンの給与と違って固定額が保証されているわけではありません。時期による変動が生じます。

また，形式的には会社からの給与所得であっても，実質的に1人あるいは少人数で業務に従事しているような状況である場合には，年度による収入の変動が大きいこともあります。

このようなケースでは，直近年度の収入（売上や利益）が，たまたまその年だけ高い，あるいは低かったということもあります。そこで，実務では数年分の資料（確定申告書など）から，経済力を示すものとして妥当な金額を特定（計算）することになります。具体的には数年の平均をとるなど，特殊な要因による影響（金額）を差し引く（または加算する）というような方法です（松本・家月62巻11号40頁）。

また，近い将来に収入が変動することが予想されるというケースでも基本的な考え方は同じです。収入の変動の確実性が高いといえる場合には，変動後の収入金額を用いることもありますが，そうでない場合には現在の収入金額（直近の過去の実績）を総収入として用いることになります。

◎関連するケース・裁判例

- ▶ケース30　歯科医師の収入1200～1900万円の平均付近の1550万円を総収入とした（婚姻費用）
- ▶ケース31　会社経営者の収入2000～5000万円のうち直近3期の平均2500万円を総収入とした（養育費）
- ▶ケース32　会社経営者の収入に大幅な減額見込があったが現在の収入により養育費を計算しつつ1年後の改定条項をつけた
- ▶ケース33　歯科医師の年収1500～2500万円のうち直近年度の金額を総収入とした（婚姻費用）
- ▶参考裁判例21　東京高決平成21年9月28日（婚姻費用）家月62巻11号88頁

CASE 30 歯科医師の収入1200～1900万円の平均付近の1550万円を総収入とした（婚姻費用）

事案の概要

男性（夫）と女性（妻）は婚姻し，1人の子をもうけました。

夫は歯科医師であり，開業医として歯科医院を経営していました。

妻は当初歯科衛生士として就業していましたが，出産を機に退職し，専業主婦となりました。

やがて夫婦の仲が悪くなり，妻が子（5歳）を連れて家を出て別居するに至りました。妻が夫に婚姻費用を請求したところ，金額について意見が対立しました。

夫の収入（歯科医院の利益）は，直近4年度で1200～1900万円の幅で大きく変動していました。直近の決算期の収入は1200万円，4年度の平均は1500万円でした。

≪争点（見解の違い）≫

夫：直近の年度の年収（1200万円）を基にして婚姻費用を計算すべきである。
婚姻費用は月額28～30万円となる（標準算定表より）。

妻：直近4年度の上限（1900万円）を基にして標準算定方式により婚姻費用を計算すべきである。
事業所得1900万円×基礎収入割合47%＝893万円
基礎収入893万円×(55＋100)／(55＋100＋100)≒543万円
543万円／12≒45万円

結論 裁判外の和解成立

夫の年収（事業所得）を1550万円として標準算定方式により婚姻費用を計算する。

婚姻費用は月額37万円とする。

合意成立のポイント

1　夫の年収の変動の要因

本ケースにおいては，夫の年収に大きな変動があったため，婚姻費用の計算上の年収をどのように設定するか，ということが問題となりました。

直近の期の収入が他の年度よりも大きく落ち込んでいました。これは，診療室が老朽化してきたので什器備品を購入し，また，最新の業務システムを導入（発注）して，これらのうち償却資産として扱われないものが多かったため，直近年度だけ利益が小さくなったということが読み取れました。これらの経費の支出のタイミングや内容から考えると，夫側が意図的に操作したようには思えませんでした。

そこで，直近年度の年収（1200万円）は，単年度では夫の経済力として適切ではありませんが，中長期的な経費が反映されたものであったため，夫の経済力として大きくかけ離れているともいえませんでした。

最終的に，4年分の年度の平均が，夫の経済力を示す金額として適正であるという方向性になりました。

2　経費水増し疑惑

ただし，歯科医院の収支を細かくみると，（薬剤以外の）物品の販売の売上が反映されておらず，また，本来家計の支出と思えるものが経費として計上されているということが疑われました。

そこで，4年分の年度の平均に50万円を加算した金額（1550万円）を婚姻費用計算の基にする年収として扱うことなりました。同時に，1550万円は4年分の年度の中の上限と下限の平均にもなっています。

3　具体的計算

事業所得1550万円×基礎収入割合47％≒729万円
基礎収入729万円×（55＋100）／（55＋100＋100）≒443万円
443万円／12≒37万円

4　採用されなかった夫側の主張

なお，夫側は標準算定表の上限を用いることも主張しました。仮に標準算定表の上限（事業所得1409万円）だと，婚姻費用は月額32～34万円となります。

しかし，この金額と前記の金額（37万円）の違い3～5万は大きいと妻側は考え，承服しませんでした。

また，夫側は，計算をするとしても基礎収入割合は47％よりも下げるべきであるという主張もしていました。しかし，標準算定表の上限（事業所得1409万円）と妻側が想定する1550万円の差は141万円であり，それほど大きくはないことから，基礎収入割合を下げることについても妻側は承服しませんでした。

仮に裁判所が判断することになったとしても，妻側の主張が認められる見込みも十分にあったため，夫側も妻側の主張を承服することにしたと思われます。

CASE 31 会社経営者の収入2000～5000万円のうち直近3期の平均2500万円を総収入とした（養育費）

事案の概要

男性（夫）と女性（妻）は婚姻し，２人の子をもうけました。

夫はコンサルティング会社の経営者であり，給与所得（役員報酬）は大きく変動していました。顧客層が特定の分野に限定されており，法改正による影響を大きく受ける構造だったのです。

また，４年前に法人税の申告漏れが発覚し，これが報道されたため業界内のレピュテーションが低下し，受注の減少につながりました。そのため，夫の役員報酬は2000万円程度まで落ち込み，その後3000万円程度まで回復しています。直近６期の夫の役員報酬（修正申告後の金額）は2000～5000万円の幅で変動していました。

妻は婚姻の時には外資系金融機関に勤務しており，年収1000万円でしたが，出産を機に退職し，その後は専業主婦になりました。

やがて夫婦の仲が悪くなり，妻が子（５歳と８歳）を引き取って離婚するという方向で協議が進みました。しかし，養育費の計算方法について意見が対立しました。

≪争点（見解の違い）≫

夫：直近の６年度の中の最低額の2000万円を基にして婚姻費用を計算すべきである。
標準算定表の上限によって養育費は月額28～30万円となる。

妻：夫の経済力としては直近6期のうち最高額の5000万円が妥当である。
年収5000万円を基にして標準算定方式により養育費を計算すべきである。
事業所得5000万円×基礎収入割合47％＝2350万円
基礎収入2350万円×(55＋55)／(55＋55＋100)≒1231万円
1231万円／12≒103万円

結論　**裁判上の和解成立（離婚する）**

夫の総収入を2500万円として養育費を標準算定方式により計算する。
基礎収入割合は47％から1％を下げて46％とする。
養育費は月額50万円とする。
2人の子が中学校，高校，大学に進学したタイミングで相互に直近3期の収入（課税証明書）を開示し，標準算定方式により養育費を改定する。

合意成立のポイント

1　算定表上限の適用の否定

養育費の算定では，年収が標準算定表の上限を超えても，養育費の金額をそれ以上上げないのが一般的です。しかし，本ケースでは夫に有責性（不貞）があり，妻が任意に応じない限り婚姻費用の支払いが長期間続くという事情がありました。そこで，養育費の計算でも標準算定表の上限を超える（標準算定方式を用いて計算する）ことで妻側が離婚に応じるという構造になっていました。

2　夫の総収入の認定に関する対立

本ケースにおいては，夫の年収が年度間で大きな変動があったため，養育費算定の基にする金額をどのようにするかが問題となりました。養育費の金額について意見が対立したため，結局夫が離婚訴訟を提起し，離婚訴訟の中で裁判所が養育費の金額を含めた和解勧告案を提示し，最終的に当事者がこれを受諾することになりました。

3　総収入の認定（和解勧告内容）

以下，裁判所の示した考え方（当事者が受け入れた考え方）について説明します。

まず，法人税の申告漏れが業界に広まり売上が落ちたのは約4年前でした。つまり，売上下落後の収入は直近3期の決算が示しています。直近3期の売上は2000万円から3000万円程度で，徐々に上昇しているように読み取れました。そこで，平均的な（正確には3つの平均ではなく最低額と最高額の平均）2500万円を，夫の経済力を示すものとして，養育費算定の際に用いることにしました。

4　基礎収入の計算（和解勧告内容）

標準算定方式を用いる上での基礎収入割合は，標準算定表の上限（事業所得1409万円で47%）をそのまま用いると若干不公平と思われるため，1% 下げることにしました。

なお，夫は妻の潜在的稼働能力を反映させるべきであると主張していました。しかし，妻が婚姻の際，それまでのキャリアを失い，少なくとも従前と同じような額の収入を回復することは困難である一方，夫は（自らの行為により減収を招いたとはいっても）キャリアを蓄積し，収入に直結する経済力を向上しているというアンバランスを修正するという配慮も必要でした。そこで，妻の潜在的稼働能力は反映させないことになりました。

5　具体的計算

以上の前提で標準的算定方式により計算すると次のようになります。

事業所得2500万円 × 基礎収入割合46% = 1150万円 基礎収入1150万円 × (55 + 55) ／ (55 + 55 + 100) ≒ 602万円 602万円／12 ≒ 50万円

6　定期的改定条項

裁判所の提示した養育費の金額（考え方）は，現時点の夫の経済力を反映させるものとしては適切だと思えますが，その後，夫の収入は（上がる方向性ではありますが下がることも含めて）変動することが予想されました。

そこで，夫が定期的な養育費の金額の改定を条項に入れることを提案しました。妻としても，適正な経済力の変動を反映させることは不本意ではないし，むしろ，子の成長とともに生活費が上昇することを反映させる必要があると思い，夫の提案を受け入れました。

CASE 32 会社経営者の収入に大幅な減額見込があったが現在の収入により養育費を計算しつつ１年後の改定条項をつけた

事案の概要

男性（夫）と女性（妻）は婚姻し，３人の子をもうけました。

夫は金属加工を行う会社の経営者でした。

妻は婚姻の時には会社員として就業していましたが，出産を機に退職し，その後は専業主婦になりました。

夫婦の仲が悪くなり，妻が子（10歳，13歳，16歳）を引き取って離婚するという方向で協議が進みました。しかし，養育費の計算方法について意見が対立しました。

夫の直近の数年間の年収は3500万円前後で大きな変動はありませんでした。しかし売上の30％を占める取引先が倒産し，その後は売上が大きく下がることが予想されました。

≪争点（見解の違い）≫

夫：会社の売上の大幅減少により夫の役員報酬も（年間）1000万円程度まで大幅に下げざるを得なくなる。
養育費は月額18〜20万円となる（標準算定表より）。

妻：直近の年収（3500万円）を基にして標準算定方式により養育費を計算すべきである。
給与所得3500万円×基礎収入割合34％＝1190万円
（平成14年までの統計データを用いた）
基礎収入1190万円×（55＋55＋90）／（55＋55＋90＋100）≒793万円
793万円／12≒66万円

結論　**裁判外の和解成立（離婚する）**

養育費は，夫の年収を3500万円として養育費を標準算定方式により計算する。

基礎収入割合は34％から2％を下げて32％とする。

養育費は月額62万円とする。

1年後に相互に直近の収入（課税証明書）を開示し，標準的算定方式により養育費を改定する。

合意成立のポイント

1　算定表上限の適用の否定

養育費の算定では，年収が標準算定表の上限を超えても，養育費の金額をそれ以上上げないのが一般的です。しかし，本ケースでは夫に有責性（不貞）が疑われている状況であり，妻が任意に応じない限り婚姻費用の支払が長期間続くこともある程度は見込まれました。そこで，養育費の計算でも標準算定表の上限を超える（標準的算定方式を用いて計算する）ことで妻側が離婚に応じるという構造になっていました。この方法によっても，夫の年収は標準算定表の上限（事業所得1409万円）近くまで下げざるを得なくなることも予想されたので，夫としても実質的に不利益を受けることにはならないものでした。

2　夫の総収入の認定

本ケースにおいては，夫の年収が大きく下がることが予想されたため，養育費算定の基にする総収入をどのようにするかが問題となりました。

夫側としては，取引先の倒産を示す資料を開示して丁寧に説明しました。妻側は，そのような事情自体は理解できましたが，あくまでも影響が生じるのは会社の売上であり，役員報酬にどのような影響があるかを確実に理解することはできませんでした。

これに対して夫側としては，会社の売上減少は現実に生じたことであるため，翌年の会社の決算資料により，役員報酬への影響の合理性を示すことができると考えました。

3　短期間限定の合意と改定条項

このようなそれぞれの思惑により，「今年（1年）に限り，売上減少前の役員報酬を基にして養育費を算定する」ということで合意するに至ったのです。

具体的には，現時点の養育費は直前の年収（3500万円）を基に計算するが，「翌年度の会社の決算が確定した時点で決まった夫の役員報酬の金額を前提として，標準算定方式で養育費の金額を算定する（改定する）」という合意内容です。

実際には，「会社の損益の変動を役員報酬に反映させる方法の内容」も条項として定めました。規定した内容の概要としては，夫以外の役員の報酬の減額の計算方法や他の経費の変動（どのような経費を削減するか）というものでした。

4　基礎収入割合修正方式の適用

現時点の養育費の計算では，基礎収入割合修正方式を用いました。本ケースは標準算定表の上限（給与所得2000万円で34%）よりも給与所得が1500万円超過しているので，基礎収入割合を34%よりも2%下げて32%とすることにしました。

以上の前提で標準算定方式により計算すると，次のようになります。

給与所得3500万円×基礎収入割合32%＝1120万円
基礎収入1120万円×(55＋55＋90)／(55＋55＋90＋100)
　≒747万円
747万円／12＝62万円

5　夫側の譲歩の背景

夫としては，1年間は収入（役員報酬）だけでは生活できない状況となることが予想される結論でした。しかし，前記のように，最悪の場合は長期間婚姻が解消されず，婚姻費用の支払総額がとても大きくなるというリスクを負っていました。そこで最終的に，夫側は「1年限定」をつけることで他の不利益は受け入れたのです。

CASE 33 歯科医師の年収 1500～2500 万円のうち直近年度の金額を総収入とした（婚姻費用）

事案の概要

男性（夫）と女性（妻）は婚姻し，1 人の子をもうけました。

夫は歯科医師であり，開業医として歯科医院を経営していました。

妻は婚姻当時は会社員として就業していましたが，出産を機に退職し，その後は専業主婦となりました。

やがて夫婦の仲が悪くなり，妻が子（10 歳）を連れて家を出て別居するに至りました。妻が夫に婚姻費用を請求したところ，金額について意見が対立しました。

夫の年収（歯科医院の利益）は，直近の 5 期で 1500～2500 万円の範囲で変動していました。

≪争点（見解の違い）≫

夫：最低額の 1500 万円を基にして婚姻費用を計算すべきである。
婚姻費用は標準算定表の上限である 34 万円が妥当である。

妻：最高額の 2500 万円を基にして標準算定方式により婚姻費用を計算すべきである。
事業所得 2500 万円 × 基礎収入割合 47% = 1175 万円
基礎収入 1175 万円 × (55 + 100) ／ (55 + 100 + 100) ≒ 714 万円
714 万円／12 ≒ 60 万円

結論 **調停成立**

詳細な事情を考慮すると直近の年収（2500 万円）が夫の経済力として妥当である。

基礎収入割合は 47% から 3% 下げて標準算定方式により計算する。

婚姻費用は月額 56 万円とする。

合意成立のポイント

1　夫の収入の変動の推定

本ケースにおいては，夫の年収に大きな変動があったため，婚姻費用の計算において用いる年収をどのように設定するか，ということが問題となりました。そこで，年収の変動の経緯や理由を特定していきました。

収入については，6期を通して増えつつありました。その要因としては，歯科医院の周辺が大規模に開発されて高層マンションが建築され，住民（人口）が増え続けていることにあると思われました。もともと，歯科医院には歯科医師が夫だけしかいませんでしたが，患者が増えてきたので3年前に別の歯科医師を雇いました。そこで，より多くの患者を診療できるようになったのです。

経費としては，4年前に歯科医院の内装を全面的にリノベーションしました。家具類などはこだわって個別的に発注したので，単価によっては償却資産には該当せず，単年度の経費として計上することとなりました。また，3年前には診療室を増やす工事を行いました。また，このとき，患者管理システムを導入しました。このように，4年前と3年前の期には他の年度よりも多くの経費を計上することとなったのです。

以上のような経緯から，「利益」だけをみると，3，4年前に一度落ち込み，その後回復する（増額する）とともに，以前の最高額を超えてきたことが分かってきました。

このような状況を基にすると，今後も利益は増えることが想定できました。

なお，夫側は，近隣への同業者の新規参入も実際にあり，今後も増えていくので，利益が下がることもあると主張しました。しかし，よほど多くの歯科医院が開設されない限り，現在の需給のバランスが崩れると合理的に判断することは困難でした。このことから，少なくとも現在の利益は維持されると思われました。

2　直近年度の収入の採用

妻側は以上のような主張（説明）をして，調停委員もそのような考えを持ちました。そして調停委員は，直近年度の利益（事業所得2500万円）を基にして標準算定方式により計算した婚姻費用の金額を提案しました。

3　基礎収入割合修正方式の適用

現時点の婚姻費用の計算では，基礎収入割合修正方式を用いました。本ケースは標準算定表の上限（事業所得1409万円で47%）よりも事業所得が

1091万円超過しているので，基礎収入割合を47％よりも3％下げて44％とすることにしました。

婚姻費用の計算は次のようになります。

事業所得2500万円×基礎収入割合44％＝1100万円 基礎収入1100万円×（55＋100）／（55＋100＋100）≒669万円 669万円／12≒56万円

最終的に夫側がこれを承服し，調停が成立しました。

参考裁判例21　**給与の変動予測が困難であるため従前の収入を用いた**
東京高決平成21年9月28日（婚姻費用）家月62巻11号88頁

義務者は課長職に昇格し，超過勤務手当が支給対象外となり，また，世界的不況の影響により賞与が大幅に減額となっていた。

一方，過去4年度について義務者の収入は増加し続けていた。現年度のベース給月額も昨年度よりも増加していた。

裁判所は，「抗告人（義務者）が課長職に昇格していることにも照らすと，抗告人の平成21年の年収が平成20年のそれよりも減少するのかどうか，減少するとして，いくら減少するのかは予測が困難であって，平成21年の年収額を推計することができない」ことから，婚姻費用の算定上は平成20年（直近年度）の年収を用いることとした。

8 公的資料から総収入を特定できないケースにおける特殊な推定方法

婚姻費用や養育費の金額を計算する際に用いる総収入は，源泉徴収票や確定申告書といった公的資料によって認定するのが原則です。しかし，特殊な事情によって，公的資料だけでは現実的・実質的な収入を認定できないというケースもあります。例えば，自営業として収入を得ているが，税務申告をしておらず，また，経費だけではなく売上すら正確に記録されていないというようなケースです。そのほか，税務申告はしていても，売上や経費の計上が実際のものとは大きくかけ離れているというケースもあります。

特に高額所得者の場合には，平均的・標準的な収入の形態とは異なっていることが多く，このような公的資料に正確に収入が反映されていないこともよくあります。

収入を示す公的資料がない，あるいはあっても修正する程度では実質的な収入金額を計算できないという場合には，まったく別の角度から総収入を認定（推定）するしかありません。

総収入を認定する１つの方法は，生活実態を基にして推定するというものです。過去に支出してきた生活費を計算して，（少なくとも）その支出金額程度の収入があったとして扱うということです。

過去に支出してきた生活費の金額は，個々の支出を集計する方法もありますし，また，毎月配偶者に渡していた生活費（現金）の金額を用いる方法もあります。

このような支出金額についての手がかりも乏しいような場合には賃金センサスを用いて総収入を認定することもあります（松本・家月62巻11号43，44頁）。

◎関連するケース・裁判例

▶ケース 34　個人事業主の夫が収入を開示しないため裁判所が標準算定表の上限の養育費を定めた

▶参考裁判例 22　宇都宮家審平成８年９月30日（認知後の養育費）家月49巻３号87頁

CASE 34　個人事業主の夫が収入を開示しないため裁判所が標準算定表の上限の養育費を定めた

事案の概要

男性（夫）と女性（妻）は婚姻し，３人の子をもうけました。

夫は個人で楽器の保守管理（調律など）に関する仕事をしていました。主に音楽に関するサービスを販売する企業や楽器を設置している施設からの依頼を受けていました。

妻は専門職として勤務していて，出産・育児の際には休職（休業）しましたが，その後復職しました。年収（給与所得）は600万円でした。

やがて夫婦の仲が悪くなり，当事者間で話し合い，子３人（10歳，12歳，15歳）を妻が引き取ることにして協議離婚をしました。協議離婚の際，財産分与として夫が妻に3000万円を支払うことは合意し，履行されました。しかし養育費については，夫の収入の変動が大きいことから，明確に金額を定めることはしませんでした。

離婚後，夫は妻に毎月養育費を支払っていましたが，金額は20万円から30万円の間で変動がありました。平均すると25万円程度でした。また，妻は３年前（関係が円満であった時期）に，夫から口頭で「今年（その年）の確定申告で収入は1300万円程度に達した」「それ以外に数件は個人から受注しているものもある」ということを聞いていました。

妻としては，不当に養育費を減らされている，また，今後減らされると困ると考えるようになり，夫に対して収入を開示して養育費の金額を定めることを提案しました。しかし，夫はこの提案に一切応じませんでした。このように夫と妻で意見の対立が生じました。

≪争点（見解の違い）≫

（元）夫：収入に関する資料を開示しない。
養育費として毎月，夫の経済状況から可能な金額を支払っているので，金額として不合理ということはない。

（元）妻：養育費として支払われている金額が妥当であるかどうか分からない。
これまで30万円を支払っていることもあるので，30万円で固定すべきである。

結論　**審判が確定**

夫が収入に関する資料を完全には提出をしなかったため従前の支払額を参考にして考える。
養育費は月額28万円とする。

裁判所の判断のポイント

1　（元）夫の収入の開示の状況

本ケースでは，（元）妻が養育費の調停を申し立てましたが不成立で終わり，審判に移行しました。審判の段階になって，夫は取引先の一部から保守管理を受託して契約書を開示しました。契約書には基本料金は記載されていましたが，付随的なサービスや追加の発注があったかどうかを読み取れるものではありませんでした。そのため，実際に受注した正確な金額は分かりませんでした。また，妻の記憶としては少なくとも提出された契約書の企業以外からも受注しているはずでした。しかし，夫は提出した契約書以外の取引については，説明も資料提出も一切しない（拒否する）態度に終始していました。結局，資料からは夫の正確な収入を把握できない状態でした。

2　収入の推定計算

裁判所は，ここまでの事情（情報）だけを基に判断することになりました。

重視された事情は，これまでの養育費としての支払額が平均25万円であったことです。これを前提にして標準算定表を用いると，夫の事業所得は1267万円～1338万円のゾーンに該当します（権利者の給与所得600万円，義務者の事業所得1267万円～1338万円のゾーンの養育費金額は24～26万円）。つまり，妻が以前夫から聞いていた内容（収入が1300万円程度に達した）と整合します。

次に，過去の養育費の支払額は最大で30万円でした。このことから，夫の収入が1267万円～1338万円のゾーンよりも上である可能性があるといえます。また，妻が以前夫から聞いていた内容でも1300万円よりも上であることが推測されます。また，この夫の発言の後3年が経過しているので，全体的な売上金額が上がっている可能性もあります。

3　算定表上限の適用

一方で，夫の年収が標準算定表の上限（事業所得1409万円）を超えても養育費は上限の金額（妻の給与所得600万円の場合は26～28万円）を用いる考え方が一般的です。

結局，標準算定表の上限である28万円と定めれば，仮に，実は夫の収入が1409万円よりも高かったとしても妻に不利益になることはないとも考えられます。また，実は夫の収入が1409万円よりも低かった場合には養育費の金額（28万円）は夫に不利益といえますが，夫が説明や資料開示を不当に拒否した結果なので実質的に不当ということにはなりません。

以上のような考察から，裁判所は養育費の金額を28万円と定めました。

参考裁判例22　**資料の提出拒否のため賃金センサスで収入を推定した**
宇都宮家審平成８年９月30日（認知後の養育費）家月49巻３号87頁

男性（義務者）と（重婚的）内縁の妻（権利者）の間に子ができた。義務者（父）が子を認知した。

その後，権利者（母）が養育費請求の調停を申し立てた。

しかし義務者は，調停に一度も出席せず，再三の出頭勧告や調査官調査にも応じなかった。そこで，調停は不成立となり審判に移行した。

裁判所は，「相手方（義務者）については，家族状況，職業，収入，支出などに関する資料が全く得られない。……相手方の職業は，申立人（権利者）の陳述によりダンプカー持込みの運転手と認める。またその収入については，平成６年の「賃金構造基本統計調査報告」（賃金センサス）中の「営業用大型貨物自動車運転者（男）及び営業用普通・小型貨物自動車運転者（男）50～54歳」企業規模別及び都道府県別に拠ることとする。……持込み運転手であることを考慮して年間賞与などは含めないこととし」と判示した。つまり，賃金センサスを基にして義務者の収入を推認した。

9 給与所得と事業所得の混在（換算）

標準算定方式における総収入は，給与所得と事業所得で用いる資料（税務上の項目）が違います。そこで，給与所得と事業所得の両方の収入がある者の総収入の認定（計算）が問題となります。

⑴ 収入レベル換算方式

１つの方法は，収入レベルでどちらか一方に換算して統一するというものです。もともと，税務上の２種類の所得の違いから，給与所得（総収入）から職業費と社会保険料を控除すれば，事業所得（総収入）と同じように扱えます。そこで，事業所得（総収入）に社会保険料を加え，これを「１－（給与収入における職業費の割合)」で除すると，給与所得（総収入）に換算できます。このように換算が少し複雑になるので，簡略化して，標準算定表の縦軸（または横軸）の記載を見て対応する金額を用いるという方法もあります。収入レベル換算方式の詳細な内容については，「資料高額算定表／2　婚姻費用の高額算定表／⑶ 事業所得から給与所得への変換」193頁で説明しています。

⑵ 基礎収入合算方式

もう１つは，２種類の収入（所得）それぞれについて基礎収入を計算して，２つの基礎収入の合計をその者の基礎収入とする方法です。この方法だと計算自体は単純になりますが，実質的には経費を重複して控除することになるので，不正確といえます。不正確とはいっても，２種類の収入（所得）のうち一方の額が小さい場合には誤差はほとんど生じません（松本・家月62巻11号60頁）。

◎関連するケース

▶ケース35　税理士の２種類の収入（給与1200万円，講演・執筆料450万円）の合算について２種類の方式で計算した上で調整した（婚姻費用）

CASE 35 税理士の２種類の収入（給与 1200 万円，講演・執筆料 450 万円）の合算について２種類の方式で計算した上で調整した（婚姻費用）

事案の概要

男性（夫）と女性（妻）は婚姻しました。

夫は税理士であり，税理士事務所に勤務していました。給与（給与所得）は 1200 万円でした。夫は事務所勤務とは別に，講演や書籍の執筆による収入（事業所得）も 450 万円程度ありました。

妻は会社員として就業していて，年収（給与所得）は 600 万円でした。

夫婦の仲が悪くなり，別居するに至りました。妻が夫に婚姻費用を請求したところ，金額について意見が対立しました。

≪争点（見解の違い）≫

夫：講演や執筆による収入は固定的なものではないので，婚姻費用の計算において除外すべきである。
婚姻費用は月額 8～10 万円である（標準算定表より）。

妻：直近の確定申告書の収入を元にして標準的算定方式により婚姻費用を計算すべきである。
基礎収入段階合算方式（後記）により計算すべきである。
婚姻費用は月額 18 万円である。

結論　**調停成立**

夫の事業所得と給与所得の扱いについて，基礎収入段階合算方式と所得段階合算方式の２つで計算する。

それぞれの方式で計算した金額の中間を採用する。

婚姻費用は月額 17 万円とする。

合意成立のポイント

1　収入自体の認定

夫には給与所得と事業所得の（税務上の扱いにおける）2 種類の所得がありました。事業所得の内容は，講演や執筆によるものであり，給与ほどは固定されたものではありませんでした。しかし，講演も執筆も，回数に違いはあってもほぼ毎年行っていました。そこで，事業所得も直近の金額を総収入として用いることになりました。

2　婚姻費用の複数の試算

給与所得と事業所得の２つからどのように総収入あるいは基礎収入を計算するかということが問題となりました。

妻は，給与所得と事業所得のそれぞれについて基礎収入割合を乗じて基礎収入を出し，基礎収入レベルで合算するという方式を主張しました（基礎収入段階合算方式）。

夫は，事業所得と給与所得に換算して，所得段階で合算する方式を主張しました（所得段階合算方式）。

それぞれの方式をとった場合の計算内容は次のようになります。

(1)　基礎収入段階合算方式

【夫】
給与所得 1200 万円 × 基礎収入割合 35% ＝ 基礎収入 420 万円
（平成 14 年までの統計データを用いた）
事業所得 450 万円 × 基礎収入割合 51% ≒ 基礎収入 230 万円
基礎収入 420 万円 ＋ 230 万円 ＝ 650 万円
【妻】
給与所得 600 万円 × 基礎収入割合 37% ＝ 基礎収入 222 万円
（平成 14 年までの統計データを用いた）
【標準算定方式】
基礎収入（650 万円 ＋ 222 万円）× 100／（100 ＋ 100）＝ 436 万円
436 万円 − 222 万円 ＝ 214 万円
214 万円／12 ≒ 18 万円

(2)　所得段階合算方式（標準算定表）

【夫】
事業所得 450 万円→給与所得に換算する→（450 万円 ＋ 社会保険料 42 万円）／（100% − 職業費 19.65%）≒ 612 万円

（標準算定表の軸部分を見ても同様になる）
（社会保険料は所得の 9.4% とした）
夫と妻の所得を前提にして給与所得段階で合算する
給与所得 1200 万円 + 612 万円 = 1812 万円
標準算定表により 14～16 万円（の上の方）となる。

⑶　所得段階合算方式（標準算定方式）

【夫（⑵続き）】
給与所得 1812 万円 × 基礎収入割合 34% ≒ 616 万円
（平成 14 年までの統計データを用いた）
【婚姻費用の算定】
基礎収入（616 万円 + 222 万円）× 100／（100 + 100）= 419 万円
419 万円 − 222 万円 = 197 万円
197 万円／12 ≒ 16 万円

3　3つの試算結果の比較・調整

以上のように，婚姻費用は，基礎収入段階合算方式では月額 18 万円，所得段階合算方式では（標準算定表によっても標準算定方式の計算を行っても）月額 16 万円（付近）となりました。

算定方式のうち，基礎収入段階合算方式は，現実の収入（経済力）に応じた出費を控除していることにならない，などの不正確な結果となる要因があります。

一方，所得段階合算方式では，そのような欠点はありませんが，換算の際に用いる社会保険料や職業費が，標準算定方式で前提としている金額と完全に一致するとは限りません。そこで理論的にまったく不正確な点があるわけではありません。

最終的には，2つの方式によって計算した婚姻費用の金額の中間を取ることで，当事者が合意するに至りました。

10 別居の際の夫婦共有財産の持出しの扱い

夫婦が別居に至る直前に，一方（主に妻）が相手方名義の預貯金を引き出して持ち出すということがよくあります。特に，高額所得者の配偶者は，生活費（月額）が（平均的な家庭よりも）高い傾向にあるので，ある程度まとまった資金を必要とする傾向があり，多額の持出しを行うケースがよくみられます。

持ち出された方としては，「持ち出した金銭は婚姻費用の前払いである（今後の婚姻費用にあてる）」ということを主張します。しかし，理論的には貯蓄された財産（ストック）の扱いについては，離婚の際の清算的財産分与の対象であり，婚姻費用はあくまでも毎月の収入（フロー）の分配をする性質があります。そこで，原則として持ち出した金銭は，婚姻費用の計算には反映しないことになります。ただし，持ち出した金額が大きく，他方（持ち出された方）に酷であるといえるような場合には，公平を図るために婚姻費用の前払い（既払い）として扱うこともあります（松本 149 頁，札幌高決平成 16 年 5 月 31 日，大阪高決昭和 59 年 12 月 10 日，大阪高決昭和 62 年 6 月 24 日）。

◎関連するケース

▶ケース 36　別居直前の持出 300 万円（1800 万円の収入の 17%）を婚姻費用に反映させなかった

▶ケース 37　別居直前の持出 800 万円（2500 万円の収入の 32%）の半額を婚姻費用の前払いとした

CASE 36 別居直前の持出300万円（1800万円の収入の17%）を婚姻費用に反映させなかった

事案の概要

男性（夫）と女性（妻）は婚姻し，2人の子をもうけました。

夫は医師として病院に勤務しており，年収1800万円でした。

妻は婚姻当時は会社員として就業していましたが，出産を機に退職し，専業主婦となりました。

やがて夫婦の仲が悪くなり，妻が子（3歳と5歳）を連れて家を出て別居するに至りました。

別居する直前に，妻は普段使っていた夫名義の預金から当面の生活費として300万円を引き出しました。

妻が夫に婚姻費用を請求したところ，金額について意見が対立しました。

≪争点（見解の違い）≫

夫：妻が持ち出した300万円は婚姻費用の前払いとなる。
（当面は婚姻費用を支払う必要はない）

妻：妻が持ち出した300万円は婚姻費用の金額や支払時期（始期）に影響しない。

結論 **審判における和解成立**

妻が持ち出した300万円は婚姻費用の金額や支払時期に影響しない。

夫は妻に婚姻費用として月額34万円を別居開始時（婚姻費用の請求時）より支払う。

合意成立のポイント

1 ベースとなる婚姻費用の金額

婚姻費用の金額を，標準算定表を基にして決めるという方針については意見が一致していました。給与所得1800万円であるため，「32～34万円」のゾーンの中の上の方ということになります。そこで月額34万円となりました。

2　持ち出した金銭の扱い

妻が別居直前に持ち出していた300万円について，婚姻費用の前払いとして扱うべきかどうかが問題となりました。

まず，妻は専業主婦となっていたため，夫婦としての預貯金その他の財産は基本的にすべて夫名義となっており，妻名義の夫婦共有財産はありませんでした。そして，別居の後は，妻名義の貯蓄で妻と子ふたりが生活することは非常に困難な状態でした。また，持ち出した金額（300万円）は，夫の年収（1800万円）の約17％であり，それほど極端に大きいというわけではありませんでした。

以上のような事情から，裁判所は「持ち出した金銭を婚姻費用としては考慮しない（離婚の際の財産分与として扱うべきである）」という心証を開示するとともに，和解を勧告しました。最終的に，この内容について夫・妻ともに承服しました。

3　他の事情の影響

実際には，将来の子の習い事や学費について婚姻費用に加算する条項を設定することを妻側が主張していました。しかし，夫が持出金の扱いに譲歩するのと引き換えに，妻も将来の婚姻費用を加算する条項は撤回（譲歩）しました。

CASE 37　別居直前の持出800万円（2500万円の収入の32%）の半額を婚姻費用の前払いとした

事案の概要

男性（夫）と女性（妻）は婚姻しました。

夫は芸能関係の仕事をしており，年収2500万円でした。

妻も婚姻当時は芸能関係の仕事をしていましたが，結婚を機に徐々に仕事を減らし，最近では収入はほとんどゼロになっていました。

やがて夫婦の仲が悪くなり，妻が家を出て別居するに至りました。

別居する直前に，妻は普段使っていた夫名義の預金から当面の生活費として800万円を引き出しました。

妻が夫に婚姻費用を請求したところ，金額について意見が対立しました。

≪争点（見解の違い）≫

夫：妻が持ち出した800万円は婚姻費用の前払いとなる。
（当面は婚姻費用を支払う必要はない）
婚姻費用の金額は標準算定表の上限を用いる。
婚姻費用は月額28万円である。

妻：妻が持ち出した800万円は婚姻費用の金額や支払時期（始期）に影響しない。
標準算定方式によって婚姻費用を計算すべきである。
給与所得2500万円×基礎収入割合34％＝850万円
基礎収入850万円×100／（100＋100）＝425万円
425万円／12≒35万円

結論　**裁判外の和解成立**

妻が持ち出した800万円のうち半額を婚姻費用の先払いとして扱う。
婚姻費用は基礎収入割合修正方式により計算する。
基礎収入割合は33％とする。
婚姻費用は月額34万円とする。
（11か月分全額と12か月目の26万円は支払済とする）

合意成立のポイント

1　持ち出した金銭の扱い

本ケースにおいては，妻が別居直前に持ち出していた800万円について，婚姻費用の前払いとして扱うべきかどうかが問題となりました。

まず，妻は専業主婦となっていましたが，子がいるわけでもなく，少なくとも当面生活するために不足しない程度には妻名義の預貯金がある状態でした。

また，持出金（800万円）は夫の収入（2500万円）の32％であり，それほど少ない割合とはいえませんでした。

そこで，原則どおりに「持出金を婚姻費用に反映しない」扱いとした場合には不公平であると考えることもできました。結局，持出金の半額という限定つきではありますが，「婚姻費用の前払い」として扱うことについて妻側は譲歩しました。

2　基礎収入割合修正方式の適用

持出金の問題とは別に，婚姻費用の金額についても交渉が進みました。標準算定表の上限の給与所得 2000 万円からの超過額が 500 万円程度におさまっていたので，標準算定表の上限（28 万円）を用いることも合理的ではありました。しかし，基礎収入割合修正方式により計算することについて夫側が譲歩しました。標準算定表の上限年収での基礎収入割合 34% から１% を下げて 33% することになりました。

婚姻費用の計算は次のようになります。

給与所得 2500 万円 × 基礎収入割合 33% = 825 万円
基礎収入 825 万円 × 100／（100 + 100）≒ 413 万円
413 万円／12 ≒ 34 万円

持出金の扱いと婚姻費用の金額の２つの決定事項について，夫・妻の両方が譲歩して合意に達したといえます。

11 住居費の負担がないことの扱い

標準算定方式は，（元）夫と妻がいずれも各自の住居費を支出していることを前提としています。実際には，一方が住居費を支出していないケースもあります。例えば，夫が所有する住居に妻が居住しているようなケースです。

このような場合には，公平を図るため，原則として婚姻費用や養育の計算に反映させることになります。例えば，「本来支払うべき家賃」相当の金額の支払があるものとみなすような方法です。

しかし，「本来支払うべき家賃」の金額については，単にその住居から想定される家賃とするとは限りません。居住している者が他に居住するとした場合に想定される家賃とする方法もあります。

また，夫が住宅ローンの支払を続けている住居に妻が居住している，というケースでも，妻が住居費を支払っていないという意味では同じような状況となります。ただし，住宅ローンの支払は，「債務の返済」です。理論的には居住利益（の月額）というわけではありません。しかし，状況によっては婚姻費用，養育費に反映させることもあります（森・算定事例集163頁）。

以上のように，両方が住居費を支出しているという標準的な状況ではない場合の扱いについては，単純・画一的な基準があるわけではありません。特に交渉では，いろいろな工夫で合意に至ることがあります。例えば，家賃相当額を反映させる代わりに居住期間を明確にする（使用貸借の契約書に調印する）というようなものです。

◎関連するケース

▶ケース38　妻の居住する高級賃貸マンションの家賃を夫が負担していたので婚姻費用をゼロとした
▶ケース39　妻が居住する夫所有のマンションの使用貸借契約を締結して家賃相当額を婚姻費用から控除した
▶ケース40　妻が居住する夫所有の戸建住居の使用貸借契約を締結して家賃相当額を養育費から控除した

妻の居住する高級賃貸マンションの家賃を夫が負担していたので婚姻費用をゼロとした

事案の概要

男性（夫）と女性（妻）は婚姻しました。

夫は会社役員であり，役員報酬は1900万円でした。

妻は会社員として就業し，年収は500万円でした。

やがて夫婦の仲が悪くなり，夫が家を出て別居するに至りました。

夫婦の住居は，夫が賃借人となっている家賃30万円の賃貸マンションでした。夫は妻に対してマンションから退去することを要求しましたが，妻は応じませんでした。

妻が夫に婚姻費用を請求したところ，金額について意見が対立しました。

≪争点（見解の違い）≫

夫：婚姻費用の標準的な金額は標準算定表から19万円（18〜20万円）である。
妻が居住するマンションの家賃30万円を夫が支払っているので，これを婚姻費用の支払いとして扱うべきである。
結局，婚姻費用として金銭を支払う義務はない。

妻：マンションの家賃を婚姻費用の支払いとして扱うべきではない。
婚姻費用は月額19万円である。

結論　裁判外の和解成立

現時点では婚姻費用を支払う義務はない。

妻がマンションを退去した後には，夫が妻に婚姻費用として月額19万円を支払う。

別居から妻のマンション退去までの期間（月数）に11万円を乗じた金額は，「過剰に支払った婚姻費用」として将来の離婚の際における清算的財産分与から控除する。

妻がマンションを退去するまでの間，夫はマンションの賃貸借契約を維持する（家賃を支払う・解除などはしない）。

合意成立のポイント

1　マンションの家賃負担の反映

本ケースにおいては，夫が妻が居住する住居の家賃を支払っていたため，家賃相当額を婚姻費用から控除するのが一般的といえる状況でした。また，妻にはこのマンションを退去できないような事情はなく，実際に夫からの退去の要請に対して理由もなく拒絶していました。

そこで，妻側が全面的に譲歩し，婚姻費用を支払済と考え，（家賃の負担以外での）金銭の支払義務はないことで合意しました。

2　実質的な過剰負担の将来的清算条項

ところで，標準的な婚姻費用の金額（19万円）よりも11万円を超過して夫が家賃（30万円）を負担していることになっていました。そこで，この超過支払の総額については，将来の離婚の際の清算的財産分与で差し引くことについても，夫側の要求を妻側が受け入れました。

一方，妻としては，仮に夫が賃貸人との間で賃貸借契約を解除するなど，意図的に家賃を支払わないという対応をした場合には急いで退去せざるを得ないことになってしまいます。そこで，夫が賃貸借契約を終了することをしないことを約することを要求し，夫がこれを受け入れました。

CASE 39　妻が居住する夫所有のマンションの使用貸借契約を締結して家賃相当額を婚姻費用から控除した

事案の概要

男性（夫）と女性（妻）は婚姻し，1人の子をもうけました。

夫は会社Aと会社Bを経営していて，役員報酬として合計5000万円を得ていました。

妻は婚姻当時は会社員として就業していましたが，出産を機に退職しました。その後，会社Aの取締役として就業することになりました。

実態としては，会社Aの運営については基本的に妻に一任されており，妻の役員報酬は900万円でした。

やがて夫婦の仲が悪くなり，妻が子（17歳）を連れて家を出て別居することになりました。

この際，夫と妻は別居の方法や仕事について協議しました。そして，夫が妻の住居として夫が所有する（当時の夫婦の住居とは）別のマンションＣを提供して，仕事については妻が会社Ａの運営を続けるということで合意しました。

マンションＣは，婚姻前に夫が購入し，夫の所有名義となっているものでした。賃料相場としては20万円程度でした。

妻が夫に婚姻費用を請求したところ，金額について意見が対立しました。

≪争点（見解の違い）≫

夫：婚姻費用を標準算定方式（妻の主張）のとおりに計算すること（月額80万円）は構わない。
マンションＣの家賃相当額（月額20万円）は控除すべきである。
婚姻費用は月額60万円となる。

妻：婚姻費用を基礎収入割合修正方式を用いた標準算定方式によって計算する（計算は後記）。
マンションＣの家賃相当額の控除はしない。
婚姻費用は月額80万円となる。

結論　**裁判外の和解成立**

マンションＣの家賃相当額を婚姻費用の計算上控除する。
婚姻費用は月額60万円とする。
マンションＣについて期間５年の使用貸借契約を締結する。

合意成立のポイント

1　標準額の算定

両者ともに，婚姻費用の標準額の計算については意見が一致していました。具体的な計算内容は次のとおりです。

夫の基礎収入割合は標準的な範囲内の上限（給与所得1022万2000円以上・38.19％）よりも5％下げて33％とする。

【夫の基礎収入】

給与所得5000万円×基礎収入割合33％＝1650万円

（平成27年の統計データを用いた（以下同様））

【妻の基礎収入】

給与所得900万円×基礎収入割合39.19%≒353万円

【婚姻費用の計算】

（夫の基礎収入1650万円＋妻の基礎収入353万円）×（90＋100）／（90＋100＋100）≒1312万円

妻・子の必要額1312万円－妻の基礎収入353万円＝959万円

959万円／12≒80万円

2　プライベートとオフィシャルの関係性の区別

夫婦の仲は悪くなっていましたが，仕事上の関係は相互に信頼しているという状況でした。つまり，プライベートとオフィシャルとの区別がしっかりできているという特殊な関係性といえます。

会社Aは妻の才覚によって運営されていて，また，会社Bには夫以外の（親族以外の）株主もいたので，夫だけで妻を取締役から解任するようなことはできない状況であったことも影響していました。

婚姻費用については，夫・妻ともに合理性があれば構わないという考え方でした。意見が対立したのは，夫の所有するマンションに妻が居住することをどのように扱うか，という点でした。

3　マンションの使用（居住）利益の反映

夫としては，賃貸マンションの賃料を支払うというような積極的な負担があるわけではありません。しかし，本来賃料収入を得られるはずなのに妻が居住しているために賃料収入を得られないという状態でした。

最終的には，妻が，子が独立する（大学卒業）までの期間の居住が確保される，という条件で，家賃相当額を婚姻費用から控除することを承服しました。具体的には使用貸借契約の締結です。

なお，実際には，夫個人から会社Bが賃借し，会社Bが役員の社宅として取締役である妻に提供するという扱いにしました。

いずれにしても，法的に妥当といえる解釈をベースにして，相互に相手方の希望に譲歩することで合意に達したといえます。

妻が居住する夫所有の戸建住居の使用貸借契約を締結して家賃相当額を養育費から控除した

事案の概要

男性（夫）と女性（妻）は婚姻し，２人の子をもうけました。

夫は勤務医として大学病院で就業しており 1800 万円の給与を得ていました。

妻は婚姻当時は看護師として就業していましたが，出産を機に退職しました。その後は専業主婦となっています。

婚姻後，夫名義で戸建住居 A（土地・建物）を購入し，夫婦と子が居住していました。購入資金は婚姻前の夫の貯蓄と夫の両親からの援助によってまかないました。

やがて夫婦の仲が悪くなり，夫が家を出て別居するに至りました。

妻が子（13 歳と 17 歳）を引き取って離婚するという方向で協議が進みました。しかし，妻が夫所有の住居 A に居住していることと養育費の計算方法について意見が対立しました。

住居 A の家賃相当額は 17 万円でした。

≪争点（見解の違い）≫

夫：養育費の標準額を標準算定表により定めることは構わない（妻の主張どおり）。
この金額から，住居 A の家賃相当額 17 万円を控除する。
最終的な養育費は月額 12 万円となる。

妻：養育費の標準額は月額 29 万円（28～30 万円）である（標準算定表より）。
この金額から住居 A の家賃相当額を控除することはしない。
最終的な養育費は月額 29 万円である。

結論　**裁判外の和解成立（離婚する）**

住居 A の家賃相当額を養育費の標準額から控除する。
養育費は月額 20 万円とする。
住居 A について期間７年の使用貸借契約を締結する。

合意成立のポイント

1　住宅の使用（居住）利益の反映

本ケースにおいては，離婚後も夫が所有する住居Ａに妻と子が居住を続けるということが離婚の前提（条件）となったので，これを養育費に反映させるかどうかが問題となりました。

妻は，扶養的財産分与として離婚後の扶養の一環として，無償で住居Ａへの居住を認めるべきであると主張していました。

しかし，妻も子も健康であったため，妻に就業可能性があり，妻側に離婚後の扶養を認めるべき特殊な事情はありませんでした。そこで，単純に妻側が住居利用の対価を負担しないという扱いはしないことになりました。

2　住宅の利用権原の明確化

結局，妻側が住居Ａに確実に居住できるようにしつつ，妻側が負担を受け入れることになりました。その具体化の方法として，両者は，使用貸借契約と定期借家の契約を検討しました。

定期借家契約を締結した場合には，税務上，夫の賃料収入として課税されてしまう可能性がありました。また，中途解約など，細かい条項についての条件交渉も必要となるため，使用貸借契約を用いることとなりました。また，その契約期間については，下の子が成人になる時期まで居住できることを想定した期間を設定しました。そして，妻が月あたり９万円相当の負担をする，つまり養育費を標準額から９万円を下げることで合意に達しました。

3　他の事情の影響

実際には，夫側は離婚成立が遅くなった場合に婚姻費用が長期化する可能性や，妻側は潜在的稼働能力により総収入を認定する方法により養育費の金額が下がる可能性がありました。これ以外にも清算的財産分与についての相互の譲歩も含めて，細かい多くの要素が合意成立につながっています。

12 私立学校・大学の学費や塾・予備校・習い事の費用の扱い

標準算定方式では，子の教育費として公立の小中高の学校（標準的な学費）が前提とされています。高額所得者の子は，私立の学校や大学に通学している場合や，学校以外に塾・予備校や習い事をしていることが多いです。そこで，婚姻費用や養育費を計算するときに標準的な学費を超える教育費をどのように扱うかが問題となります。

大きな枠組みとしては，「義務者が承諾した費用」と「義務者の収入・学歴・地位などからその負担が不合理でない費用」については反映する（加算を認める）ことになります。ただし，加算する金額は標準的な学費を超える部分です（大阪家審昭和41年12月13日，広島高決昭和50年7月17日，森・算定事例集160，161頁，松本・家月62巻11号73，74頁）。

高額所得者の子の場合は，義務者（親）の経済力から，私立学校の費用や習い事の費用の負担が合理的だといえる範囲が比較的大きいです。また，義務者（親）が，実際に子が通っている学校や習い事について賛成（応援）していることも多いです。そこで，私立学校の学費や習い事の費用などの加算が認められる傾向が強いです。

ただし，実務では，真意ではないけれど「子の進路に賛成していない」と主張していると見受けられる状況もあります。権利者側は，過去に義務者が子の教育（受験や習い事）にどのような関与をしてきたのかを主張・立証することが必要になります。

また，婚姻費用や養育費に関して「一定の教育費の負担」を合意するに至るケースもあります。そのような場合には，後から，合意した「負担する教育費の範囲」の解釈について意見の対立が生じることもあります。合意（和解）する際には注意が必要です。

大学への進学については，学費の負担だけではなく，（婚姻費用や）養育費の支払の終期も問題となります。これについては，両親の経済力や学歴などの社会的地位から，その家庭環境下で大学進学が通常のことであると考えられる場合には大学の学費の加算が認められるとともに，大学卒業を養育費の支払の終期とするのが一般的です。最近では，子に大学進学の能力と意欲さえあれば学費や生活費の負担（養育費への加算）を認める傾向が強くなっています（早野俊明「平成13年度主要民事判例解説」判タ1096号（臨時増刊）95頁，早野俊明「親の子に対する高等教育費用の負担」アルテスリベラレス（岩手大学人文社会科学部紀要）69号113頁，小川政亮著／中川善之助＝青山道夫編『実用法律事典2　親子』（第一法規出版，1969年）278頁，森・算定事例集162頁，松本15頁，松本・家月62巻11号74頁，東京高決昭和35年9月15日，熊本家審昭和39年3月31日，大阪家審昭和41年12月13日，福岡高決昭和47年2月10日，広島高決昭和50年7月17日，大阪高決平成2年8月7日）。

◎関連するケース・裁判例

▶ケース41　子の私立中学の授業料を婚姻費用に上乗せし寄付金は上乗せしなかった

▶ケース42　私立中学の学費を養育費に上乗せし将来の教育費の変動も反映した養育費変更も設定した

▶ケース43　離婚後に子が父に将来の夢の説明と大学学費の援助を要請する手紙で伝え父が快諾した（養育費）

▶ケース44　子が小学生から高校生になるまでのピアノに関する費用の推定額を反映させた養育費を定めた

▶ケース45　養育費の合意の中の夫負担費用の解釈としてサッカークラブと私立中学の費用の一部を認めた

▶参考裁判例23　広島地判平成5年8月27日（養育費）家月47巻9号82頁・判タ875号258頁・判時1529号121頁

子の私立中学の授業料を婚姻費用に上乗せし寄付金は上乗せしなかった

事案の概要

男性（夫）と女性（妻）は婚姻し，1人の子をもうけました。

夫は研究職として会社に勤務し，給与所得1600万円を得ていました。

妻は公認会計士・税理士として主に知り合いからの依頼や紹介があった案件を引き受けており，事業所得500万円を得ていました。

子は私立中学校に入学し，通学していました。

やがて夫婦の仲が悪くなり，妻が子（13歳）を連れて家を出て別居するに至りました。妻が夫に婚姻費用を請求したところ，金額について意見が対立しました。

≪争点（見解の違い）≫

夫：婚姻費用の標準額を標準算定表により定めることは構わない（妻の主張どおり）。
子の私立中学校の授業料や寄付金により標準額を変更する必要はない。
婚姻費用は月額19万円である。

妻：婚姻費用の標準額は月額19万円（18～20万円）である（標準算定表より）。
子の私立中学校の授業料や寄付金（年額130万円）は収入（総収入）に応じて按分して負担すべきである。
夫の負担額：授業料や寄付金130万円×1600万円／（1600万円＋500万円）≒99万円
99万円／12≒8.3万円
最終的な婚姻費用：19万円＋8.3万円＝27.3万円

結論　**調停成立**

婚姻費用の計算において私立中学校への授業料のみ反映させる。寄付金は反映させない。

公立中学校と私立中学校の授業料の差額を夫・妻の基礎収入の割合で按分して負担する（夫の負担分を婚姻費用の金額に加算する）。

夫の負担額は，4万円となる。

合意成立のポイント

1　私立中学校の費用の扱い

本ケースにおいては，子が私立中学校に通学していることによって生じる費用をどのように婚姻費用に反映させるかが問題となりました。

子が私立中学校を目指す，つまり受験することについては，主に妻（母）と子が話し合って進めていました。一方，父（夫）も子や妻に進学を希望する学校の特徴について質問していて，受験勉強のアドバイスもよくしていました。いずれにしても，私立中学校への進学に夫が反対するようなコメントは一切ありませんでした。また，夫は私立中学校での父兄参観にも行くことや，子を車で私立中学校に送迎することもありました。

このような状況があったので，夫が私立中学校の学費を負担することが認められるものであると考えられました。学校への寄付金については，多くの生徒（の保護者）が支払っていましたが，必須という性質のものではありません。実際にそれまで，妻が夫に相談することなく支払っていました。そこで，寄付金については婚姻費用に反映させないことになりました。

結局，婚姻費用に反映させる金額としては，私立中学校の授業料（本体）のうち，標準的な公立中学校の授業料を超える部分（差額）だけにすることになりました。

この差額を両親（夫・妻）で負担する方法としては，それぞれの基礎収入の比率で按分する方法を採用しました。

具体的な計算内容は次のとおりです。

【基礎収入とその比率】
夫の基礎収入：給与所得1600万円×34％＝544万円
（平成14年までの統計データを用いた（以下同様））
妻の基礎収入：事業所得500万円×51％＝255万円
【負担の按分】
公立と私立中学校の授業料の差額：100万円－30万円＝70万円
授業料差額70万円×544万円／（544万円＋255万円）≒48万円

48万円／12＝4万円
【最終的な婚姻費用】
19万円＋4万円＝23万円

2　他の事情の影響

結果的に，寄付金の部分だけは妻だけが負担するという意味で経済的には不均等となっています。ところで，妻の収入は年度によって大きく違うこともあり，このときに用いた年度（直近年度）の収入は他の年度よりも低めといえるものでした。夫側は，他の年度も含めて平均を取るという主張もされていました。学校への寄付金については過去分も将来分も妻だけが負担する（婚姻費用に反映させない）ことと引き換えに，夫側がこの主張を撤回した（妻の直近年度の収入だけで計算することを承服した）という経緯もありました。

CASE 42　私立中学の学費を養育費に上乗せし将来の教育費の変動も反映した養育費変更も設定した

事案の概要

男性（夫）と女性（妻）は婚姻し，１人の子をもうけました。
夫は会社員であり，給与所得1500万円を得ていました。
妻は会社員であり，給与所得400万円を得ていました。
妻の父Ａが所有する建物に夫婦（と子）は居住していました。
子は小学校から私立学校に通学し，その後（私立）中学校に進学しました。
やがて夫婦の仲が悪くなり，夫が家を出て，自宅には妻と子（14歳）が残りました。このように別居が始まりました。その後，離婚するという方向で協議が進みましたが，養育費の計算方法について意見が対立しました。

≪争点（見解の違い）≫

夫：養育費の標準額を標準算定表により定めることは構わない（妻の主張どおり）。
子の私立中学校の授業料により標準額を変更することは構わない（妻の主張どおり）。
将来の子の学費の変化を反映させた将来の養育費の金額を定める必

要はない。
養育費は月額15.5万円である（とだけ定めれば足りる）。

妻：養育費の標準額は月額11万円（10～12万円）である（標準算定表より）。
子の私立中学校の授業料（年額100万円）は基礎収入に応じて按分して負担すべきである。
現時点の養育費は月額15.5万円となる。
子が高校に進学した後に増加する教育費も同様に負担すべきである。
子が高校に進学する時期（特定の時期）に養育費を月額23.3万円となる。

結論　**調停成立（離婚する）**

現時点の養育費は15.5万円とする。
子が高校に進学する時期（特定の時期）に養育費を月額23.3万円とする。
子が大学に進学する時期（特定の時期）に養育費を月額15.5万円とする。
養育費支払の終期は子が22歳に達した後の3月とする（4年制大学を卒業すると想定される時期）。

合意成立のポイント

1　将来の養育費変動の条項化

現時点の養育費については，計算方法について意見が一致していました。本ケースにおいては，将来の養育費の変動を現時点で固定しておくかどうかについて問題となりました。一般的に支出や収入に変動があった場合，養育費の金額の変更を請求することは実体法上認められています。しかし，現実の当事者としては，手続を行うためのコスト（金銭的・時間的・精神的負担）が非常に大きいです。しかも，最終的に合意が成立せず，さらに裁判所が想定したとおりに判断してくれないというリスク（不安定な状況）も残ります。そこで，妻としては，現時点で将来の学費の増額に対応した養育費の金額を設定しておくことを要求しました。

一方，夫側も，合理的な根拠によるのであれば将来の養育費の変動を固定化すること自体はメリットがあると考え，あとは設定内容についての交渉に移りました。

2　将来の学費の内容の特定

子が現実に進学するであろう学校やコース・学部について検討し，現時点で考えられる進路を特定（合意）しました。その進路を前提として，現時点で分かる範囲で，授業料や事実上必要となる教育に関する費用についての交渉では，多少の主張（推定）の違いはありました。特に，子が高校に進学した後に，家庭教師を付けることや，予備校に通うこと，それらの費用について，当事者それぞれの主張に違いがありました。

ところで，夫側は，「高校卒業後（大学進学後）には，家庭教師や予備校は不要になるのであるから中学の時の金額に戻す（戻した金額を設定する）」ということを要求しました。

結局，両当事者がそれぞれ相手方の要求を承服する（譲歩する）ことで合意に至りました。

3　他の事情の影響

実際にはここでは記載していない，清算的財産分与など養育費以外の条件の要求や譲歩も，合意成立につながっています。

なお，将来の養育費の変更を設定（合意）することにより，実際に夫や妻に収入や支出の変化があった場合，それが想定できたことであると判断され，さらなる変更ができない（設定したとおりの変更が効果を生じる）リスクも負うことになっています。当事者としては，このような「将来の養育費変更を設定するリスク」よりも，「設定しないことによるリスク（負担）」を大きく評価したといえます。

離婚後に子が父に将来の夢の説明と大学学費の援助を要請する手紙で伝え父が快諾した（養育費）

事案の概要

男性（夫）と女性（妻）は婚姻し，１人の子をもうけました。

やがて夫婦の仲が悪くなり，３年前に，妻が子（当時 15 歳）を引き取って協議離婚しました。離婚の際，養育費は月額 28 万円と合意しました（標準算定表の上限を用いた）。

現在（離婚から３年経過），子は大学受験に合格し，私立理系の大学に進学することとなりました。初年度の学費が 170 万円となっています。

夫は開業医（個人事業主）であり，年収は 3500 万円でした。

妻は知人の会社で事務を手伝っており（パート），年収は 150 万円でした。

元妻は元夫に養育費の増額（学費の負担）を請求しましたが，これに関して意見が対立しました。

≪争点（見解の違い）≫

元夫（父）：無条件に子の学費を父が負担する必要はない。

元妻（母）：子の大学の学費は全額を父が負担すべきである。

結論　裁判外の和解成立

子自身が，興味を持っている学術的テーマや将来なりたい仕事の内容をまとめるとともに，父に対して学費について協力をお願いする内容の文章として作成（記述）し，これを（弁護士経由で）父に渡した。

子の大学の学費はすべて父（元夫）が負担する。

負担を求める各学費については，資料または説明を父に送付する。

合意成立のポイント

1　父の持っていた不満の原因

父としては，子が高校に入学した後，どのような進路を希望しているかについて一切知りませんでした。そこで，大学入学のことを聞いて安心して応援したい気持ちがあったようです。むしろ，子とのコミュニケーションがとだえ，疎外されていると感じ，不満に思っていた様子もありました。

2　子自身の将来の夢の整理

一方，子も，将来の夢のような体裁で文章を作ることをトライしてみたら，今後の選択肢を改めて考えて，気づくこともあり，自身で考えが整理できたようでした。結果的に，分かりやすく今後の進路や夢をまとめた文章が出来上がりました。

3　父の不満の解消

結果的に，父が今後の学費をすべて負担することを承服しました。父として進路を相談されること・頼りにされることを望んでいるところもあったのだと思います。別の角度からみると，「元夫と元妻の対立」という形式的な構造の印象が薄れ，「父と子の関係」という実態が表面化したことが対立的な気持ちを抑制したといえるでしょう。

CASE 44　子が小学生から高校生になるまでのピアノに関する費用の推定額を反映させた養育費を定めた

事案の概要

男性（夫）と女性（妻）は婚姻し，1人の子をもうけました。

夫・妻はいずれも別の楽器の演奏のプロであり，楽器に関する仕事に従事していました。

夫の収入（事業所得）は1000万円でした。

妻の収入（事業所得）は700万円でした。

子は3歳の時からピアノを習い始め，その後も練習を継続していました。

やがて夫婦の仲が悪くなり，妻が子（10歳）を引き取って離婚するという方向で協議が進みました。しかし，養育費の計算方法について意見が対立しました。

交渉をしている時点で，子はピアノ演奏が非常に上達しており，多くの発表会に参加するとともに，コンクールにも応募していて，予選を通過し二次選考に進むことも多くありました。そのため，レッスン料，発表会・コンクールの参加費だけではなく，衣装代や母（妻）も含めた旅費や宿泊費もかかるようになっていました。直近の年度（過去1年）でこれらの出費は合計40万円でした。

≪争点（見解の違い）≫

夫：養育費の標準額については9万円（妻の主張）で構わない。
子のピアノに関する費用は養育費に反映させる必要はない。

妻：現在の養育費の標準額は9万円（8〜10万円）である（標準算定表より）。
子が高校生となった時の養育費の標準額は11万円（10〜12万円）

である（標準算定表より）。
子のピアノに関する費用を養育費の標準額に加算すべきである。
子が中学生，高校生になると，ピアノに関する費用が上がるのでこれも養育費に反映させるべきである。

結論 **裁判外の和解成立（離婚成立）**

養育費は，子が小学生の間は月額 11.1 万円，中学生の間は 11.9 万円，高校生の間は 15.2 万円とする。子が大学生となった時には大学に関連する費用を折半し，標準額 11 万円に加算した金額を養育費とする。

合意成立のポイント

1　ピアノレッスン費用の反映の有無

子がピアノの演奏に熱心に取り組んでいて，費用もある程度かかっていました。本ケースにおいて，ピアノを続ける費用が，将来，より高くなると予想されたので，これを養育費に反映させるかどうかが問題となりました。

夫（父）は，妻と対立していたため，ピアノに関する費用を養育費に反映させることを拒否していました。しかし，子がピアノ演奏の練習を継続すること自体は望んでいました。そこで，代理人同士の交渉が始まると，比較的早期に養育費に反映させることを受け入れました。次に，どのように反映させるか（養育費を計算するか）が交渉の中心となりました。

2　将来のピアノに関する出費の推定（特定）

両者とも，極力現時点で養育費の金額を定めて，その後の対立が生じることを避けたいと考えていました。そこで，現時点で分かる範囲で将来の支出の想定について試算を出し合いました。最初はそれぞれの試算内容が大きく違っていました。特に，将来ピアノを買い換える時期や購入するピアノの金額が大きく違っていました。

最終的には，ピアノの買い替え費用（購入費）は，高校生になった時の支出予想額を若干大きくすることで，買い替え費用そのものとして加算することは避けることになりました。また，夫と妻とで年収に違いがあったのですが，妻側がピアノ関連費用は経済力で按分ではなく折半することを受け入れた（譲歩した）ことも夫側が合意することにつながっています。

子の年齢（小学生～高校生）に応じたピアノ関係費用の推定（試算）と養育費への反映の内容（計算）は次のとおりです。

【小学生の間】
50 万円／2 = 25 万円
25 万円／12 ≒ 2.1 万円
標準額 9 万円 + ピアノ関係費用の負担 2.1 万円 = 11.1 万円
【中学生の間】
70 万円／2 = 35 万円
35 万円／12 ≒ 2.9 万円
標準額 9 万円 + ピアノ関係費用の加算 2.9 万円 = 11.9 万円
【高校生の間】
100 万円／2 = 50 万円
50 万円／12 ≒ 4.2 万円
標準額 11 万円 + ピアノ関係費用の加算 4.2 万円 = 15.2 万円

3　子の大学進学以降の養育費

なお，子が大学生となった時期には，子自身も含めて経済的な状況を予測すると不確定要素が多く，予測の精度は低くなります。そこで，最低限，ほぼ確実に発生する支出として，大学に関係する学費だけを想定し，金額は特定せずに折半する（養育費の標準額に加算する）という範囲で合意（条項化）しました。仮に実際に子が大学生となったときに，想定していなかった状況になっていた場合には，子自身が父に経済的な援助の相談をするだろう，ということも予想されたので，このように最低限のルールを定めるにとどめたのです。

CASE 45 養育費の合意の中の夫負担費用の解釈としてサッカークラブと私立中学の費用の一部を認めた

事案の概要

男性（夫）と女性（妻）は婚姻し，２人の子（長男・次男）をもうけました。

夫婦（両親）が２人の子にサッカーを勧め，小学生に入った頃から長男・次男ともにサッカーを始め，熱心に練習するようになりました。

夫は会社役員であり年収は1600万円でした。

妻はパートとして働く程度であり，年収は200万円でした。

やがて夫婦の仲が悪くなり，妻が子（長男13歳と次男10歳）を引き取って別居し，協議離婚が成立しました。

養育費については，夫が妻に月額20万円を支払うとともに，これ以外に「子が通学中の学校の学費（入学金・授業料），教材費，通学のための交通費，受験費，Aサッカークラブの活動等に要する費用等一切の教育に関する費用」については全額を夫が負担する（妻に支払う）ことを合意し，書面（離婚協議書）に調印しました。

その後，次男が私立中学校を受験して合格したので，進学することになりました。

離婚成立から約１年後に，（元）妻が（元）夫に対して，教育に関する費用を請求したところ，夫が拒否しました。

≪争点（見解の違い）≫

夫：妻の主張する費用は「教育に関する費用」には含まれない。
サッカーのために要する費用としては過剰なものである。
次男が私立中学校に進学することは想定していなかった。

妻：次のような費用は合意した「教育に関する費用」に含まれるので，夫が負担するものである。
・Aクラブの活動とは別のサッカーの試合に参加するための参加費や旅費・宿泊費
・Aクラブの活動としてのサッカーの試合に妻（母）が同行するための旅費・宿泊費
・次男が進学した私立中学校の入学金・授業料・寄付金

結論 **裁判外の和解成立**

養育費の標準額は維持する（月額20万円）。

子ども自身がサッカーの試合に参加するための費用は，すべて（Aクラブの活動に限らず）夫負担とする。
妻（母）がサッカーの試合に同行する費用については，小学生の子への同行のみ夫負担とする。中学生の子への同行は含めない。
私立中学校の入学金・授業料は夫負担とする。寄付金は含めない。

合意成立のポイント

1　離婚の際の方針

もともと，夫婦（両親）ともに，子にサッカーを続けることを望んでいて，応援していました。そこで離婚の際には，養育費として若干低めの金額を標準額として定めるとともに，教育費とサッカーのために要する費用の全額も夫が負担することを合意したのです。

2　合意済の条項の解釈の大枠

その後，「教育費」と「サッカーのために要する費用」の内容としてどこまでが含まれるのか，という解釈が問題となりました。同時に，子の年齢が上がったことにより，養育費の標準額を上げるかどうかも問題となりました。

大きな判断の枠組みとしては，条項の文言と合意当時の状況から，「想定される，かつ，必要といえる支出（費用）」といえるものを夫の負担とする，と考えました。

まず，サッカーに関連する費用としては，条項の文言が「Aサッカークラブの部活動等（に要する費用）」となっていました。合意当時は，子たちが参加していたのはAクラブだけでしたが，その後，時々別のクラブの活動にも参加し始めました。実際にAクラブのメンバーの中で，別のクラブにも参加する友達も多くいました。そこで，Aクラブ以外のサッカークラブの活動の費用も想定できたと考え，夫の負担の対象とすることになりました。

3　合意済の条項の解釈の内容

次に，子がサッカーの試合に参加する時に，妻（母）が同行するための費用について協議しました。少なくとも，子が小学生の間は周囲でもほとんどの保護者が同行していたので，必要な支出として夫負担に含めることになりました。子が中学生になった後は，実際に同じクラブの友達でも親が同行しない人も多いので，必要とまではいえないと考え，夫の負担に含めませんでした。

私立中学校に進学することについては，離婚前から子が希望していて，夫（父）も賛成していたため，想定されたものということができました。そこで，私立中学校の入学金や授業料は夫負担とすることにしました。この点，寄付金については納める生徒（保護者）が多かったですが，収めない生徒もいたので，必要とはいえないと考え，夫の負担とはしませんでした。

4　養育費の標準額の変更

実際の交渉では，夫・妻ともに収入が増えていたので，養育費の標準額の変更についても主張がありました。これについては養育費の合意から1年しか経過していないこともあり，変更するには至っていません。標準額を維持したことが，合意成立につながったともいえるでしょう。

参考裁判例 23　**調停条項の教育に関する費用の文言の解釈が争われた**
広島地判平成5年8月27日（養育費）家月47巻9号82頁・判タ875号258頁・判時1529号121頁

夫婦が調停により離婚し，その際，子の親権者を妻と定めるとともに，養育費として「夫（義務者）は妻（権利者）に対し，一子につき1か月2万5000円を支払い，そのほか，長男については高校を卒業するまで，その他の女子3名（娘；筆者注）については各成年に達した後に到来する最初の3月までの間，現に通学中の学校及び将来進学する学校の授業料，教科書代，教材費，通学のための交通費，受験費，入学費その他一切の教育に関する費用を，その必要を生じた都度支払うこと」などが定められた。

その後，権利者と義務者の間で，調停条項の適用の有無（範囲）について見解の相違が生じ，権利者が教育に関する費用の支払を求める訴訟を申し立てた。

裁判所は，調停条項の「一切の教育に関する費用」には，「教育に直接必要な費用のみならず，子らの教育に間接的に必要な費用も含まれる」と判示した。その上で裁判所は，給食費は通常の食費の一部として養育費によってまかなわれるべきであり，また，子らが個人的興味に基づいて行う活動に要する費用は，調停条項が予定する費用ではないとして，いずれも調停条項の「一切の教育に関する費用」には該当しないと判断した。

13 養育費の支払の終期（婚姻費用に子の生活費を反映する終期）

(1) 養育費・婚姻費用と未成熟子の関係

養育費の支払の終期は，子が未成熟子（後述）ではなくなった時です。同様の考え方から，婚姻費用についても，子が未成熟子である限り，金額算定において子の生活費を反映（加算）することが認められます（実証的研究62頁）。

(2) 未成熟子の意味

未成熟子とは，単に子が現に経済的に自立していないという事実のみでは足りず，監護親及び非監護親の経済状況や子が経済的に自立していない理由等を含む，当該事案の一切の事情の下において，一般的，社会的にみて子が経済的自立を期待されていないこと（経済的に自立しないことを許容されていること）をも要すると解されています（実証的研究54頁，島津一郎＝阿部徹編『新版注釈民法（22）親族(2)』（有斐閣，2008年）151頁参照，さいたま家川越支審平成29年8月18日参照）。民法上の未成年と同じというわけではありません。法改正による成年年齢の変更も未成熟子の判断に影響しないと考えるのが一般的です（実証的研究55，62頁）。

(3) 典型的な判断

例えば，大学に通学している者（大学生）は，成年に達していても未成熟子ということになり，養育費の支払の終期は到来していないことになります（前述）。また，成年に達していても疾病などにより就労できない状況にある場合は，未成熟子という扱いになります（福岡家小倉支審昭和47年3月31日，名古屋高決昭和52年1月28日，村崎満「扶養義務は何時までと定めなければならないか」ケース研究76号25頁，於保不二雄編『注釈民法（23）親族（4）』（有斐閣，1969年）391頁，松本15頁，林良平＝大森政輔編『注解判例民法4親族法相続法』（青林書院，1992年）526頁参照）。

養育費の支払の終期について，調停実務上は，かつては18歳まで，高校卒業まで，成年に達するまでとするのが一般的でした（熊本家審昭和39年3月31日（婚姻費用・成人到達まで），神戸家審昭和41年8月10日（子からの扶養料請求・成人到達まで))。

しかし，最近では，大学卒業の時期を終期とする裁判例，調停や合意（和解）が多くなっています（前述)。

◎関連するケース・裁判例

▶ケース 46　子が精神疾患により就業できなかったため養育費の支払を継続することにした

▶参考裁判例 24　東京高決昭和 46 年 3 月 15 日（婚姻費用）家月 23 巻 10 号 44 頁

▶参考裁判例 25　福岡家小倉支審昭和 47 年 3 月 31 日（扶養義務者間の分担）家月 25 巻 4 号 64 頁

CASE 46 子が精神疾患により就業できなかったため養育費の支払を継続することにした

事案の概要

男性（夫）と女性（妻）は婚姻し，1人の子をもうけました。

夫は会社経営者でした。一方，妻は婚姻当時会社員でしたが，出産を機に退職しました。

やがて夫婦の仲が悪くなり，妻が子（15歳）を引き取るという内容で協議離婚が成立しました。

離婚の直前までは，夫が妻に毎月生活費として20万円程度を渡していました。

離婚の際，養育費としてはそれまでと同程度（月額20万円程度）を支払うということを口頭で定めました。ただし，書面として調印してはいませんでした。

離婚後，（元）夫は（元）妻に，毎月20万円を送金していました。子や妻の医療費が多くかかった時には，夫に説明（資料を開示）して，夫がその費用を負担（送金）していました。

子は高校卒業後に就職しましたが，精神的な疾患により就業を継続することができず，職を探すことを繰り返していました。

子が20歳に達したときに夫は養育費の送金をやめました。妻は養育費の支払を続けるように要求しました。

≪争点（見解の違い）≫

夫：養育費の支払の終期は子が20歳に達した時である。

妻：子が成年に達しても未成熟子である以上は養育費の支払義務は継続している。

結論　裁判外の和解成立

養育費の支払を継続する。

子が定職に就業し収入を得た時に養育費の支払を終える。

3年ごとに（元）妻・夫の収入の資料を開示し，一定の変動があった場合には養育費の金額を改定する。

合意成立のポイント

1　未成熟子であることの資料の開示

本ケースでは，子は精神的な疾患があり，なかなか定職に就けない状態でした。妻側が診断書などの資料を夫側に開示したところ，夫側も子が未成熟子であることを認めました。そこで，養育費の支払を続ける（まだ終期に至っていない）ことになりました。

養育費の終期としては子が定職に就いた時ということに定めました。

2　定期的な養育費見直し条項

実際に子が定職に就く時期の予想はたてられず，長期間に及ぶ可能性もありました。そこで，3年毎に養育費の金額を見直すことも条項に入れました。ただし，夫側としては，収入が大きく減らない限りは従前と同じ金額（20万円）を支払うことを希望していました。そこで，養育費の金額の改定について，一義的に決まるように計算方法を特定する，などの工夫は盛り込みませんでした。

参考裁判例24　成年に達したが病弱のため稼働できない子を未成熟子と認めた
東京高決昭和46年3月15日（婚姻費用）家月23巻10号44頁

夫と妻の子（長女）はすでに成年に達していたが，病弱であったため入院加療を繰り返しており，自宅で母（妻）の世話を受けて療養生活を送っていた。

裁判所は，長女が母（妻・権利者）と離れて独立して生活を営むに足る能力を具備しないとして，法律上の未成熟子にあたると判断した。そして，権利者が義務者に対して，権利者自身の生活費に長女の生活費を併せた金額を婚姻費用として請求することを認めた。

（司法研修所編『養育費，婚姻費用の算定に関する実証的研究』（法曹会，2019年）62頁同旨）

参考裁判例 25　**成年に達したが貧血で就業できない子を未成熟子と認めた**
福岡家小倉支審昭和 47 年 3 月 31 日（扶養義務者間の分担）
家月 25 巻 4 号 64 頁

男性（義務者）には妻子があったが，妻以外の女性（権利者）と交際しており，両者の間に２人の子が生まれた。義務者は２人の子Ａ・Ｂを認知した。その後，（Ｂは未成年であり）Ａは成年に達したが，貧血により通常の就職稼働はできない状態にあった。権利者（母）は義務者（父）に対して立て替えた扶養料の求償を請求した。

裁判所はＡ・Ｂの両方とも未成熟子にあたると判断した。結論として扶養義務者間の分担として，母から父への求償請求を認めた。

14 他の扶養家族との関係

高額所得者が（元）配偶者に対して婚姻費用や養育費を支払うのとは別に，高額所得者が別の者の生活費を負担しているケースもよくあります。典型例は交際（(重婚的）内縁）の相手方やその子（婚外子）です。また，高額所得者の親に対して生活費を送金しているケースもあります。

このような場合には高額所得者の収入を分け合う者が増えるので，婚姻費用や養育費はその分下がる（方向に影響する）という主張がなされます。理論的には扶養義務の有無や優先順序の判断が問題となります。

(1) 内縁の相手方

まず，大前提として，内縁関係にも，婚姻費用の分担の規定（民法760条）は適用されます（最判昭和33年4月11日）。

しかし，重婚的な内縁関係は法的に保護されないのが原則となります。そこで，婚姻中の（配偶者とは別の者との間の）内縁的な関係の相手方の生活費を負担していたとしても，婚姻費用や養育費では反映しない（生活費の負担がないものとして扱う）ことになります。ただし，婚姻関係が破綻した後に内縁関係に至ったというような場合には，実質的には重婚的というわけではありません（後述）。そこで内縁の相手方の生活費の負担を，婚姻費用や養育費の計算に反映させることになります（東京高決昭和58年6月21日判時1086号104頁（婚姻費用），大阪高決昭和55年2月26日（婚姻費用））。

なお，離婚の後の法律婚の相手方（再婚相手）は当然として，離婚の後に形成された内縁関係も，非難されるわけではなく，通常どおり保護されます。具体的には，内縁の相手方の生活費を養育費の計算に反映することになります（大阪家審昭和48年10月19日（養育費）家月26巻8号48頁）。

(2) 婚姻中の内縁に対する法的保護（参考・不貞の範囲（前提））

婚姻関係破綻後の（一方配偶者と婚外異性との間の）男女関係は，不法行為責任（慰謝料請求）は否定され（最判平成8年3月26日），また，婚姻破綻の有責性も否定されます（最判昭和46年5月21日）。このように破綻後の男女関係は法的に正当化されます(※)。

⑶　婚外子

高額所得者が婚外子の生活費を負担している場合には，この「親と婚外子の関係」は保護される方向性です。婚外子が生まれた経緯が不貞行為であったとしても，子自身には非難を向けられないので法的保護を奪うなど弱めることはできません（最決平成7年7月5日参照・法定相続分の不平等扱いを否定）。

そこで，婚外子の生活費の負担（扶養義務）については，婚姻費用や養育費を計算する上で反映することになるはずです。

なお，再婚相手の実子（いわゆる連れ子）については，生活費の負担をしていたとしても，養子縁組をしていない限りは法的な扶養義務はありません。そこで，連れ子の生活費については養育費の計算に反映しないことになります（大阪家審昭和48年10月19日（養育費）家月26巻8号48頁）。

⑷　両　親

ア　扶養義務相互間の優劣関係

義務者が，自身の父や母に生活費として送金している場合，法的には扶養義務の履行といえます（民法877条1項）。これと婚姻費用の分担（民法760条）の関係としては，婚姻費用の方が優先されます。つまり，婚姻費用の計算において両親への送金（生活費の負担）は反映しないことになります（東京高決平成15年12月26日（婚姻費用）家月56巻6号149頁，大阪高決昭和62年1月12日（婚姻費用）判タ645号231頁）。

（※）　文化による不貞の扱いの違い（騎士道恋愛）

なおこの点，判例解説では（日本以外の参考情報として），「恋愛は17世紀のフランスの宮廷文化の中心に位置していたのであるが，その恋愛の原型は『騎士道恋愛』（領主の妻など騎士よりも身分の高い既婚の女性である貴婦人に対して騎士の捧げる女性崇拝の愛）にあり，もともと不貞は貴族文化としての恋愛の原型であったこと，このような宮廷における貴族文化の柱が，現代においては，ジャーナリスト等の知識人によって受け継がれている」と指摘しています（『最高裁判所判例解説民事篇　平成8年度㊤』（法曹会，1999年）255，256頁注17（棚沢直子＝草野いづみ『フランスにはなぜ恋愛スキャンダルがないのか？』87〜97頁，233〜240頁））。当然日本での法解釈ではここまで貞操義務を軽視する状況にはなっていません。ただし，不貞の責任に関する見解については広いバリエーションがありますので過去の判例を読む時には，時代による違いに注意する必要があります。

イ　財産分与との比較

なお，財産分与の際には，過去に親に生活費として送金した金額について反映しない（計算上持ち戻すことをしない）のが原則です（「第２　財産分与／5　実家への経済的援助・送金（夫婦共有財産の逸失）の扱い」53頁参照）。

財産分与は存在する財産を分けるという性質であるため，過去の支出の不当性は問題にしない傾向があるためです。この点，婚姻費用や養育費では，現在の（これからの）収入を分けるという性質であるため，現在の支出の不当性を問題にするという方向性になるのです。

◎関連するケース・裁判例

▶ケース 47　離婚後に夫が別の女性との間でもうけた婚外子の扶養義務を養育費に反映（減額）した

▶ケース 48　婚費地獄としての別居中の夫の内妻と誕生した子の扶養義務を婚姻費用に反映（減額）した

▶ケース 49　夫の婚外子への養育費支払を生活費指数レベルで妻への養育費に反映させた

▶ケース 50　婚姻費用算定において重婚的内縁者の反映は否定し認知した子の反映は肯定した

▶ケース 51　婚姻中に生まれた夫の４人の婚外子の生活費指数を半減して婚姻費用に反映させた

▶参考裁判例 26　大阪高決昭和 55 年 2 月 26 日（婚姻費用）家月 32 巻 9 号 32 頁

▶参考裁判例 27　大阪家審昭和 48 年 10 月 19 日（養育費）家月 26 巻 8 号 48 頁

▶参考裁判例 28　福島家会津若松支審平成 19 年 11 月 9 日（養育費変更）家月 60 巻 6 号 62 頁

▶参考裁判例 29　東京高決平成 15 年 12 月 26 日（婚姻費用）家月 56 巻 6 号 149 頁

離婚後に夫が別の女性との間でもうけた婚外子の扶養義務を養育費に反映（減額）した

事案の概要

男性（夫）と女性（妻）は婚姻し，２人の子をもうけました。

やがて夫の不貞が原因で夫婦の仲が悪くなり，妻が子（5 歳と 8 歳）を引き取って離婚するという方向で協議が進みました。

夫はスポーツ選手で，年収（給与所得）3500 万円を得ていました。

妻はモデルとして就業し，年収（給与所得）500 万円を得ていました（出産前後の時期は活動を休止しましたが，その後復帰しました）。

結局，解決金 3000 万円，養育費 41 万円と定めて協議離婚をしました。

その後，元夫は別の女性 A との間に子 B をもうけました。元夫と A は婚姻せず，元夫は子を認知しました。

元夫は女性 A に月額 20 万円の生活費を渡していました。

元夫は元妻にこのような現状を説明するとともに養育費の減額を要求しました。しかし，妻はこれに反対しました。

≪争点（見解の違い）≫

夫：子 B の扶養義務を負担し，またその子の母 A の生活費も負担している。
養育費を減額すべきである。
養育費は月額 24 万円となる（計算は後記）。

妻：子 B は，過去に不貞の関係にあった女性 A との間に誕生した。
女性 A と子 B の存在によって妻に不利益が及ぶのは妥当ではない。
養育費は減額すべきではない（月額 41 万円を維持する）。

結論 **調停成立**

女性 A の扶養義務なし（反映しない），子 B の扶養義務あり（反映する）として扱う。

標準算定方式で計算する（後記）。

養育費を月額 32 万円とする（減額する）。

合意成立のポイント

1　過去の離婚の条件合意の経緯

過去の離婚の協議においては，夫は有責配偶者であったので，妻が応じなければ離婚は長期間実現しない状況でした（いわゆる婚費地獄）。妻が離婚に応じる条件（前提）は，基礎収入割合修正方式を用いて養育費を標準算定方式によって計算すること，つまり標準算定表の上限金額を適用することをしないという内容でした。具体的には，次のような計算によって養育費を定めることで協議離婚が成立しました。

> 基礎収入割合は標準的な範囲の上限年収に対応する34％から2.5％を下げて31.5％とする。
> （平成14年までの統計データを用いた（以下同様））
> 元夫の基礎収入：3500万円×31.5％≒1103万円
> 元妻の基礎収入：500万円×38％＝190万円
> 元夫の基礎収入1103万円×（55＋55）／（55＋55＋100）≒578万円
> 子の生活費578万円×基礎収入の比率(1103万円／（1103万円＋190万円))≒493万円
> 養育費年額493万円／12≒41万円

2　婚外子とその母の生活費負担の反映（夫主張）

本ケースにおいては，離婚後元夫に，（妻とは別の）女性Aとの間で子が生まれたことにより，養育費にどのように反映させるかが問題となりました。

元夫は，女性Aと子Bの両方を養育費に反映させるべきであると主張しました。計算としては，Aの生活費指数は「別に居住する成人の被扶養者」として100，Bの生活費指数を55として，次のように計算しました。

> 元夫の基礎収入1103万円×（55＋55）／（55＋55＋55＋100＋100）
> ≒332万円
> （夫婦間の）子の生活費332万円×基礎収入の比率（1103万円／

（1103 万円＋190 万円））≒283 万円
養育費年額 283 万円／12≒24 万円

3　法的な義務による判断

元夫は婚費地獄に懲りたことから婚姻をすることは避けていたので，（実際には生活費の負担はしていましたが）女性Ａに対する法的な扶養義務はありません。子Ｂについては，元夫が認知していたので，法的な扶養義務が生じています。そこで，女性Ａへの生活費の支払（援助）については養育費には反映させず，子Ｂの扶養義務について養育費に反映させることとしました。

4　婚外子の生活費反映の是非

この点，元妻は，「元夫と女性Ａとの交際」は不貞行為として始まっているので，その後子Ｂが生まれたことを養育費を下げる方向に反映させるのは権利濫用であるという主張もしていました。しかし，子自身の権利を否定することの方が不当である（社会通念に反する）と考えられます。また，子Ｂが生まれたのは離婚から１年以上が経過しており，不貞にあたる性交渉によって妊娠したものではありませんでした。そこで，最終的には子Ｂの扶養義務を養育費に反映させることとなりました。

5　具体的な計算内容

子Ｂの年齢から，生活費指数として 55 を用いることになりました。計算内容は次のとおりです。

元夫の基礎収入 1103 万円×（55＋55）／（55＋55＋55＋100）≒458 万円
（夫婦の間の）子の生活費 458 万円×基礎収入の比率（1103 万円／（1103 万円＋190 万円））≒391 万円
養育費年額 391 万円／12≒32 万円

婚費地獄としての別居中の夫の内妻と誕生した子の扶養義務を婚姻費用に反映（減額）した

事案の概要

男性（夫）と女性（妻）は婚姻しました。

やがて夫の不貞が原因で夫婦の仲が悪くなり，妻が子（0歳）を連れて家を出て別居するに至りました。

夫と妻の間で離婚と婚姻費用について意見が対立し，それぞれが離婚調停と婚姻費用分担調停を申し立てましたが，離婚調停は不成立となりました。婚姻費用調停では，標準算定表により，婚姻費用を月額29万円（28～30万円のゾーン）と定める調停が成立しました。

夫側は，有責配偶者であるために自ら離婚請求訴訟を申し立てることはしませんでした。そこで，婚姻が解消されないまま別居する状態が続きました。

その後，夫は，不貞の相手方とは別の女性Aと交際するようになりました。女性Aが夫の妊娠したのを機に，夫とAは同居（同棲）するようになり，その後，Aは子Bを生みました。

夫は妻に対して婚姻費用を減額することを要求しました。しかし，減額の可否について意見が対立しました。

≪争点（見解の違い）≫

夫：女性Aと子Bの扶養義務を負担している。
婚姻費用を減額すべきである。
婚姻費用は月額24万円となる（計算は後記）。

妻：夫とAの関係は重婚的内縁であり，Aと，その両者の間に生まれたBの存在によって妻に不利益が及ぶのは妥当ではない。
婚姻費用は減額すべきではない（月額29万円を維持する）。

結論　審判における和解成立

AとBの扶養義務を婚姻費用に反映させて減額する。
婚姻費用は月額25万円とする（計算は後記）。

合意成立のポイント

1　夫の男女関係の不当性

夫とＡとの関係は，既婚者と婚外異性の男女関係なので，形式的には不貞や重婚的内縁といえるものでした。しかし，夫・妻の関係悪化により別居している時に交際が始まっていました。夫とＡの交際が始まった頃には，夫・妻との間での連絡は途絶えており，お互いに「共同生活をする相手」として認識しているとはいえない状態でした。法的には破綻，あるいは形骸化していると認められる可能性が高いと思われました。

そこで，夫がＡやＢに対して負っている扶養義務を婚姻費用に反映させるべきであると考えることになりました。

2　生活費指数の設定

婚姻費用の計算におけるＢの生活費指数を55とすることについては，両者で意見が一致していました。（夫とともに）Ｂの扶養義務者であるＡは出産直後で就業していないため，Ａの稼働能力を反映させる（Ｂの生活費指数を55よりも下げる）ことはしませんでした。

Ａの生活費指数について，夫側は，成人としての100を用いるべきであると主張していました。計算は次のとおりになります。

> 1700万円×基礎収入割合34％＝578万円
> （平成14年までの統計データを用いた）
> 夫の基礎収入578万円×（55＋100）／（55＋100＋100＋55）＝289万円
> 妻側の必要額：婚姻費用年額289万円／12≒24万円

しかし実際にはＡは夫と同居しているので，生活費指数を若干減らして90としました。計算は次のとおりになります。

> 夫の基礎収入578万円×（55＋100）／（55＋100＋90＋55）≒299万円
> 妻側の必要額：婚姻費用年額299万円／12≒25万円

3　他の事情の影響

実際には，夫側は「妻の潜在的稼働能力」も反映させるべきであるという主張もしていました。しかし，妻側が，「A・Bの扶養義務を婚姻費用に反映させる」ことについて承服したのと引き換えに，夫側も「妻の潜在的稼働能力」の主張は撤回することになり，合意に達しました。

CASE 49　夫の婚外子への養育費支払を生活費指数レベルで妻への養育費に反映させた

事案の概要

男性（夫）と女性（妻）は婚姻し，２人の子をもうけました。

やがて夫婦の仲が悪くなり，妻が子（10歳と７歳）を引き取って離婚するという方向で協議が進みました。

夫は会社役員として就業し，役員報酬2000万円を得ていました。

妻はパートとして就業し，年収200万円を得ていました。

夫は，妻と婚姻する前に別の女性Bとの間に子Aをもうけ，認知していました。その後，夫はA（の母B）に生活費（養育費）として月額25万円を支払っていました。

Aは18歳になっていました。

夫と妻の離婚に向けた協議は，主に養育費の金額について意見が対立しました。

≪争点（見解の違い）≫

夫：夫の基礎収入の段階でAの生活費として負担している金額（月額25万円）を控除すべきである。
養育費は月額18万円となる（計算は後記）。

妻：（今回の）養育費の計算においてはAの扶養義務について反映させるべきではない。
養育費は月額30万円となる（計算は後記）。

結論　裁判外の和解成立（離婚する）

標準算定方式を用いて養育費を計算する。

養育費の計算において，夫婦間の２人の子の生活費指数を90とする。

養育費は月額28万円とする（計算は後記）。

4年後（Aが22歳の時）に養育費の金額を改定する。

合意成立のポイント

1　問題点（婚外子の扱い）

本ケースにおいては，当該夫婦の子とは別に，夫が認知した子がいたので，養育費の算定においてどのように反映させるかが問題となりました。

2　計算方法のバリエーション

交渉の中で検討の対象となった（主張として登場した）計算方法について最初にまとめておきます。

(1)　計算方法1：Aの生活費指数を90とする（交渉経過）

> 夫の給与所得2000万円×基礎収入割合38.19%≒764万円
> （平成27年の統計データを用いた（以下同様））
> 妻の給与所得200万円×基礎収入割合40.41%≒81万円
> 夫の基礎収入764万円×(55＋55)／(55＋55＋100＋90)≒280万円
> 子の生活費280万円×基礎収入の比率（764／(764＋81)）≒253万円
> 養育費年額253万円／12≒21万円

(2)　計算方法2：夫婦間の2人の子の生活費指数を各90とする（結論）

> 夫の基礎収入764万円×(90＋90)／(90＋90＋100＋90)≒372万円
> 子の生活費372万円×基礎収入の比率（764／(764＋81)）≒336万円
> 養育費年額336万円／12＝28万円

(3)　計算方法3：Aへの支払額（実額）を控除する（夫主張）

> 764万円－300万円（25万円×12か月）＝464万円
> 夫の基礎収入345万円×(55＋55)／(55＋55＋100)≒243万円
> 子の生活費243万円×基礎収入の比率（764／(764＋81)）≒220万円
> 養育費年額220万円／12≒18万円

⑷　計算方法４：Ａの扶養を反映しない（妻主張）

夫の基礎収入764万円×（55＋55）／（55＋55＋100）≒400万円 子の生活費400万円×基礎収入の比率（764／（764＋81））≒362万円 養育費年額362万円／12≒30万円

３　計算方法の選択についての交渉経過

妻としては，Ａの存在を知らなかったのでＡの扶養について考慮すべきではないと主張しました（計算方法４）。一方，夫は婚姻前に妻に知らせたと主張していました。いずれにしても，Ａに対して夫が扶養義務を負うことは間違いないので，（今回の）養育費の計算に反映させるべきであると考えられます。そこで，どのような計算方法を採用するか，という協議に移りました。

夫側は実際にＡ（の母）に支払っている金額を夫の基礎収入から控除する方法（計算方法３）を主張しました。しかし，この方法だと，夫が扶養義務を負う合計３人の子のうち，Ａだけを最優先に扱っていることになります。さらに，実質的には，送金額の一部はＡの母の生活費という趣旨も含まれていると思われます。そこで，計算方法３（実額控除方式）は採用しませんでした。夫からみた３人の子は公平に扱うべきであるので，実際の支払額とは関係なく，妥当な生活費の分担を定めるという意味で，標準的算定方式を用いることになりました。

Ａの年齢が18歳であることから，Ａの生活費指数を90と考える方法（計算方法１）は合理的であるように思えました。しかし，この方法だと養育費は月額21万円となり，Ａの養育費の25万円との違いに妻は納得できませんでした。根本的に，Ａと夫婦間の２人の子の違いは年齢，つまり，生活費指数が違うことにあります。そこで，妻側は，便宜的に，夫婦間の２人の子を前倒し的に生活費指数90を適用すること（計算方法２）を主張しました。これでも養育費月額は（２人で）28万円となり，Ａの養育費25万円と比べると不公平であると妻は感じているようでした。しかし，Ａは近い将来扶養権利者ではなくなり，そのときに改めて養育費を計算すれば，妻が得られる金額は大幅に上がることが想定されています。

そこで，最終的には，この計算方法（養育費月額28万円）と定めるとともに，Aが22歳の時に扶養権利者ではなくなることを前提に，その時点で養育費の改定をすることを定めることで，合意に至りました。

CASE 50 婚姻費用算定において重婚的内縁者の反映は否定し認知した子の反映は肯定した

事案の概要

男性（夫）と女性（妻）は婚姻し，1人の子Aをもうけました。

妻が妊娠している頃，夫は女性Bと交際を始めました。そして女性Bも妊娠し出産しました。Bが生んだ子Cについて，夫は認知しました。

女性Bや子Cについて，夫は妻に打ち明け離婚を求めましたが，妻は離婚に応じませんでした。やがて夫婦の仲が悪くなり夫が家を出て別居するに至りました。その後，夫はB・Cと同居しています。

夫側は離婚調停を申し立てましたが，不成立で終わりました。夫側は離婚訴訟を提起しましたが，和解は成立せず，最終的に棄却判決で終わりました。別居が継続することになりました。

離婚調停・離婚訴訟と並行して，婚姻費用についても意見が対立し，妻側が婚姻費用分担調停を申し立てていました。

夫は会社役員で年収（給与所得）3000万円を得ています。一方，妻は専業主婦です。

≪争点（見解の違い）≫

夫：婚姻費用の計算において内縁の妻Bと認知した子Cの扶養義務を反映させるべきである。
婚姻費用は月額35万円となる（計算は後記）。

妻：婚姻費用の計算においてB・Cの存在を反映させるべきではない。
婚姻費用は月額56万円となる（計算は後記）。

結論　**審判における和解成立**

婚姻費用の計算において子Cの扶養義務を反映させる。
婚姻費用は月額46万円とする。

合意成立のポイント

1　問題点（婚外子の扱い）

本ケースにおいては，当該夫婦の子Ａとは別に，夫が認知した子Ｃと内縁の妻（と主張された者）Ｂがいたので，婚姻費用の算定においてどのように反映させるかが問題となりました。

2　計算方法のバリエーション

調停・審判における交渉の中で検討の対象となった（主張として登場した）計算方法について最初にまとめておきます。

⑴　計算方法１：女性Ｂと子Ｃは反映しない（妻主張）

> 夫の総収入 3000 万円 × 36.5%（上限 38.19% から 1.69% を下げた）＝ 1095 万円（平成 27 年の統計データを用いた（以下同様））
> 夫の基礎収入 1095 万円 × 生活費指数の比率（55 + 100）／（55 + 100 + 100）≒ 666 万円
> 婚姻費用年額 666 万円／12 ≒ 56 万円

⑵　計算方法２：子Ｃは反映する（結論）

> 夫の基礎収入 1095 万円 × 生活費指数の比率（55 + 100）／（55 + 100 + 100 + 55）≒ 548 万円
> 婚姻費用年額 548 万円／12 ≒ 46 万円

⑶　計算方法３：子Ｃと女性Ｂを反映する（夫主張）

> 夫の基礎収入 1095 万円 ×（55 + 100）／（55 + 100 + 100 + 55 + 100）≒ 414 万円
> 婚姻費用年額 414 万円／12 ≒ 35 万円

3　婚外子の母の生活費の扱い

まず，夫は（当然ですが）妻との婚姻関係を維持しているので，夫と女性Ｂの同居は重婚的内縁といえます。夫と女性Ｂとの関係は，少なくとも交際の当初は不貞（不法行為）に該当するものでした。法的に保護されるものではないと考えられるので，内縁としては扱わない，つまり，婚姻費用の計算において扶養義務者として扱わないこととなりました。

なお，夫側の主張する婚姻費用の計算では，内縁の妻Bの生活費指数を100としていました。仮に，夫婦関係の破綻後の内縁関係として法的に保護する場合であっても，夫とBは同居しているので生活費指数は100よりは若干下げた数値を設定することになったはずです。

4　婚外子の生活費指数の設定

次に，Cについては，誕生した経緯として不貞に起因していますが，C自身の扶養に不利益を与える（保護を排除する）ことは正当化できません。そこで，Cの扶養義務は，婚姻費用の計算に反映させることにしました。生活費指数は標準的な55を用いました。

婚姻中に生まれた夫の４人の婚外子の生活費指数を半減して婚姻費用に反映させた

事案の概要

男性（夫）と女性（妻）は婚姻しました。

夫は会社を経営しており，役員報酬8000万円を得ていました。

妻は夫が仕事上の関係者と会う際に同伴することがよくありました。ただし，妻は役員や従業員になっているわけではなく，専業主婦という立場でした。

やがて夫婦の仲が悪くなり，妻が家を出て別居するに至りました。ただし，夫・妻のいずれも離婚を望んでいませんでした。

妻が夫に婚姻費用を請求したところ，金額について意見が対立しました。

夫は妻との婚姻期間中に，別の複数の女性Ａ・Ｂ・Ｃとの間に子（婚外子）をもうけて，認知していました。婚外子は４人（18歳，15歳，５歳，２歳）いました。

Ａ・Ｂ・Ｃの職業や収入については，夫側が開示しませんでした。

≪争点（見解の違い）≫

夫：婚姻費用の計算において4人の婚外子の扶養義務を反映させるべきである。
婚姻費用は月額38万円となる（計算は後記）。

妻：婚姻費用の計算において4人の婚外子の扶養義務は反映させるべきではない。
婚姻費用は月額93万円となる（計算は後記）。

結論　**裁判外の和解成立**

婚姻費用を計算において4人の婚外子の扶養義務を反映させる。
4人の婚外子の生活費指数は，標準的な指数の半分にしたものを用いる。
婚姻費用は月額54万円とする（計算は後記）。

合意成立のポイント

1　問題点（婚外子の扱い）

婚姻費用の計算において，婚外子をどのように扱うか，ということが問題となりました。

2　計算方法のバリエーション

交渉の中で検討の対象となった（主張として登場した）計算方法について最初にまとめておきます。

(1)　計算方法1：婚外子を反映しない（妻主張）

夫の総収入8000万円×基礎収入割合28%（38.19%から約10%を下げた（平成27年の統計データを用いた））＝2240万円
夫の基礎収入2240万円×生活費指数の比率100／(100＋100)＝1120万円
婚姻費用年額1120万円／12≒93万円

⑵　計算方法2：婚外子を反映する（生活費指数は標準どおり）（夫主張）

> 夫の基礎収入2240万円×生活費指数の比率100／（100＋100＋90＋90＋55＋55）≒457万円
> 婚姻費用年額457万円／12≒38万円

⑶　計算方法3：婚外子を反映する（生活費指数を半減する）（結論）

> 夫の基礎収入2240万円×生活費指数の比率100／（100＋100＋（90＋90＋55＋55）／2）≒649万円
> 婚姻費用年額649万円／12≒54万円

3　婚外子の生活費の反映の是非

夫と婚外子の母A・B・Cとは不貞の関係にあったので，妻としては，婚外子の扶養義務を婚姻費用に反映させるのは不当であるという感情がありました。そこで，妻側は婚外子を反映しないことを主張していました（計算方法1）。

しかし，理論的には「子」には罪はないので，扶養義務を考慮するのが合理的です。そこで，協議により，扶養義務自体は認める（反映させる）ことになりました。

4　婚外子の生活費指数の設定

次に，婚姻費用の計算の具体的な方法が問題となりました。夫としては標準的な生活費指数（2人は90，2人は55）を用いることを主張していました（計算方法2）。しかし，婚姻費用の標準算定方式では，家計全体の収入をまとめた上で分配する考え方です。婚外子の扶養義務を反映させるのであれば婚外子の母（A・B・C）の収入も分配する原資とする必要があります。しかし，夫側はA・B・Cに関する経済的な状況を一切開示しませんでした。その代わりに，夫側は，「婚外子の生活費指数を標準的なものの半分とする」ことを承服しました（計算方法3）。夫の収入が大きいので，A・B・Cの収入による影響は小さいと予想されたので，「婚外子の生活費指数を半分にする」ことは夫側が大きく譲歩したことになるはずです。

5　他の事情の影響

夫側は，A・B・Cの関与を強く拒絶していて，早期解決を強く望んでいました。一方で，妻への感謝の気持ちも持っていたこともあり，夫側の譲歩（合意成立）につながっていると思われます。

参考裁判例 26　**重婚的内縁の相手方の生活費負担の反映を否定した**
大阪高決昭和 55 年 2 月 26 日（婚姻費用）家月 32 巻 9 号 32 頁

夫婦が別居に至り，夫は妻以外の女性 A と同居（同棲）しており，女性 A の生活費を負担していた。婚姻費用の算定において，夫は，女性 A の生活費の負担も反映すべきであると主張した。原審は（女性 A の給与所得を夫の収入に加算した上で）女性 A の生活費指数を 80 として婚姻費用の算定に反映させた。

（控訴審の）裁判所は，「夫は，まず別居中の妻子に対し，夫の収入と見合いかつ夫自身の生活を保持するのと同程度の生活を保障すべきものであつて，仮令夫が現に他の女性と同棲し，そのために生活費を支出しているとしても，法律上婚姻継続中の妻との関係においては，右同棲中の女性に対する生活費は婚姻の結果たる費用でないのはもちろん，夫自身の生活費ということもできないから，これを婚姻費用分担額の算定にあたり斟酌することは許されないものと解するのが相当である。」と判示し，審理を原審に差し戻した。

裁判所は，夫と女性 A の関係は重婚的な内縁であることから，法的保護を与えないと判断したといえる。

参考裁判例 27　**内妻の生活費は反映するが，連れ子の生活費の反映は否定した**
大阪家審昭和 48 年 10 月 19 日（養育費）家月 26 巻 8 号 48 頁

夫婦が離婚し，子 2 人を妻が引き取り監護することとなった。その後，元夫（義務者）が女性 A と内縁関係となった。女性 A は自身の元夫との間の子（いわゆる連れ子）3 人を監護していた。元夫・女性 A・連れ子 3 人は同居し，生活費は元夫が負担していた。

裁判所は，「相手方（義務者）の扶養能力を考慮するにあたつて，内妻の生活費は一応相手方が負担するものと考えられるが，内妻と先夫との間の 3 名の子供の生活費については，相手方が直接その扶養義務を負わない以上，事件本人両名の生活費に優先して相手方がこれを負担するということにはならず，事件本人両名の扶養義務を尽したのちの余力でもつてこれにあてられるべきである。」と判示した。つまり，養育費の計算においては内縁の妻の生活費のみを反映させ，連れ子の生活費については反映させないこととなった。

参考裁判例 28
再婚相手の育児休業期間限定で養育費を減額した
福島家会津若松支審平成 19 年 11 月 9 日（養育費変更）家月 60 巻 6 号 62 頁

夫婦が離婚し，子は妻が引き取り，監護することとして，養育費の金額について合意した（公正証書）。その後元夫は別の女性 A と婚姻（再婚）し，女性 A は妊娠・出産した。元夫は養育費の減額を請求した。

裁判所は，女性 A の育児休業期間が終了する月までに限り，養育費の減額を認めた。

元夫が女性 A や誕生した子を扶養する義務があることは認めつつ，一方で，女性 A の稼働能力も反映させるという判断である。

参考裁判例 29
母の扶養は婚姻費用の計算に反映しない（劣後とする）
東京高決平成 15 年 12 月 26 日（婚姻費用）家月 56 巻 6 号 149 頁

夫婦が別居し，夫は母と同居することとなった。妻が婚姻費用を請求する調停を申し立て，その後審判に移行した。夫は，母を扶養していることを婚姻費用の算定に反映させるべきであると主張した。

原審で裁判所は，「実母は必ずしも十分ではないものの年金収入があり，相手方が扶養しているとしても，それは生活扶助義務の範疇の問題であって，生活保持義務である婚姻費用の分担を定めるに当たっては考慮すべき事情とはいえない上，平均的な生活費を基礎とすることに加えて特別に考慮すべき事情とはいえないというべきである。」と判示した。抗告審においても，裁判所はこの理由を引用し，婚姻費用よりも母の扶養を優先することはできないと判断した。つまり，婚姻費用の計算において母の扶養は反映しないこととなった。

15 権利者の収入が義務者よりも高いケースの養育費の計算

標準算定方式による養育費の計算では，「義務者と子が同居している」ことを想定しています。つまり，義務者と子が同じ生活水準であるということを前提にしているのです。

この点，権利者の方が義務者よりも収入が高いというケースもあります。単純に標準算定方式を適用すると，「子の生活水準は義務者（収入が低い方）と同じ」ことになるので，同居する子と権利者（収入が高い方）の生活水準が異なるということになります。そこで，「子の生活水準は権利者（収入が高い方）と同じであることを前提とする」発想もあります。この設定は子にとっては有利ですが，義務者にとっては自身の収入と比べて重い養育費の負担となってしまいます。そこで，「権利者の収入が義務者と同額である」場合の分担額を上限とする方法が指摘されています（二宮周平『離婚判例ガイド　第２版』（有斐閣，2005年）267頁）。この考え方をとった場合には結論として，単に義務者と権利者それぞれの総収入から標準算定方式によって計算するということになります。

◎関連するケース

▶ケース52　子との同居親（母）の方が収入が大きかったため父と子の同居前提で計算した養育費に若干上乗せした

CASE 52 子との同居親（母）の方が収入が大きかったため父と子の同居前提で計算した養育費に若干上乗せした

事案の概要

男性（夫）と女性（妻）は婚姻し，２人の子をもうけました。

夫は公認会計士として就労し年収（給与所得）1000 万円を得ていました。

妻は弁護士として就労し年収（給与所得）1800 万円を得ていました。

やがて夫婦の仲が悪くなり，夫が家を出て別居するに至りました。妻と子（10 歳と８歳）は家に残りました。夫と妻は離婚する方向で協議をしていましたが，養育費の金額について意見が対立しました。

≪争点（見解の違い）≫

夫：養育費の計算上，夫（義務者）と子が同居しているという想定にする（前提とする）べきである。
養育費は月額 6.2 万円となる（計算は後記）。

妻：妻（権利者）と子が同居していることを想定して養育費を計算すべきである。
養育費は月額 11 万円となる（計算は後記）。

結論 訴訟上の和解成立（離婚する）

養育費の計算では夫と子が同居していることを想定するが，若干金額を上乗せする。

養育費は月額８万円とする。

合意成立のポイント

1　標準算定方式の考え方

本ケースにおいては，（養育費請求の）義務者よりも権利者の方が収入が大きいため，養育費をどのように計算するか，が問題となりました。つまり，子の生活レベルを父・母のどちらに合わせるか，という判断です。

標準算定方式では原則として，義務者と子の生活レベルを一致させる趣旨で，義務者と子が同居していることを想定して（前提として），子の生活費を計算します。義務者の方が収入が大きい場合には違和感はありません。

しかし，権利者の方が収入が大きい場合，実際に同居する親（権利者）の生活レベルよりも子の生活レベルが低いことになり不合理であるとも考えられます。一方で，ここでいう生活レベルは，あくまでも養育費の金額（義務者の負担する具体的金額）を計算するだけに使う概念で，実際の子の生活レベルとして適切なものとは一致しないのであるから不合理ではないということも考えられます。

2　2つの考え方を基にした試算

それぞれの考え方を基にして計算すると次のようになります。

(1)　基礎収入の計算（前提）

夫の総収入1000万円×39.19%（平成27年の統計データを用いた（以下同様））≒392万円
妻の総収入1800万円×38.19%＝687万円

(2)　計算方法1：義務者（夫）と子が同居している前提（夫主張）

夫の基礎収入392万円×生活費指数の比率（55＋55）／（55＋55＋100）≒205万円
子の生活費205万円×基礎収入の比率392／（392＋687）≒74万円
養育費年額74万円／12≒6.2万円

(3)　計算方法2：権利者（母）と子が同居している前提（妻主張）

妻の基礎収入687万円×生活費指数の比率（55＋55）／（55＋55＋100）≒360万円
子の生活費360万円×基礎収入の比率392／（392＋687）≒131万円
養育費年額131万円／12≒11万円

3　中間的な金額での合意

この2つの考え方（解釈）について，最高裁判例などの統一的見解は見当たりません。

このように解釈が分かれている状況がそのまま交渉に反映され，本ケースでは2つの考え方による金額の中間的な金額で合意が成立しました。

どちらかというと一般的（メジャー）な考え方は，原則どおりに義務者（夫）と子が同居する想定を維持するというものです（計算方法1）。そこで，計算方法1と計算方法2による金額の中間よりは，やや計算方法1に近い金額で合意に達したのです。

16 有責配偶者からの離婚請求（実質的な婚姻費用の前払い）

不貞などの（婚姻の破綻について）有責な行為をした配偶者は，原則的に離婚請求が認められません。例外的に，長期間の別居・未成熟子の不存在・特段の事情の不存在の３要素により離婚請求が認められることもあります（最判昭和62年９月２日）。

この中の特段の事情の不存在の典型は，十分な経済的支援です。具体的には，標準的な財産分与や養育費を超えた経済的な負担（給付）です。実務でよくとられる手法の１つは，離婚後の生活費の負担を約束するというものです。法的には扶養的財産分与に該当します。経済的には，「仮に離婚しないままの状態であれば支払ったはずの婚姻費用」を（離婚が成立した後も）維持するという状況です。別居中であっても婚姻が解消されていない以上，婚姻費用の支払が続くという，いわゆる婚費地獄を維持するような状況です。

この「離婚後の生活費の負担」（扶養的財産分与）については，毎月払う方式もありますし，一定期間に相当する金額（総額）を一時払いとすることもあります。いずれにしても，扶養的財産分与の金額を定める際には，婚姻費用の金額（月額）を基礎とすることが多いです。また，離婚後の実質的な婚姻費用の支払期間も問題となります。特に交渉においては，離婚請求が認められるようになるまでの期間を想定して，これを意識することになります。要するに，婚費地獄が継続すると想定される期間ということです。結局，離婚が成立する状況ではあるけれど婚姻費用の金額を定めることになるのです。

◎関連するケース

▶ケース53　十分な過去の婚姻費用と（清算的・扶養的）財産分与の提案により有責配偶者でも離婚が成立した

十分な過去の婚姻費用と（清算的・扶養的）財産分与の提案により有責配偶者でも離婚が成立した

事案の概要

男性（夫）と女性（妻）は婚姻し，1人の子をもうけました。

夫は会社Aを経営していて，役員報酬5000万円を得ています。

妻は社長の妻として，会社Aの取引先その他の関係者との接待交際に夫（社長）とともに参加することもよくありました。ただし，妻は会社Aの役員や従業員ではなく，Aから報酬や給与を得ることもありませんでした。

やがて夫婦の仲が悪くなり，夫が家を出て，別居するに至りました。このときにはすでに子は成人し，就業していました。

夫は妻に生活費（婚姻費用）として80万円を支払っていました。

その後，夫は女性Bと交際するようになり，女性Bは妊娠して夫の子Cを生みました。それ以降，夫はB・Cと同居しています。

夫はBと入籍（婚姻）したいと考え，妻に離婚を求めました。しかし，妻は離婚を拒否しました。

夫婦共有財産としては，預貯金1000万円，株式・債券3000万円相当，不動産5000万円相当がありました。

≪争点（見解の違い）**≫**

夫：次のような条件において離婚する。

- 清算的財産分与として，不動産を妻に分与する（合計5000万円相当）。
- 扶養的財産分与として，婚姻費用相当額を離婚後10年間支払う。
- 婚姻費用（相当額）の計算において子Cの扶養義務を反映させる。
- 婚姻費用（相当額）は月額54万円となる。

妻：離婚自体を認めない。

結論　**裁判上の和解成立（離婚する）**

清算的財産分与として夫から妻に株式・債券，不動産（合計8000万円相当）を分与する。

扶養的財産分与として離婚成立後10年間，月額54万円を夫が妻に支払う（夫の主張どおり）。

合意成立のポイント

1　有責性配偶者からの離婚請求という枠組み

本ケースは，夫は有責配偶者に該当するので，夫からの離婚請求は原則として認められず，例外となる要件を満たすかどうかが理論的な問題となったケースです。

まず，夫婦の間の子はすでに成人していたので，未成熟子はいない状態でした。

次に，夫から妻への経済面でのサポートについては，過去（婚姻費用の支払実績）と将来（清算的財産分与と扶養的財産分与の提供の提案）の両方について，標準的なものよりも大幅に上乗せされた条件となっていました。

2　経済的サポートの内容

⑴　過去の婚姻費用支払額

まず，過去の婚姻費用の金額は，基礎収入割合修正方式を用いた標準算定方式によって計算します。夫の年収は標準算定表の上限年収（2000万円）を3000万円超過していたので，上限年収における38.19％から約5％を下げて33％として計算しました。計算結果は次のように月額69万円となります。

> 【標準的な婚姻費用の計算】
>
> 基礎収入割合：約38.19％→5％下げた→33％
>
> 夫の総収入（給与所得）5000万円×基礎収入割合33％＝1650万円
>
> 夫の基礎収入1650万円×生活費指数の比率100／（100＋100）＝825万円
>
> （妻の基礎収入ゼロのため，この金額が婚姻費用年額となる）
>
> 婚姻費用年額825万円／12≒69万円

実際に過去に夫から妻に支払われていた生活費（婚姻費用）は月額80万円だったので，標準的な金額より11万円を上乗せしていたことになります。

⑵　清算的財産分与の提示

夫は，離婚の条件として，清算的財産分与として，最終的には，不動産に加えて株式・債券も提供することを承服しました。合計8000万円相当となります。

仮に妻の寄与割合を原則の50％のままとしても，標準的な計算を行うと，夫婦共有財産全体（9000万円）の半分である4500万円相当となるはずです。つまり，標準的な状態よりも，少なくとも3500万円を上乗せしたことになります。

⑶　扶養的財産分与の提示

また，夫は，扶養的財産分与を離婚後の10年間は支払うことを提案しました。提案としては，標準的算定方式によって婚姻費用の金額を決めるというものでした。婚姻費用の算定においては，当時誕生した子の扶養義務も反映させるという内容でした。次のような計算により，月額54万円となります。

【婚外子を反映させた婚姻費用の計算】
夫の基礎収入1650万円×生活費指数の比率100／（100＋100＋55）
≒647万円
婚姻費用年額647万円／12≒54万円

本来は，離婚後には（元）夫婦間の扶養義務はないので，生活費の負担義務（扶養的財産分与）はないのが原則です。つまり，月額54万円を10年間負担することは，標準的な状態よりも上乗せした経済的負担であるといえます。

3　経済面と精神面からの合意成立

以上のような事情により，裁判所は，判決となった場合には離婚を認容するという心証を開示しました。最終的には，夫・妻側が相互に細かい条件の譲歩をして，合意に至りました。

実際には，純粋に夫が妻に感謝の気持ちを強くもっていたことに加え，仮に婚姻関係が維持された場合，将来，夫の特有財産も含めて妻が相続により半分を取得するということも想定できたことが，夫側の積極的な経済的支援の提案につながっていると思われます。

17 婚姻費用・養育費の変更

婚姻費用・養育費は一時払いではなく，毎月支払うものです。いったん定めた金額（月額）が，後になって不合理となることもあります。そこで，事情によっては婚姻費用・養育費の金額を変更することが認められています。

変更が認められるためには，過去に婚姻費用・養育費を定めた時点を基準として，その後，①前提となっていた客観的事情が変更したこと，②事情の変更が当事者の予見した，または予見し得るものではないこと，③事情変更が当事者の責めに帰することのできない事情により生じたこと，④定めた内容どおりの履行を強制することが著しく公平に反する場合であること，を要することが必要であるという考えが一般的です（松田享「婚姻関係事件における財産的給付と事情変更の原則」家月43巻12号1頁，中山直子『判例先例親族法―扶養―』（日本加除出版，2012年）295頁，実証的研究63頁，東京高決昭和50年3月19日，南方暁「転職による減収を理由とする婚姻費用分担額変更の可否」民商法雑誌144巻2号327頁，冨永忠祐編『改訂版子の監護をめぐる法律実務』（新日本法規出版，2014年）173頁）。

この点，経済的な状況が変化する予定があるという場合に，あらかじめ婚姻費用・養育費の金額を変更しておくという発想もあります。しかし，実際に変化が生じていない場合には婚姻費用・養育費の変更は認められない傾向が強いです（東京高決昭和51年3月23日，東京高決昭和63年9月14日（扶養料請求））。

婚姻費用・養育費の変更を認める場合には，新たな（現時点の）状況を基にして妥当な金額を計算します。もちろん，高額所得者については特有の計算手法があることは通常（初回の金額設定）と変わりません。

◎関連するケース

▶ケース54　元夫の収入が大きく上がったため養育費を標準算定表を超える金額に増額した

元夫の収入が大きく上がったため養育費を標準算定表を超える金額に増額した

事案の概要

男性（夫）と女性（妻）は婚姻し，2人の子をもうけました。

夫は会社Aの共同経営者の1人であり，役員報酬として1200万円を得ていました。

妻は婚姻時には会社員でしたが，出産を機に退職し，専業主婦となりました。

やがて夫婦の仲が悪くなり，妻が子（10歳と12歳）を引き取り，協議離婚が成立しました。この時，養育費については，標準算定表どおりに15万円（14～16万円）と定めました。

離婚から5年経過したときに，Aが販売するオンラインサービスが急激に普及し，業績が大きく上がり，夫の役員報酬が2300万円に上がりました。

そこで，妻は養育費の増額を請求しました。しかし，養育費の増額について，夫と妻の意見が対立しました。

≪争点（見解の違い）≫

夫：養育費を増額する必要はない。
（現状の月額15万円を維持する）

妻：養育費を増額する。
養育費は月額38万円となる（計算は後記）。

結論 **裁判外の和解成立**

和解成立以降の養育費は月額37万円とする。

合意成立のポイント

1　養育費変更の要件該当性

本ケースにおいては，養育費を変更すべきかどうかが問題となりました。

まず，本ケースで養育費の変更が認められるための理論的な要件は，元夫の収入が大きく増えることが想定できなかったということです。

夫側は，離婚の時点において，会社Aが提供するサービスがその後普及することが予想された（だからこそリソースを費やして開発した），という主張をしました。確かに，事業者の立場としては商品・サービスが普及することを予想して開発や販売に取り組んでいます。しかしこれは一般論であり，本ケースでのA社の販売するサービスが急激に大きく売上が上がることが当然に予想されたとはいえません。そこで，夫の収入の大幅な増額は想定できなかった，つまり，養育費の増額を認める方向性になりました。

2 変更後の金額

次に，新たに定める養育費の金額の協議に移りました。

(1) 基礎収入割合修正方式（妻主張）

妻側は，基礎収入割合修正方式を用いた標準算定方式を主張しました。夫の年収は標準算定表の上限の年収（2000万円）よりも300万円超過していたので，上限年収における基礎収入割合34%から0.5%を下げて33.5%としました（平成14年までの統計データを用いた（以下同様））。

夫の総収入2300万円×33.5%≒771万円
妻の総収入200万円×基礎収入割合39%＝78万円
夫の基礎収入771万円×生活費指数の比率（90＋90）／（90＋90＋100）≒496万円
子の生活費496万円×基礎収入の比率771万円／（771万円＋78万円）≒450万円
養育費年額450万円／12≒38万円

(2) 算定表上限適用（夫主張）

夫側は，標準算定表の上限（32～34万円）を用いるべきであると主張しました。

3 変更する時点

月額とは別に，養育費の金額を変更する時点についても夫と妻の意見が対立していました。夫側は合意成立時と主張し，妻側は収入が上がった時点と主張していました。

4　中間的な内容での合意成立

最終的には，金額については妻側の主張する金額に近い（1万円だけを下げた）37万円として，変更する時点は，夫側が主張する合意成立時とすることで合意に至りました。

一般的な解釈としては，養育費の金額は標準算定表の上限を用いて，変更する時点は変更を請求した時点や変更する事情が生じた時点とする傾向があります。これと本ケースとを比較すると，妻側は過去の半年程度の差額を放棄し，夫側は高めの月額を承服した，つまり相互に譲歩したことになっています。

資　料

高額算定表

1 高額算定表について

(1) 高額算定表の使い方

ア 算定表の種類

子の有無・人数（1〜3人）と年齢（0〜14歳と15歳〜の2区分）に応じて表が分かれています。

イ 軸

縦軸は養育費・婚姻費用を支払う側（義務者）の年収（単位：万円），横軸は支払を受ける側（権利者）の年収（単位：万円）を示しています。年収は給与所得者と事業所得者を分けて示しています。

ウ 年収の認定

給与所得者の場合，源泉徴収票の「支払金額」（各種経費を控除する前のいわゆる「額面」）を用います。

自営業者の場合，確定申告書の「課税される所得金額」（各種経費を控除した後のいわゆる「利益」）を基にします。これに，基礎控除，青色申告控除，（支払がされていない場合の）専従者給与を加算した後の金額を加算した金額を用います。

エ 具体的な使い方

子の人数と年齢に従って使用する表を選択し，その表の権利者と義務者の収入欄から該当する（最も近い）年収額を探し，そこから右・上方向に線をのばし，2つの線が交差する欄の金額が，婚姻費用・養育費の金額（単位：万円）の目安を示しています。改定算定表とは異なり，幅（「28〜30万円」など）は設定していません。当然ですが，婚姻費用・養育費として示された金額は，唯一妥当な金額というわけではありません。現実には個別的事情を反映させる必要があり，結果的に算定表の示す金額と大きく異なることも実際にあります。

⑵　高額算定表作成の経緯

ア　従来の標準算定表の限界（上限年収）

実務において，養育費・婚姻費用を計算する時に，標準算定表を用いることが普及し，定着しています。標準算定表とは，複数の裁判官によって構成された東京・大阪養育費等研究会が公開し，提唱しているものです（判タ1111号285頁）。標準算定表では，簡易・迅速な算定をするために，簡略化した計算方法（標準算定方式といいます）が用いられています。

この点，標準算定表に掲載されている（義務者の）総収入の上限は，給与所得だと2000万円，事業所得だと1409万円となっています。東京・大阪養育費等研究会の提唱の中には，上限年収を超えるケースについての計算方法は示されていません。

イ　改定標準算定表における上限年収

令和元年12月23日に，司法研修所が委嘱した裁判官が作成した改定標準算定表（改定標準算定方式）が公表されました（司法研修所編『養育費，婚姻費用の算定に関する実証的研究』（法曹会，2019年））。この「改定」に関する（高額所得者とは関係ない）一般的な内容については別の項目で説明しています（→「第3　標準算定方式・算定表の「改定」について」57頁参照）。

上限年収については，改定標準算定表も，従来の標準算定表と同じとなっています。正確には，給与所得者の総収入の上限が2000万円であることが維持されています。そして，事業所得者の総収入の上限は，換算の計算内容に変更があったため，従来の1409万円から1567万円に変わっています。

なお，改定標準算定方式・算定表の解説の中では，上限年収を超えるケースについての言及はありません。つまり，現時点においても，上限年収を超えるケースについての扱い（婚姻費用・養育費の計算）については解釈に委ねられているという状況は変わっていないということになるでしょう。

ウ　実務における高額算定表のニーズ

実務において，紛争の初期段階（初回の法律相談を受けた弁護士の立場）において，即座に婚姻費用・養育費の金額のおおよその目安を知りたいという状況はよくあります。つまり，標準算定表の上限を超えた部分（上に続く部分）が欲しいというニーズがありました。この点，前述のように，直近の改定標準算定方式・算定表（の解説）でも特に解釈や考え方は示されないままとなっています。

そこで本書では，可能な限り標準的な状況を想定しつつ，一般的な見解（解釈）を基にして算定表（以下「高額算定表」といいます）としてまとめることを試みました。

エ　用いる際の注意・目安としての用途

このたび作成した高額算定表は，（改定）標準算定表と同様に，二次元の表という形式をとる以上，反映できる事情は非常に限定されています。具体的には義務者・権利者の総収入と子の人数・年齢という要素のみとなります。それ以外の個別的な事情を反映させることはできません。そこで，算定表としては，あくまでも目安として用いるものであり，機械的に算定表から読み取った金額が婚姻費用の金額として妥当であるというわけではありません。また，養育費については，算定表の上限の金額にとどめる見解が一般的です。その意味で，養育費の高額算定表を用いるのは，例外的な事情がある場合ということになります（後述）。この点も留意されますようお願いします。

2　婚姻費用の高額算定表

⑴　権利者（上限以内）の基礎収入

高額算定表で想定している権利者の収入は，標準算定表の範囲内です。権利者の基礎収入は，（給与所得者の）総収入に基礎収入割合を乗ずることで計算しました。基礎収入割合としては，改定標準算定方式・算定表の解説に示されている割合を用いました（実証的研究35頁）。

⑵　義務者（上限超過）の基礎収入

高額所得者の婚姻費用の計算方法についてはいくつかの考え方がありますが，年収（給与所得）1億円程度までは基礎収入割合修正方式または貯蓄率控除方式を用いる傾向があります。いずれも標準算定方式を用いることを維持しつつ，計算プロセスで修正を加えるというものです。基礎収入割合修正方式は，計算の途中で用いる基礎収入割合という1つのパラメータを修正するのみであるため，最も理解・把握しやすいと考えました。そこで，高額算定表の計算においては，基礎収入割合修正方式を用いています。

基礎収入割合修正方式を用いた実例（裁判例など）は公表されているものだけでも多くあります。その中の1つに，義務者の総収入が（給与所得）6172万円であったケースで，基礎収入割合を27％としたものがあります（福岡高決平成26年6月30日（養育費変更）判タ1410号100頁・判時2250号25頁・家判1号88頁）。標準算定表の上限の総収入を約4200万円（4172万円）超過したのに対して，基礎収入割合が（(旧）標準算定方式による上限年収における）34％から7％下げたという扱いになっています。そこで，総収入が4200万円上がると基礎収入割合が7％下がるという仮定を置いて試したところ（直線回帰），他の実例でも概ね外れていませんでした。

ただし，総収入が1億円を超えると基礎収入割合が下がりすぎる現象が生じます。具体的には，総収入が上がると基礎収入（金額）が下がるという明らかに不合理な状況です。

もともと，総収入が上がると基礎収入割合が下がる要因の中で大きなものは所得税・住民税の税率が上がることです。所得税・住民税の税率は，給与所得が4000万円のところで上限である（合計）55％に達します（令和2年3月時点）。だからといって，総収入が4000万円を超過したところで基礎収入割合が下げ止まるということにはなりません。基礎収入割合が変動する要因には，税率以外にも貯蓄率の変動などもあります。実務においても，総収入が4000万円を超過したところでも基礎収入割合は下がり続ける扱いがあります。結局，基礎収入割合の限界（下限）を設定するのは難しいところですが，実例（公表されたものや非公表のもの）を基にして，

0.2と設定しました。

なお，直線回帰を用いず，対数を用いることも考えました。この方法をとると「下限」（自体）を設定しなくても済みます。しかし，自然科学ではなく，税率などの人為的な数値の設定を式にするという状況なので，直線回帰を用いつつ，下限を設定する手法の方が整合的だと思い，本書では前述のような計算手法を用いました。

(3)　事業所得から給与所得への変換

算定表の軸（タテ軸とヨコ軸）には総収入を記載しますが，給与所得と事業所得の2種類が必要です。給与所得と事業所得の対応を特定する，つまり，2種類の所得を変換するということです。これについて説明します。

ア　総収入の対応の意味

標準算定方式の基本的構造として，給与所得者でも事業所得者でも，基礎収入が同じであれば同じ経済水準であることが前提となっています。そこで，総収入がAである給与所得者の基礎収入と総収入がaである事業所得者の基礎収入が同じである場合に，給与所得者の総収入Aと事業所得者の総収入aが対応するということになります。

イ　給与所得者と事業所得者の総収入の違い

基礎収入の計算方法は，給与所得者と事業所得者で異なります。

給与所得者について用いる総収入は確定申告書の「支払金額」であり，税金や社会保険料を控除する前の金額です（いわゆる「額面」）。そこで，実際に支払っている社会保険料の金額も含んでいます。そこで，可処分の金額（基礎収入）を計算する際に社会保険料を控除します。この点，事業所得者の総収入としては，確定申告書の「課税される所得金額」を用います。これは，「売上」から，各種経費を控除した後の金額です。社会保険料も含めて控除された後の金額となっています。そこで，基礎収入を計算する時に，「さらに社会保険料を控除する」ことは不要です。

給与所得者は，就業のために一定の出費（職業費）が必要となりますが，総収入の金額（額面）では経費の控除はなされていません。そこで，可処分の金額（基礎収入）を計算する際に，職業費を控除する必要があります。この点，事業所得者の総収入（課税される所得金額）は，事業を行う上で必要な経費が計上され控除された後の金額となっています。そこで，（給与所得者でいうところの）職業費を控除することは不要です。

ウ　変換の考え方

以上を単純にまとめると，給与所得者の総収入から，社会保険料と職業費を控除した後の金額が，対応する事業所得者の総収入ということになります（松本・家月62巻11号60頁参照）。

具体的に計算するには，それぞれの給与所得者の総収入と事業所得者の総収入の金額に対応する社会保険料や職業費（に相当する金額）を計算する必要があります（実証的研究33頁）。

エ　高額算定表における扱い

・標準算定表の範囲内（権利者）

標準算定表の範囲内では，算定表の軸に，前記の計算による結果（給与所得者の総収入に対応する事業所得者の総収入）が記載されています。そこで，高額算定表では，改定標準算定表の軸の金額をそのまま使うことにしました。

・標準算定表の範囲外（義務者）

標準算定表の範囲（給与所得者は2000万円，事業所得者は1567万円の総収入）を超える収入について検討します。前記のような「給与所得者の総収入から社会保険料と職業費を控除して対応する事業所得者の総収入を求める」考え方に変わりはありません。そこで，社会保険料と職業費の金額を計算することになるのですが，標準算定表の上限年収を超えるところでは，社会保険料は上限に達しているため，年収がさらに上がっても変動しません。職業費ですが，その内容は被服費，交通費，交際費などです。年収が上限年収よりもさらに上がるに従って比例的に職業費も上がるという性質のものではありません。これは税務上の必要経費の扱いとも整合します。

結論として，算定表の上限年収を超える範囲では，給与所得者の総収入と事業所得者の総収入の差はほとんど変わらないと考えました。具体的には，給与所得者の総収入2000万円と事業所得者の総収入1567万円の対応，つまり，差額433万円が固定されるという設定です。少なくとも簡易迅速に目安の金額を求めるという趣旨からは適していると考えます。

高額算定表の義務者の総収入の軸では，単に給与所得者の総収入から433万円を控除した金額を事業所得者の総収入として設定（記載）してあります。

3 養育費の高額算定表

(1) 既存の議論のまとめ

以上は，高額所得者の婚姻費用の計算（算定表）についての説明でした。この点，高額所得者の養育費についても，婚姻費用と同様に，標準算定表の上に続く部分が問題となるケースがよくあります。

標準算定表の提言の中では，「養育費の上限設定については，今後の議論に委ねることとした。」と言及するにとどめるとともに審判例としては，子1人あたり月額20万円以内に収まっていることが指摘されています（判タ1111号292，296頁「資料5」）。

また，標準算定表の上限を用いる方法も主張されています（松本146頁，岡・判タ1209号8頁）。一方，このように上限を設定することに反対する見解もあります（日弁連・新算定表マニュアル56頁）。

改定標準算定方式・算定表の解説の中ではこのテーマについての言及はみあたりません。

(2) 高額所得者の養育費算定のニーズ

実務では，標準算定表の上限を用いる傾向はありますが，これを超える養育費の金額を定めるケースもあります。典型例は，離婚を成立させる（任意に受け入れる）場合の条件として交渉の中で提示され，合意（和解成立）となるような状況です。

➡ケース19，32，47，54

また，裁判所の判断としても，有責配偶者からの離婚請求のケースでは経済的な負担の内容として標準的な養育費の金額を超える継続的給付を定めることがあります。

ところで，「家族」というものの考え方，価値観も時代とともに大きく変わってきています。それに伴い，法律婚以外のパートナーシップや親子に関する法的整備や同性のパートナーに関する法的整備（立法・行政の運用や解釈）が進展しています。

そこで「最初から婚姻せずに子をもうける」（いわゆる婚外子をもつ）パートナーも増えつつあります。特に高額所得者では実際に多くみられます。このような，婚姻をしていない（かつ，内縁・事実婚に至っていない）パートナー間で，養育費の請求をするケースもあります。

いずれにしても，状況によっては高額所得者の養育費を定める必要が出てくるケースもあるのです。

ただし，前述のように，標準算定表の上限を超える養育費を認める見解は一般的とまではいえず，また，この見解をとったとしても上限を超える金額を制限する傾向があります。そこで本書では，上限を（給与所得）3000万円にとどめた範囲内で養育費の高額算定表の作成をしました。

算定表 1：婚姻費用（1）夫婦のみ

義務者の年収

20000	19567	167	166	166	165	165	164	164	163	163	163	162	162	161	161	161	160	160	159	159	158
19000	18567	158	158	157	157	156	156	156	155	155	154	154	153	153	153	152	152	151	151	150	150
18000	17567	150	149	149	148	148	148	147	147	146	146	146	145	145	144	144	143	143	143	142	142
17000	16567	142	141	141	140	140	139	139	138	138	138	137	137	136	136	136	135	135	134	134	133
16000	15567	133	133	132	132	131	131	131	130	130	129	129	128	128	128	127	127	126	126	125	125
15000	14567	125	124	124	123	123	123	122	122	121	121	121	120	120	119	119	118	118	118	117	117
14000	13567	117	116	116	115	115	114	114	113	113	113	112	112	111	111	111	110	110	109	109	108
13000	12567	108	108	107	107	106	106	106	105	105	104	104	103	103	103	102	102	101	101	100	100
12000	11567	107	106	106	105	105	104	104	103	103	103	102	102	101	101	101	100	100	99	99	98
11000	10567	105	105	104	104	103	103	103	102	102	101	101	100	100	100	99	99	98	98	98	97
10000	9567	103	102	102	101	101	100	100	100	99	99	98	98	98	97	97	96	96	95	95	94
9800	9367	102	102	101	100	100	100	99	99	99	98	98	97	97	96	96	96	95	95	94	94
9600	9167	101	101	100	100	99	99	99	98	98	97	97	96	96	96	95	95	94	94	93	93
9400	8967	101	100	99	99	98	98	98	97	97	96	96	96	95	95	94	94	94	93	93	92
9200	8767	100	99	99	98	98	97	97	96	96	96	95	95	94	94	94	93	93	92	92	91
9000	8567	99	98	98	97	97	96	96	96	95	95	94	94	94	93	93	92	92	91	91	90
8800	8367	98	97	97	96	96	95	95	95	94	94	93	93	93	92	92	91	91	90	90	89
8600	8167	97	96	96	95	95	94	94	94	93	93	92	92	92	91	91	90	90	89	89	88
8400	7967	96	95	95	94	94	93	93	92	92	92	91	91	90	90	90	89	89	88	88	87
8200	7767	95	94	93	93	92	92	92	91	91	90	90	90	89	89	88	88	88	87	87	86
8000	7567	93	93	92	92	91	91	91	90	90	89	89	88	88	88	87	87	86	86	85	85
7800	7367	92	92	91	90	90	90	89	89	89	88	88	87	87	86	86	86	85	85	84	84
7600	7167	91	90	90	89	89	88	88	88	87	87	86	86	86	85	85	84	84	83	83	82
7400	6967	89	89	88	88	87	87	87	86	86	85	85	84	84	84	83	83	82	82	82	81
7200	6767	88	87	87	86	86	86	85	85	84	84	84	83	83	82	82	81	81	81	80	80
7000	6567	87	86	85	85	84	84	84	83	83	82	82	82	81	81	80	80	80	79	79	78
6800	6367	85	84	84	83	83	83	82	82	81	81	81	80	80	79	79	78	78	78	77	77
6600	6167	83	83	82	82	81	81	81	80	80	79	79	78	78	78	77	77	76	76	76	75
6400	5967	82	81	81	80	80	79	79	79	78	78	77	77	77	76	76	75	75	74	74	73
6200	5767	80	80	79	78	78	78	77	77	77	76	76	75	75	74	74	74	73	73	72	72
6000	5567	78	78	77	77	76	76	76	75	75	74	74	73	73	73	72	72	71	71	70	70
5800	5367	77	76	75	75	74	74	74	73	73	72	72	72	71	71	70	70	70	69	69	68
5600	5167	75	74	74	73	73	72	72	71	71	71	70	70	69	69	69	68	68	67	67	66
5400	4967	73	72	72	71	71	70	70	70	69	69	68	68	68	67	67	66	66	65	65	64
5200	4767	71	70	70	69	69	68	68	68	67	67	66	66	66	65	65	64	64	63	63	62
5000	4567	69	68	68	67	67	66	66	66	65	65	64	64	64	63	63	62	62	61	61	60
4900	4467	68	67	67	66	66	65	65	65	64	64	63	63	62	62	62	61	61	60	60	59
4800	4367	67	66	66	65	65	64	64	63	63	63	62	62	61	61	61	60	60	59	59	58
4700	4267	66	65	64	64	64	63	63	62	62	62	61	61	60	60	59	59	59	58	58	57
4600	4167	65	64	63	63	62	62	62	61	61	60	60	60	59	59	58	58	58	57	57	56
4500	4067	63	63	62	62	61	61	61	60	60	59	59	59	58	58	57	57	56	56	56	55
4400	3967	62	62	61	61	60	60	60	59	59	58	58	57	57	57	56	56	55	55	54	54
4300	3867	61	61	60	60	59	59	58	58	58	57	57	56	56	56	55	55	54	54	53	53
4200	3767	60	60	59	58	58	58	57	57	57	56	56	55	55	54	54	54	53	53	52	52
4100	3667	59	58	58	57	57	57	56	56	55	55	54	54	54	53	53	52	52	52	51	51
4000	3567	58	57	57	56	56	55	55	55	54	54	53	53	53	52	52	51	51	50	50	49
3900	3467	57	56	55	55	55	54	54	53	53	53	52	52	51	51	50	50	50	49	49	48
3800	3367	55	55	54	54	53	53	53	52	52	51	51	50	50	50	49	49	48	48	48	47
3700	3267	54	54	53	53	52	52	51	51	51	50	50	49	49	49	48	48	47	47	46	46
3600	3167	53	52	52	51	51	51	50	50	49	49	49	48	48	47	47	46	46	46	45	45
3500	3067	52	51	51	50	50	49	49	49	48	48	47	47	47	46	46	45	45	44	44	43
3400	2967	51	50	49	49	48	48	48	47	47	46	46	46	45	45	44	44	44	43	43	42
3300	2867	49	49	48	48	47	47	47	46	46	45	45	44	44	44	43	43	42	42	41	41
3200	2767	48	47	47	46	46	46	45	45	44	44	44	43	43	42	42	41	41	41	40	40
3100	2667	47	46	46	45	45	44	44	44	43	43	42	42	41	41	41	40	40	39	39	38
3000	2567	45	45	44	44	43	43	43	42	42	41	41	40	40	40	39	39	38	38	38	37
2900	2467	44	44	43	42	42	42	41	41	41	40	40	39	39	38	38	38	37	37	36	36
2800	2367	43	42	42	41	41	40	40	40	39	39	38	38	38	37	37	36	36	35	35	34
2700	2267	41	41	40	40	39	39	39	38	38	37	37	37	36	36	35	35	34	34	34	33
2600	2167	40	40	39	38	38	38	37	37	37	36	36	35	35	34	34	34	33	33	32	32
2500	2067	39	38	38	37	37	36	36	36	35	35	34	34	33	33	33	32	32	31	31	30
2400	1967	37	37	36	36	35	35	35	34	34	33	33	32	32	32	31	31	30	30	29	29
2300	1867	36	35	35	34	34	34	33	33	32	32	31	31	31	30	30	29	29	29	28	28
2200	1767	35	34	33	33	32	32	32	31	31	30	30	30	29	29	28	28	28	27	27	26
2100	1667	33	33	32	31	31	31	30	30	30	29	29	28	28	27	27	27	26	26	25	25
2000	1567	32	31	31	30	30	29	29	28	28	28	27	27	26	26	26	25	25	24	24	23
	事業	0	22	44	66	82	98	113	131	148	165	185	203	218	237	256	275	294	312	331	349
給与		0	25	50	75	100	125	150	175	200	225	250	275	300	325	350	375	400	425	450	475

158	157	157	157	156	156	156	155	155	154	154	154	153	153	153	152	152	151	151	150	150	143以上
150	149	149	149	148	148	147	147	146	146	146	145	145	145	144	144	143	143	143	142	142	~142
141	141	141	140	140	139	139	138	138	138	138	137	137	136	136	135	135	135	134	134	133	
133	132	132	132	131	131	131	130	130	129	129	129	128	128	128	127	127	126	126	125	125	~126
125	124	124	124	123	123	122	122	121	121	121	120	120	120	119	119	118	118	118	117	117	
116	116	116	115	115	114	114	113	113	113	113	112	112	111	111	110	110	110	109	109	108	~110
108	107	107	107	106	106	106	105	105	104	104	104	103	103	103	102	102	101	101	100	100	
100	99	99	99	98	98	97	97	96	96	96	95	95	95	94	94	93	93	93	92	92	~94
98	97	97	97	96	96	96	95	95	94	94	94	93	93	93	92	92	91	91	90	90	
97	96	96	96	95	95	94	94	93	93	93	93	92	92	91	91	90	90	90	89	89	
94	94	93	93	93	92	92	91	91	90	90	90	89	89	89	88	88	87	87	87	86	~86
93	93	93	92	92	91	91	91	90	90	90	89	89	88	88	88	87	87	86	86	85	
93	92	92	92	91	91	90	90	89	89	89	88	88	88	87	87	86	86	86	85	85	
92	91	91	91	90	90	89	89	89	88	88	88	87	87	86	86	86	85	85	84	84	
91	90	90	90	89	89	89	88	88	87	87	87	86	86	86	85	85	84	84	83	83	
90	90	89	89	89	88	88	87	87	86	86	86	85	85	85	84	84	83	83	83	82	
89	89	88	88	88	87	87	86	86	85	85	85	84	84	84	83	83	82	82	82	81	
88	88	87	87	87	86	86	85	85	84	84	84	83	83	83	82	82	81	81	81	80	
87	86	86	86	85	85	85	84	84	83	83	83	82	82	82	81	81	80	80	79	79	
86	85	85	85	84	84	83	83	83	82	82	82	81	81	80	80	80	79	79	78	78	~78
85	84	84	84	83	83	82	82	81	81	81	80	80	80	79	79	78	78	78	77	77	
83	83	83	82	82	81	81	81	80	80	80	79	79	78	78	78	77	77	76	76	75	
82	82	81	81	81	80	80	79	79	78	78	78	77	77	77	76	76	75	75	75	74	
81	80	80	80	79	79	78	78	77	77	77	77	76	76	75	75	74	74	74	73	73	
79	79	79	78	78	77	77	76	76	76	76	75	75	74	74	73	73	73	72	72	71	
78	77	77	77	76	76	75	75	75	74	74	74	73	73	72	72	72	71	71	70	70	~70
76	76	76	75	75	74	74	73	73	73	73	72	72	71	71	70	70	70	69	69	68	
75	74	74	74	73	73	72	72	71	71	71	71	70	70	69	69	68	68	68	67	67	
73	73	72	72	72	71	71	70	70	69	69	69	68	68	68	67	67	66	66	66	65	
71	71	71	70	70	69	69	69	68	68	68	67	67	66	66	66	65	65	64	64	63	
70	69	69	69	68	68	67	67	66	66	66	65	65	65	64	64	63	63	63	62	62	~62
68	67	67	67	66	66	65	65	65	64	64	64	63	63	62	62	62	61	61	60	60	
66	65	65	65	64	64	64	63	63	62	62	62	61	61	61	60	60	59	59	58	58	
64	64	63	63	63	62	62	61	61	60	60	60	59	59	59	58	58	57	57	57	56	
62	62	61	61	61	60	60	59	59	58	58	58	57	57	57	56	56	55	55	55	54	~54
60	60	59	59	59	58	58	57	57	56	56	56	55	55	55	54	54	53	53	53	52	
59	59	58	58	57	57	57	56	56	55	55	55	54	54	54	53	53	52	52	51	51	
58	57	57	57	56	56	56	55	55	54	54	54	53	53	53	52	52	51	51	50	50	
57	56	56	56	55	55	55	54	54	53	53	53	52	52	51	51	51	50	50	49	49	
56	55	55	55	54	54	53	53	53	52	52	52	51	51	50	50	50	49	49	48	48	
55	54	54	54	53	53	52	52	51	51	51	51	50	50	49	49	48	48	48	47	47	
54	53	53	53	52	52	51	51	50	50	50	49	49	49	48	48	47	47	47	46	46	~46
52	52	52	51	51	51	50	50	49	49	49	48	48	47	47	47	46	46	45	45	45	
51	51	51	50	50	49	49	49	48	48	48	47	47	46	46	46	45	45	44	44	43	
50	50	50	49	49	48	48	47	47	47	46	46	46	45	45	44	44	44	43	43	42	
49	49	48	48	48	47	47	46	46	45	45	45	44	44	44	43	43	42	42	42	41	
48	47	47	47	46	46	46	45	45	44	44	44	43	43	42	42	42	41	41	40	40	
47	46	46	46	45	45	44	44	43	43	43	43	42	42	41	41	40	40	40	39	39	
45	45	45	44	44	44	43	43	42	42	42	41	41	40	40	40	39	39	38	38	38	~38
44	44	44	43	43	42	42	41	41	41	41	40	40	39	39	38	38	38	37	37	36	
43	43	42	42	42	41	41	40	40	39	39	39	38	38	38	37	37	36	36	36	35	
42	41	41	41	40	40	39	39	39	38	38	38	37	37	36	36	36	35	35	34	34	
41	40	40	39	39	39	38	38	37	37	37	36	36	36	35	35	34	34	33	33	33	
39	39	39	38	38	37	37	36	36	36	36	35	35	34	34	33	33	33	32	32	31	
38	38	37	37	36	36	36	35	35	34	34	34	33	33	33	32	32	31	31	30	30	~30
37	36	36	36	35	35	34	34	33	33	33	33	32	32	31	31	30	30	30	29	29	
35	35	35	34	34	33	33	33	32	32	32	31	31	30	30	30	29	29	28	28	27	
34	34	33	33	33	32	32	31	31	30	30	30	29	29	29	28	28	27	27	27	26	
33	32	32	32	31	31	30	30	29	29	29	29	28	28	27	27	26	26	26	25	25	
31	31	31	30	30	29	29	29	28	28	28	27	27	26	26	26	25	25	24	24	23	
30	30	29	29	28	28	28	27	27	26	26	26	25	25	25	24	24	23	23	22	22	~22
29	28	28	28	27	27	26	26	25	25	25	24	24	24	23	23	22	22	22	21	21	
27	27	27	26	26	25	25	24	24	24	23	23	23	22	22	21	21	21	20	20	19	
26	25	25	25	24	24	23	23	23	22	22	22	21	21	20	20	20	19	19	18	18	
24	24	24	23	23	22	22	22	21	21	21	20	20	19	19	19	18	18	17	17	16	
23	22	22	22	21	21	21	20	20	19	19	19	18	18	18	17	17	16	16	15	15	
373	392	410	435	453	471	496	512	527	548	563	582	601	622	641	662	681	699	721	741	763	
500	525	550	575	600	625	650	675	700	725	750	775	800	825	850	875	900	925	950	975	1000	

権利者の年収

算定表２：婚姻費用（2）子１人（14歳以下）

義務者の年収（給与）	義務者の年収（事業）																				
20000	19567	206	206	205	205	205	204	204	204	203	203	203	202	202	202	201	201	201	200	200	200
19000	18567	196	195	195	195	194	194	194	193	193	193	192	192	192	191	191	191	190	190	190	189
18000	17567	185	185	185	184	184	184	183	183	183	182	182	182	181	181	181	180	180	180	179	179
17000	16567	175	175	174	174	174	173	173	173	172	172	172	171	171	171	171	170	170	170	169	169
16000	15567	165	164	164	164	163	163	163	162	162	162	161	161	161	161	160	160	160	159	159	159
15000	14567	155	154	154	153	153	153	152	152	152	152	151	151	151	150	150	150	149	149	149	148
14000	13567	144	144	143	143	143	142	142	142	142	141	141	141	140	140	140	139	139	139	138	138
13000	12567	134	134	133	133	132	132	132	132	131	131	131	130	130	130	129	129	129	128	128	128
12000	11567	132	131	131	131	130	130	130	129	129	129	128	128	128	128	127	127	127	126	126	126
11000	10567	130	130	130	129	129	129	128	128	128	127	127	127	126	126	126	125	125	125	124	124
10000	9567	127	127	126	126	126	125	125	125	124	124	124	123	123	123	122	122	122	121	121	121
9800	9367	126	126	125	125	125	124	124	124	124	123	123	122	122	122	122	121	121	121	120	120
9600	9167	125	125	124	124	124	123	123	123	123	122	122	122	121	121	121	120	120	120	119	119
9400	8967	124	124	123	123	123	122	122	122	122	121	121	121	120	120	120	119	119	119	118	118
9200	8767	123	123	122	122	122	121	121	121	121	120	120	119	119	119	119	118	118	118	117	117
9000	8567	122	122	121	121	121	120	120	120	119	119	119	118	118	118	117	117	117	116	116	116
8800	8367	121	120	120	120	119	119	119	118	118	118	117	117	117	117	116	116	116	115	115	115
8600	8167	120	119	119	118	118	118	118	117	117	117	116	116	116	115	115	115	114	114	114	113
8400	7967	118	118	117	117	117	116	116	116	116	115	115	115	114	114	114	113	113	113	112	112
8200	7767	117	116	116	116	115	115	115	114	114	114	113	113	113	113	112	112	112	111	111	111
8000	7567	115	115	115	114	114	114	113	113	113	112	112	112	111	111	111	110	110	110	109	109
7800	7367	114	113	113	113	112	112	112	111	111	111	110	110	110	110	109	109	109	108	108	108
7600	7167	112	112	111	111	111	110	110	110	110	109	109	108	108	108	108	107	107	107	106	106
7400	6967	111	110	110	109	109	109	108	108	108	107	107	107	107	106	106	106	105	105	105	104
7200	6767	109	108	108	108	107	107	107	106	106	106	105	105	105	104	104	104	103	103	103	102
7000	6567	107	107	106	106	105	105	105	105	104	104	104	103	103	103	102	102	102	101	101	101
6800	6367	105	105	104	104	104	103	103	103	102	102	102	101	101	101	100	100	100	99	99	99
6600	6167	103	103	102	102	102	101	101	101	100	100	100	99	99	99	98	98	98	97	97	97
6400	5967	101	101	100	100	100	99	99	99	98	98	98	97	97	97	96	96	96	95	95	95
6200	5767	99	99	98	98	97	97	97	97	96	96	96	95	95	95	94	94	94	93	93	93
6000	5567	97	96	96	96	95	95	95	94	94	94	93	93	93	93	92	92	92	91	91	91
5800	5367	95	94	94	93	93	93	93	92	92	92	91	91	91	90	90	90	89	89	89	88
5600	5167	92	92	91	91	91	91	90	90	90	89	89	89	88	88	88	87	87	87	86	86
5400	4967	90	90	89	89	88	88	88	88	87	87	87	86	86	86	85	85	85	84	84	84
5200	4767	88	87	87	86	86	86	85	85	85	84	84	84	84	83	83	83	82	82	82	81
5000	4567	85	85	84	84	83	83	83	83	82	82	82	81	81	81	80	80	80	79	79	79
4900	4467	84	83	83	82	82	82	82	81	81	81	80	80	80	79	79	79	78	78	78	77
4800	4367	82	82	82	81	81	81	80	80	80	79	79	79	78	78	78	77	77	77	76	76
4700	4267	81	81	80	80	80	79	79	79	78	78	78	77	77	77	76	76	76	75	75	75
4600	4167	80	79	79	79	78	78	78	77	77	77	76	76	76	75	75	75	74	74	74	73
4500	4067	78	78	78	77	77	77	76	76	76	75	75	75	74	74	74	73	73	73	72	72
4400	3967	77	77	76	76	75	75	75	75	74	74	74	73	73	73	72	72	72	71	71	71
4300	3867	76	75	75	74	74	74	74	73	73	73	72	72	72	71	71	71	70	70	70	69
4200	3767	74	74	73	73	73	72	72	72	72	71	71	71	70	70	70	69	69	69	68	68
4100	3667	73	72	72	72	71	71	71	70	70	70	69	69	69	69	68	68	68	67	67	67
4000	3567	71	71	71	70	70	70	69	69	69	68	68	68	67	67	67	66	66	66	65	65
3900	3467	70	70	69	69	68	68	68	68	67	67	67	66	66	66	65	65	65	64	64	64
3800	3367	69	68	68	67	67	67	66	66	66	65	65	65	65	64	64	64	63	63	63	62
3700	3267	67	67	66	66	65	65	65	65	64	64	64	63	63	63	62	62	62	61	61	61
3600	3167	66	65	65	64	64	64	63	63	63	62	62	62	62	61	61	61	60	60	60	59
3500	3067	64	64	63	63	62	62	62	62	61	61	61	60	60	60	59	59	59	58	58	58
3400	2967	62	62	62	61	61	61	60	60	60	59	59	59	58	58	58	57	57	57	56	56
3300	2867	61	61	60	60	59	59	59	58	58	58	58	57	57	57	56	56	56	55	55	55
3200	2767	59	59	59	58	58	58	57	57	57	56	56	56	55	55	55	54	54	54	53	53
3100	2667	58	57	57	56	56	56	56	55	55	55	54	54	54	53	53	53	52	52	52	51
3000	2567	56	56	55	55	55	54	54	54	53	53	53	52	52	52	51	51	51	50	50	50
2900	2467	55	54	54	53	53	53	52	52	52	51	51	51	51	50	50	50	49	49	49	48
2800	2367	53	52	52	52	51	51	51	50	50	50	49	49	49	49	48	48	48	47	47	47
2700	2267	51	51	50	50	50	49	49	49	49	48	48	47	47	47	47	46	46	46	45	45
2600	2167	50	49	49	48	48	48	47	47	47	46	46	46	46	45	45	45	44	44	44	43
2500	2067	48	47	47	47	46	46	46	45	45	45	44	44	44	44	43	43	43	42	42	42
2400	1967	46	46	45	45	45	44	44	44	43	43	43	42	42	42	41	41	41	40	40	40
2300	1867	44	44	44	43	43	43	42	42	42	41	41	41	40	40	40	39	39	39	38	38
2200	1767	43	42	42	41	41	41	41	40	40	40	39	39	39	38	38	38	37	37	37	36
2100	1667	41	41	40	40	39	39	39	38	38	38	38	37	37	37	36	36	36	35	35	35
2000	1567	39	39	38	38	38	37	37	37	36	36	36	35	35	35	34	34	34	33	33	33
	事業	0	22	44	66	82	98	113	131	148	165	185	203	218	237	256	275	294	312	331	349
給与		0	25	50	75	100	125	150	175	200	225	250	275	300	325	350	375	400	425	450	475

199	199	199	199	198	198	198	197	197	197	197	196	196	196	195	195	195	194	194	194	193	186以上
189	189	189	188	188	188	187	187	187	186	186	186	186	185	185	185	184	184	184	183	183	~185
179	178	178	178	178	177	177	177	176	176	176	176	175	175	175	174	174	174	173	173	173	
169	168	168	168	167	167	167	166	166	166	166	165	165	165	164	164	164	163	163	163	162	~169
158	158	158	157	157	157	156	156	156	155	155	155	155	154	154	154	153	153	153	152	152	~153
148	148	147	147	147	146	146	146	145	145	145	145	144	144	144	143	143	143	142	142	142	
138	137	137	137	136	136	136	135	135	135	135	134	134	134	133	133	133	133	132	132	132	~137
127	127	127	126	126	126	125	125	125	125	124	124	124	123	123	123	123	122	122	122	121	~121
125	125	125	124	124	124	123	123	123	122	122	122	122	121	121	121	120	120	120	120	119	
124	123	123	123	123	122	122	122	121	121	121	121	120	120	120	119	119	119	118	118	118	
120	120	120	120	119	119	119	118	118	118	118	117	117	117	116	116	116	115	115	115	114	
120	119	119	119	118	118	118	117	117	117	117	116	116	116	115	115	115	114	114	114	114	
119	118	118	118	117	117	117	117	116	116	116	115	115	115	114	114	114	114	113	113	113	~113
118	117	117	117	116	116	116	116	115	115	115	114	114	114	114	113	113	113	112	112	112	
117	116	116	116	115	115	115	114	114	114	114	113	113	113	112	112	112	111	111	111	111	
115	115	115	115	114	114	114	113	113	113	113	112	112	112	111	111	111	110	110	110	109	
114	114	114	113	113	113	112	112	112	111	111	111	111	110	110	110	109	109	109	109	108	
113	113	112	112	112	111	111	111	111	110	110	110	109	109	109	109	108	108	108	107	107	
112	111	111	111	110	110	110	110	109	109	109	108	108	108	107	107	107	107	106	106	106	
110	110	110	109	109	109	108	108	108	107	107	107	107	106	106	106	105	105	105	104	104	~105
109	108	108	108	108	107	107	107	106	106	106	106	105	105	105	104	104	104	103	103	103	
107	107	107	106	106	106	105	105	105	104	104	104	104	103	103	103	102	102	102	101	101	
106	105	105	105	104	104	104	103	103	103	103	102	102	102	101	101	101	100	100	100	100	
104	104	103	103	103	102	102	102	101	101	101	101	100	100	100	99	99	99	98	98	98	
102	102	102	101	101	101	100	100	100	99	99	99	99	98	98	98	97	97	97	96	96	~97
100	100	100	100	99	99	99	98	98	98	97	97	97	97	96	96	96	95	95	95	94	
98	98	98	98	97	97	97	96	96	96	96	95	95	95	94	94	94	93	93	93	92	
96	96	96	96	95	95	95	94	94	94	94	93	93	93	92	92	92	91	91	91	90	
94	94	94	94	93	93	93	92	92	92	92	91	91	91	90	90	90	89	89	89	88	~89
92	92	92	92	91	91	91	90	90	90	89	89	89	89	88	88	88	87	87	87	86	
90	90	90	89	89	89	88	88	88	87	87	87	87	86	86	86	85	85	85	84	84	
88	88	87	87	87	86	86	86	86	85	85	85	84	84	84	84	83	83	83	82	82	
86	85	85	85	85	84	84	84	83	83	83	82	82	82	82	81	81	81	80	80	80	~81
83	83	83	82	82	82	81	81	81	81	80	80	80	79	79	79	79	78	78	78	77	
81	81	80	80	80	79	79	79	78	78	78	78	77	77	77	76	76	76	75	75	75	
78	78	78	78	77	77	77	76	76	76	75	75	75	75	74	74	74	73	73	73	72	~73
77	77	77	76	76	76	75	75	75	74	74	74	74	73	73	73	72	72	72	71	71	
76	75	75	75	75	74	74	74	73	73	73	73	72	72	72	71	71	71	70	70	70	
74	74	74	74	73	73	73	72	72	72	72	71	71	71	70	70	70	69	69	69	68	
73	73	73	72	72	72	71	71	71	70	70	70	70	69	69	69	68	68	68	67	67	
72	71	71	71	71	70	70	70	69	69	69	69	68	68	68	67	67	67	66	66	66	
70	70	70	70	69	69	69	68	68	68	68	67	67	67	66	66	66	65	65	65	64	~65
69	69	69	68	68	68	67	67	67	66	66	66	66	65	65	65	64	64	64	63	63	
68	67	67	67	66	66	66	65	65	65	65	64	64	64	63	63	63	63	62	62	62	
66	66	66	65	65	65	64	64	64	63	63	63	63	62	62	62	61	61	61	60	60	
65	64	64	64	64	63	63	63	62	62	62	62	61	61	61	60	60	60	59	59	59	
63	63	63	63	62	62	62	61	61	61	60	60	60	60	59	59	59	58	58	58	57	~57
62	62	61	61	61	60	60	60	59	59	59	59	58	58	58	57	57	57	56	56	56	
60	60	60	60	59	59	59	58	58	58	58	57	57	57	56	56	56	55	55	55	54	
59	59	58	58	58	57	57	57	56	56	56	56	55	55	55	54	54	54	53	53	53	
57	57	57	57	56	56	56	55	55	55	54	54	54	54	53	53	53	52	52	52	51	
56	55	55	55	55	54	54	54	53	53	53	53	52	52	52	51	51	51	50	50	50	
54	54	54	53	53	53	52	52	52	51	51	51	51	50	50	50	49	49	49	49	48	~49
53	52	52	52	52	51	51	51	50	50	50	49	49	49	49	48	48	48	47	47	47	
51	51	51	50	50	50	49	49	49	48	48	48	48	47	47	47	46	46	46	45	45	
49	49	49	49	48	48	48	47	47	47	47	46	46	46	45	45	45	44	44	44	43	
48	48	47	47	47	46	46	46	45	45	45	45	44	44	44	43	43	43	42	42	42	
46	46	46	45	45	45	44	44	44	43	43	43	43	42	42	42	41	41	41	40	40	~41
45	44	44	44	43	43	43	42	42	42	42	41	41	41	40	40	40	39	39	39	39	
43	43	42	42	42	41	41	41	40	40	40	40	39	39	39	38	38	38	37	37	37	
41	41	41	40	40	40	39	39	39	38	38	38	38	37	37	37	36	36	36	35	35	
39	39	39	39	38	38	38	37	37	37	37	36	36	36	35	35	35	34	34	34	33	~33
38	37	37	37	37	36	36	36	35	35	35	35	34	34	34	33	33	33	32	32	32	
36	36	36	35	35	35	34	34	34	33	33	33	33	32	32	32	31	31	31	30	30	
34	34	34	33	33	33	32	32	32	31	31	31	31	30	30	30	29	29	29	29	28	
32	32	32	32	31	31	31	30	30	30	30	29	29	29	28	28	28	27	27	27	26	
373	392	410	435	453	471	496	512	527	548	563	582	601	622	641	662	681	699	721	741	763	
500	525	550	575	600	625	650	675	700	725	750	775	800	825	850	875	900	925	950	975	1000	

権利者の年収

算定表３：婚姻費用（3）子１人（15歳以上）

義務者の年収

給与	事業																				
20000	19567	216	216	216	215	215	215	214	214	214	214	213	213	213	212	212	212	211	211	211	211
19000	18567	206	205	205	204	204	204	204	203	203	203	202	202	202	202	201	201	201	200	200	200
18000	17567	195	194	194	194	193	193	193	192	192	192	192	191	191	191	190	190	190	190	189	189
17000	16567	184	184	183	183	182	182	182	182	181	181	181	180	180	180	180	179	179	179	178	178
16000	15567	173	173	172	172	172	171	171	171	171	170	170	170	169	169	169	168	168	168	168	167
15000	14567	162	162	161	161	161	161	160	160	160	159	159	159	159	158	158	158	157	157	157	156
14000	13567	151	151	151	150	150	150	150	149	149	149	148	148	148	147	147	147	147	146	146	146
13000	12567	141	140	140	139	139	139	139	138	138	138	138	137	137	137	136	136	136	135	135	135
12000	11567	138	138	138	137	137	137	137	136	136	136	135	135	135	134	134	134	134	133	133	133
11000	10567	137	136	136	136	135	135	135	135	134	134	134	133	133	133	133	132	132	132	131	131
10000	9567	133	133	133	132	132	132	132	131	131	131	130	130	130	129	129	129	129	128	128	128
9800	9367	133	132	132	131	131	131	131	130	130	130	129	129	129	129	128	128	128	127	127	127
9600	9167	132	131	131	130	130	130	130	129	129	129	128	128	128	128	127	127	127	126	126	126
9400	8967	131	130	130	129	129	129	129	128	128	128	127	127	127	127	126	126	126	125	125	125
9200	8767	129	129	129	128	128	128	127	127	127	127	126	126	126	125	125	125	124	124	124	124
9000	8567	128	128	127	127	127	127	126	126	126	125	125	125	125	124	124	124	123	123	123	122
8800	8367	127	127	126	126	125	125	125	125	124	124	124	123	123	123	123	122	122	122	121	121
8600	8167	126	125	125	124	124	124	124	123	123	123	122	122	122	122	121	121	121	120	120	120
8400	7967	124	124	123	123	123	123	122	122	122	121	121	121	121	120	120	120	119	119	119	118
8200	7767	123	122	122	122	121	121	121	120	120	120	120	119	119	119	118	118	118	118	117	117
8000	7567	121	121	120	120	120	119	119	119	119	118	118	118	117	117	117	117	116	116	116	115
7800	7367	120	119	119	118	118	118	118	117	117	117	116	116	116	116	115	115	115	114	114	114
7600	7167	118	117	117	117	116	116	116	116	115	115	115	114	114	114	114	113	113	113	112	112
7400	6967	116	116	115	115	115	114	114	114	114	113	113	113	112	112	112	111	111	111	111	110
7200	6767	114	114	113	113	113	113	112	112	112	111	111	111	111	110	110	110	109	109	109	108
7000	6567	112	112	112	111	111	111	110	110	110	110	109	109	109	108	108	108	107	107	107	107
6800	6367	110	110	110	109	109	109	108	108	108	108	107	107	107	106	106	106	105	105	105	105
6600	6167	108	108	108	107	107	107	106	106	106	105	105	105	105	104	104	104	103	103	103	102
6400	5967	106	106	105	105	105	104	104	104	104	103	103	103	102	102	102	102	101	101	101	100
6200	5767	104	104	103	103	103	102	102	102	101	101	101	101	100	100	100	99	99	99	98	98
6000	5567	102	101	101	101	100	100	100	99	99	99	99	98	98	98	97	97	97	96	96	96
5800	5367	99	99	99	98	98	98	97	97	97	97	96	96	96	95	95	95	94	94	94	94
5600	5167	97	97	96	96	95	95	95	95	94	94	94	93	93	93	93	92	92	92	91	91
5400	4967	94	94	94	93	93	93	93	92	92	92	91	91	91	90	90	90	90	89	89	89
5200	4767	92	91	91	91	90	90	90	90	89	89	89	88	88	88	88	87	87	87	86	86
5000	4567	89	89	88	88	88	88	87	87	87	86	86	86	86	85	85	85	84	84	84	83
4900	4467	88	88	87	87	86	86	86	86	85	85	85	84	84	84	84	83	83	83	82	82
4800	4367	87	86	86	85	85	85	85	84	84	84	83	83	83	83	82	82	82	81	81	81
4700	4267	85	85	84	84	84	83	83	83	83	82	82	82	81	81	81	81	80	80	80	79
4600	4167	84	83	83	83	82	82	82	82	81	81	81	80	80	80	79	79	79	79	78	78
4500	4067	82	82	82	81	81	81	80	80	80	80	79	79	79	78	78	78	77	77	77	77
4400	3967	81	81	80	80	79	79	79	79	78	78	78	77	77	77	77	76	76	76	75	75
4300	3867	79	79	79	78	78	78	78	77	77	77	76	76	76	75	75	75	75	74	74	74
4200	3767	78	78	77	77	77	76	76	76	75	75	75	75	74	74	74	73	73	73	72	72
4100	3667	77	76	76	75	75	75	75	74	74	74	73	73	73	73	72	72	72	71	71	71
4000	3567	75	75	74	74	74	73	73	73	72	72	72	72	71	71	71	70	70	70	69	69
3900	3467	73	73	73	72	72	72	72	71	71	71	70	70	70	69	69	69	69	68	68	68
3800	3367	72	72	71	71	70	70	70	70	69	69	69	68	68	68	68	67	67	67	66	66
3700	3267	70	70	70	69	69	69	68	68	68	68	67	67	67	66	66	66	65	65	65	65
3600	3167	69	68	68	68	67	67	67	67	66	66	66	65	65	65	65	64	64	64	63	63
3500	3067	67	67	66	66	66	66	65	65	65	64	64	64	64	63	63	63	62	62	62	61
3400	2967	66	65	65	64	64	64	64	63	63	63	62	62	62	62	61	61	61	60	60	60
3300	2867	64	64	63	63	63	62	62	62	61	61	61	61	60	60	60	59	59	59	58	58
3200	2767	62	62	62	61	61	61	60	60	60	59	59	59	59	58	58	58	57	57	57	56
3100	2667	61	60	60	59	59	59	59	58	58	58	58	57	57	57	56	56	56	55	55	55
3000	2567	59	59	58	58	58	57	57	57	56	56	56	56	55	55	55	54	54	54	53	53
2900	2467	57	57	56	56	56	56	55	55	55	54	54	54	54	53	53	53	52	52	52	51
2800	2367	56	55	55	54	54	54	54	53	53	53	52	52	52	52	51	51	51	50	50	50
2700	2267	54	53	53	53	52	52	52	52	51	51	51	50	50	50	49	49	49	49	48	48
2600	2167	52	52	51	51	51	50	50	50	50	49	49	49	48	48	48	47	47	47	47	46
2500	2067	50	50	49	49	49	49	48	48	48	47	47	47	47	46	46	46	45	45	45	44
2400	1967	48	48	48	47	47	47	47	46	46	46	45	45	45	44	44	44	44	43	43	43
2300	1867	47	46	46	45	45	45	45	44	44	44	44	43	43	43	42	42	42	41	41	41
2200	1767	45	44	44	44	43	43	43	43	42	42	42	41	41	41	41	40	40	40	39	39
2100	1667	43	43	42	42	42	41	41	41	40	40	40	40	39	39	39	38	38	38	37	37
2000	1567	41	41	40	40	40	39	39	39	39	38	38	38	37	37	37	37	36	36	36	35
	事業	0	22	44	66	82	98	113	131	148	165	185	203	218	237	256	275	294	312	331	349
給与		0	25	50	75	100	125	150	175	200	225	250	275	300	325	350	375	400	425	450	475

210	210	210	209	209	209	209	208	208	208	208	207	207	207	206	206	206	206	205	205	205	205以上
199	199	199	199	198	198	198	197	197	197	197	196	196	196	196	195	195	195	194	194	194	~204
189	188	188	188	188	187	187	187	186	186	186	186	185	185	185	185	184	184	184	183	183	~188
178	177	177	177	177	176	176	176	176	175	175	175	175	174	174	174	173	173	173	173	172	~172
167	167	167	166	166	166	165	165	165	164	164	164	164	163	163	163	163	162	162	162	161	
156	156	156	155	155	155	154	154	154	154	154	153	153	153	152	152	152	151	151	151	151	~156
145	145	145	145	144	144	144	143	143	143	143	142	142	142	142	141	141	141	140	140	140	~140
135	134	134	134	133	133	133	133	132	132	132	132	131	131	131	130	130	130	130	129	129	
132	132	132	132	131	131	131	130	130	130	130	129	129	129	129	128	128	128	127	127	127	
131	130	130	130	130	129	129	129	128	128	128	128	128	127	127	127	126	126	126	125	125	
127	127	127	127	126	126	126	125	125	125	125	124	124	124	123	123	123	123	122	122	122	~124
126	126	126	126	125	125	125	124	124	124	124	123	123	123	123	122	122	122	121	121	121	
125	125	125	125	124	124	124	123	123	123	123	122	122	122	122	121	121	121	120	120	120	
124	124	124	124	123	123	123	122	122	122	122	121	121	121	121	120	120	120	119	119	119	
123	123	123	122	122	122	122	121	121	121	121	120	120	120	119	119	119	119	118	118	118	
122	122	122	121	121	121	120	120	120	120	119	119	119	119	118	118	118	117	117	117	117	
121	120	120	120	120	119	119	119	119	118	118	118	118	117	117	117	116	116	116	116	115	~116
119	119	119	119	118	118	118	118	117	117	117	117	116	116	116	115	115	115	114	114	114	
118	118	118	117	117	117	116	116	116	116	115	115	115	115	114	114	114	113	113	113	113	
117	116	116	116	116	115	115	115	114	114	114	114	113	113	113	112	112	112	112	111	111	
115	115	115	114	114	114	113	113	113	112	112	112	112	112	111	111	111	110	110	110	109	
113	113	113	113	112	112	112	111	111	111	111	110	110	110	110	109	109	109	108	108	108	~108
112	111	111	111	111	110	110	110	109	109	109	109	108	108	108	108	107	107	107	106	106	
110	110	109	109	109	109	108	108	108	107	107	107	107	106	106	106	106	105	105	105	104	
108	108	108	107	107	107	106	106	106	106	105	105	105	105	104	104	104	103	103	103	103	
106	106	106	105	105	105	105	104	104	104	104	103	103	103	102	102	102	102	101	101	101	
104	104	104	103	103	103	103	102	102	102	102	101	101	101	100	100	100	100	99	99	99	~100
102	102	102	101	101	101	101	100	100	100	100	99	99	99	98	98	98	97	97	97	97	
100	100	100	99	99	99	98	98	98	97	97	97	97	97	96	96	96	95	95	95	94	
98	98	97	97	97	96	96	96	96	95	95	95	95	94	94	94	93	93	93	93	92	~92
96	95	95	95	95	94	94	94	93	93	93	93	92	92	92	91	91	91	91	90	90	
93	93	93	92	92	92	92	91	91	91	91	90	90	90	89	89	89	89	88	88	88	
91	90	90	90	90	89	89	89	89	88	88	88	88	87	87	87	86	86	86	86	85	
88	88	88	88	87	87	87	86	86	86	86	85	85	85	85	84	84	84	83	83	83	~84
86	85	85	85	85	84	84	84	83	83	83	83	83	82	82	82	81	81	81	80	80	
83	83	83	82	82	82	81	81	81	81	80	80	80	80	79	79	79	78	78	78	78	
82	81	81	81	81	80	80	80	80	79	79	79	79	78	78	78	77	77	77	77	76	~76
80	80	80	80	79	79	79	78	78	78	78	77	77	77	77	76	76	76	75	75	75	
79	79	79	78	78	78	77	77	77	76	76	76	76	76	75	75	75	74	74	74	73	
78	77	77	77	77	76	76	76	75	75	75	75	74	74	74	74	73	73	73	72	72	
76	76	76	75	75	75	75	74	74	74	74	73	73	73	72	72	72	72	71	71	71	
75	74	74	74	74	73	73	73	73	72	72	72	72	71	71	71	70	70	70	70	69	
73	73	73	73	72	72	72	71	71	71	71	70	70	70	70	69	69	69	68	68	68	~68
72	72	71	71	71	71	70	70	70	69	69	69	69	68	68	68	67	67	67	67	66	
70	70	70	70	69	69	69	68	68	68	68	67	67	67	67	66	66	66	65	65	65	
69	69	68	68	68	68	67	67	67	66	66	66	66	65	65	65	64	64	64	64	63	
67	67	67	67	66	66	66	65	65	65	65	64	64	64	64	63	63	63	62	62	62	
66	65	65	65	65	64	64	64	64	63	63	63	63	62	62	62	61	61	61	61	60	~60
64	64	64	63	63	63	63	62	62	62	62	61	61	61	60	60	60	60	59	59	59	
63	62	62	62	62	61	61	61	60	60	60	60	59	59	59	59	58	58	58	57	57	
61	61	61	60	60	60	59	59	59	59	58	58	58	58	57	57	57	56	56	56	56	
59	59	59	59	58	58	58	58	57	57	57	57	56	56	56	55	55	55	54	54	54	
58	58	57	57	57	56	56	56	56	55	55	55	55	54	54	54	53	53	53	53	52	~52
56	56	56	55	55	55	55	54	54	54	54	53	53	53	52	52	52	51	51	51	51	
55	54	54	54	53	53	53	53	52	52	52	52	51	51	51	50	50	50	50	49	49	
53	53	52	52	52	51	51	51	51	50	50	50	50	49	49	49	48	48	48	48	47	
51	51	51	50	50	50	49	49	49	49	48	48	48	48	47	47	47	46	46	46	46	
49	49	49	49	48	48	48	47	47	47	47	46	46	46	46	45	45	45	44	44	44	~44
48	47	47	47	47	46	46	46	45	45	45	45	44	44	44	44	43	43	43	42	42	
46	46	45	45	45	45	44	44	44	43	43	43	43	42	42	42	42	41	41	41	40	
44	44	44	43	43	43	42	42	42	42	41	41	41	41	40	40	40	39	39	39	39	
42	42	42	42	41	41	41	40	40	40	40	39	39	39	39	38	38	38	37	37	37	
41	40	40	40	39	39	39	39	38	38	38	38	37	37	37	36	36	36	36	35	35	~36
39	38	38	38	38	37	37	37	36	36	36	36	35	35	35	35	34	34	34	33	33	
37	37	36	36	36	35	35	35	35	34	34	34	34	33	33	33	32	32	32	32	31	
35	35	35	34	34	34	33	33	33	32	32	32	32	31	31	31	31	30	30	30	29	
373	392	410	435	453	471	496	512	527	548	563	582	601	622	641	662	681	699	721	741	763	
500	525	550	575	600	625	650	675	700	725	750	775	800	825	850	875	900	925	950	975	1000	

権利者の年収

算定表４：婚姻費用（4）子２人（14歳以下）

義務者の年収																					
20000	19567	230	230	230	229	229	229	229	228	228	228	228	227	227	227	227	226	226	226	226	225
19000	18567	219	219	218	218	218	217	217	217	217	216	216	216	216	215	215	215	215	214	214	214
18000	17567	207	207	207	206	206	206	206	205	205	205	205	204	204	204	204	203	203	203	203	202
17000	16567	196	196	195	195	195	194	194	194	194	193	193	193	193	192	192	192	192	191	191	191
16000	15567	184	184	184	183	183	183	183	182	182	182	182	181	181	181	181	180	180	180	180	179
15000	14567	173	172	172	172	172	171	171	171	171	170	170	170	170	169	169	169	169	168	168	168
14000	13567	161	161	161	160	160	160	160	159	159	159	159	158	158	158	158	157	157	157	156	156
13000	12567	150	149	149	149	149	148	148	148	148	147	147	147	147	146	146	146	145	145	145	145
12000	11567	147	147	147	146	146	146	146	146	145	145	145	144	144	144	144	143	143	143	143	142
11000	10567	146	145	145	145	144	144	144	144	144	143	143	143	143	142	142	142	141	141	141	141
10000	9567	142	142	141	141	141	141	140	140	140	140	139	139	139	139	138	138	138	138	137	137
9800	9367	141	141	140	140	140	140	139	139	139	139	138	138	138	138	137	137	137	137	136	136
9600	9167	140	140	139	139	139	139	138	138	138	138	137	137	137	137	136	136	136	136	135	135
9400	8967	139	139	138	138	138	138	137	137	137	137	136	136	136	135	135	135	135	134	134	134
9200	8767	138	137	137	137	137	136	136	136	136	135	135	135	135	134	134	134	133	133	133	133
9000	8567	137	136	136	136	135	135	135	135	134	134	134	134	133	133	133	132	132	132	132	131
8800	8367	135	135	135	134	134	134	134	133	133	133	132	132	132	132	131	131	131	131	130	130
8600	8167	134	133	133	133	132	132	132	132	132	131	131	131	131	130	130	130	129	129	129	129
8400	7967	132	132	132	131	131	131	131	130	130	130	130	129	129	129	128	128	128	128	127	127
8200	7767	131	130	130	130	129	129	129	129	128	128	128	128	127	127	127	127	126	126	126	126
8000	7567	129	129	128	128	128	128	127	127	127	127	126	126	126	126	125	125	125	124	124	124
7800	7367	127	127	127	126	126	126	126	125	125	125	125	124	124	124	124	123	123	123	122	122
7600	7167	126	125	125	124	124	124	124	124	123	123	123	122	122	122	122	121	121	121	121	120
7400	6967	124	123	123	123	122	122	122	122	121	121	121	121	120	120	120	120	119	119	119	119
7200	6767	122	121	121	121	120	120	120	120	119	119	119	119	118	118	118	118	117	117	117	117
7000	6567	120	119	119	119	118	118	118	118	117	117	117	117	116	116	116	116	115	115	115	115
6800	6367	118	117	117	116	116	116	116	116	115	115	115	114	114	114	114	113	113	113	113	112
6600	6167	115	115	115	114	114	114	114	113	113	113	113	112	112	112	112	111	111	111	110	110
6400	5967	113	113	112	112	112	112	111	111	111	111	110	110	110	110	109	109	109	108	108	108
6200	5767	111	110	110	110	109	109	109	109	109	108	108	108	107	107	107	107	106	106	106	106
6000	5567	108	108	108	107	107	107	107	106	106	106	106	105	105	105	105	104	104	104	103	103
5800	5367	106	105	105	105	105	104	104	104	104	103	103	103	103	102	102	102	101	101	101	101
5600	5167	103	103	103	102	102	102	102	101	101	101	100	100	100	100	99	99	99	99	98	98
5400	4967	101	100	100	100	99	99	99	99	98	98	98	98	97	97	97	97	96	96	96	95
5200	4767	98	98	97	97	97	96	96	96	96	95	95	95	95	94	94	94	94	93	93	93
5000	4567	95	95	94	94	94	94	93	93	93	93	92	92	92	92	91	91	91	90	90	90
4900	4467	94	93	93	93	92	92	92	92	91	91	91	91	90	90	90	90	89	89	89	88
4800	4367	92	92	91	91	91	91	90	90	90	90	89	89	89	89	88	88	88	88	87	87
4700	4267	91	90	90	90	89	89	89	89	89	88	88	88	87	87	87	87	86	86	86	86
4600	4167	89	89	89	88	88	88	88	87	87	87	86	86	86	86	85	85	85	85	84	84
4500	4067	88	87	87	87	86	86	86	86	86	85	85	85	84	84	84	84	83	83	83	83
4400	3967	86	86	85	85	85	85	84	84	84	84	83	83	83	83	82	82	82	82	81	81
4300	3867	85	84	84	84	83	83	83	83	82	82	82	82	81	81	81	81	80	80	80	80
4200	3767	83	83	82	82	82	82	81	81	81	81	80	80	80	80	79	79	79	78	78	78
4100	3667	81	81	81	80	80	80	80	80	79	79	79	78	78	78	78	77	77	77	77	76
4000	3567	80	80	79	79	79	78	78	78	78	77	77	77	77	76	76	76	76	75	75	75
3900	3467	78	78	78	77	77	77	77	76	76	76	76	75	75	75	74	74	74	74	73	73
3800	3367	77	76	76	76	75	75	75	75	74	74	74	74	73	73	73	73	72	72	72	71
3700	3267	75	75	74	74	74	73	73	73	73	72	72	72	72	71	71	71	71	70	70	70
3600	3167	73	73	73	72	72	72	72	71	71	71	71	70	70	70	70	69	69	69	68	68
3500	3067	72	71	71	71	70	70	70	70	69	69	69	69	68	68	68	68	67	67	67	66
3400	2967	70	70	69	69	69	68	68	68	68	67	67	67	67	66	66	66	66	65	65	65
3300	2867	68	68	67	67	67	67	66	66	66	66	65	65	65	65	64	64	64	64	63	63
3200	2767	66	66	66	65	65	65	65	64	64	64	64	63	63	63	63	62	62	62	62	61
3100	2667	65	64	64	64	63	63	63	63	62	62	62	62	61	61	61	61	60	60	60	59
3000	2567	63	62	62	62	62	61	61	61	61	60	60	60	60	59	59	59	58	58	58	58
2900	2467	61	61	60	60	60	60	59	59	59	58	58	58	58	57	57	57	57	56	56	56
2800	2367	59	59	58	58	58	58	57	57	57	57	56	56	56	56	55	55	55	55	54	54
2700	2267	57	57	57	56	56	56	56	55	55	55	55	54	54	54	54	53	53	53	52	52
2600	2167	55	55	55	54	54	54	54	53	53	53	53	52	52	52	52	51	51	51	51	50
2500	2067	54	53	53	52	52	52	52	52	51	51	51	50	50	50	50	49	49	49	49	48
2400	1967	52	51	51	51	50	50	50	50	49	49	49	49	48	48	48	48	47	47	47	46
2300	1867	50	49	49	49	48	48	48	48	47	47	47	47	46	46	46	46	45	45	45	45
2200	1767	48	47	47	47	46	46	46	46	46	45	45	45	45	44	44	44	43	43	43	43
2100	1667	46	45	45	45	44	44	44	44	44	43	43	43	43	42	42	42	41	41	41	41
2000	1567	44	43	43	43	43	42	42	42	42	41	41	41	41	40	40	40	39	39	39	39
	事業	0	22	44	66	82	98	113	131	148	165	185	203	218	237	256	275	294	312	331	349
給与		0	25	50	75	100	125	150	175	200	225	250	275	300	325	350	375	400	425	450	475

225	225	225	224	224	224	224	223	223	223	223	222	222	222	222	221	221	221	221	220	220	217以上
214	213	213	213	213	212	212	212	212	211	211	211	211	210	210	210	210	209	209	209	209	~216
202	202	202	201	201	201	201	200	200	200	200	199	199	199	199	198	198	198	198	197	197	~200
190	190	190	190	190	189	189	189	189	188	188	188	188	187	187	187	187	186	186	186	186	
179	179	179	178	178	178	178	177	177	177	177	176	176	176	176	175	175	175	175	174	174	
167	167	167	167	167	166	166	166	165	165	165	165	165	164	164	164	164	163	163	163	163	~168
156	156	156	155	155	155	154	154	154	154	154	153	153	153	153	152	152	152	152	151	151	~152
144	144	144	144	143	143	143	143	142	142	142	142	142	141	141	141	141	140	140	140	140	
142	142	142	141	141	141	141	140	140	140	140	140	139	139	139	138	138	138	138	137	137	
140	140	140	140	139	139	139	139	138	138	138	138	138	137	137	137	137	136	136	136	135	~136
137	136	136	136	136	136	135	135	135	134	134	134	134	134	133	133	133	133	132	132	132	
136	135	135	135	135	135	134	134	134	134	133	133	133	133	132	132	132	132	131	131	131	
135	134	134	134	134	134	133	133	133	132	132	132	132	132	131	131	131	131	130	130	130	
134	133	133	133	133	132	132	132	132	131	131	131	131	131	130	130	130	129	129	129	129	
132	132	132	132	131	131	131	131	130	130	130	130	130	129	129	129	129	128	128	128	128	~128
131	131	131	130	130	130	130	129	129	129	129	129	128	128	128	128	127	127	127	127	126	
130	130	129	129	129	129	128	128	128	128	127	127	127	127	126	126	126	126	125	125	125	
128	128	128	128	127	127	127	127	126	126	126	126	126	125	125	125	125	124	124	124	123	
127	127	126	126	126	126	125	125	125	125	125	124	124	124	124	123	123	123	123	122	122	
125	125	125	125	124	124	124	124	123	123	123	123	122	122	122	122	121	121	121	121	120	~120
124	123	123	123	123	122	122	122	122	121	121	121	121	121	120	120	120	120	119	119	119	
122	122	122	121	121	121	120	120	120	120	120	119	119	119	119	118	118	118	118	117	117	
120	120	120	119	119	119	119	118	118	118	118	118	117	117	117	117	116	116	116	115	115	
118	118	118	118	117	117	117	117	116	116	116	116	115	115	115	115	114	114	114	114	113	
116	116	116	116	115	115	115	115	114	114	114	114	113	113	113	113	112	112	112	112	111	~112
114	114	114	114	113	113	113	113	112	112	112	112	111	111	111	111	110	110	110	110	109	
112	112	112	111	111	111	111	110	110	110	110	110	109	109	109	109	108	108	108	108	107	
110	110	110	109	109	109	108	108	108	108	108	107	107	107	107	106	106	106	106	105	105	
108	107	107	107	107	106	106	106	106	105	105	105	105	105	104	104	104	104	103	103	103	~104
105	105	105	105	104	104	104	104	103	103	103	103	103	102	102	102	101	101	101	101	100	
103	103	103	102	102	102	101	101	101	101	101	100	100	100	100	99	99	99	99	98	98	
100	100	100	100	99	99	99	99	98	98	98	98	98	97	97	97	97	96	96	96	96	~96
98	98	97	97	97	97	96	96	96	96	96	95	95	95	94	94	94	94	93	93	93	
95	95	95	95	94	94	94	93	93	93	93	93	92	92	92	92	91	91	91	91	90	
92	92	92	92	92	91	91	91	90	90	90	90	90	89	89	89	89	88	88	88	88	~88
90	89	89	89	89	88	88	88	88	87	87	87	87	87	86	86	86	86	85	85	85	
88	88	88	88	87	87	87	87	86	86	86	86	85	85	85	85	84	84	84	84	83	
87	87	86	86	86	86	85	85	85	85	84	84	84	84	83	83	83	83	82	82	82	
85	85	85	85	84	84	84	84	83	83	83	83	82	82	82	82	81	81	81	81	80	~80
84	84	83	83	83	83	82	82	82	82	82	81	81	81	80	80	80	80	79	79	79	
82	82	82	82	81	81	81	81	80	80	80	80	79	79	79	79	78	78	78	78	77	
81	81	80	80	80	80	79	79	79	79	78	78	78	78	77	77	77	77	76	76	76	
79	79	79	79	78	78	78	78	77	77	77	77	76	76	76	76	75	75	75	75	74	
78	77	77	77	77	76	76	76	76	75	75	75	75	75	74	74	74	74	73	73	73	
76	76	76	75	75	75	75	74	74	74	74	74	73	73	73	72	72	72	72	71	71	~72
74	74	74	74	74	73	73	73	73	72	72	72	72	71	71	71	71	70	70	70	70	
73	73	72	72	72	72	71	71	71	71	71	70	70	70	70	69	69	69	68	68	68	
71	71	71	71	70	70	70	70	69	69	69	69	68	68	68	68	67	67	67	67	66	
70	69	69	69	69	68	68	68	68	67	67	67	67	66	66	66	66	65	65	65	65	
68	68	67	67	67	67	66	66	66	66	66	65	65	65	65	64	64	64	64	63	63	~64
66	66	66	66	65	65	65	64	64	64	64	64	63	63	63	63	62	62	62	62	61	
64	64	64	64	64	63	63	63	62	62	62	62	62	61	61	61	61	60	60	60	60	
63	62	62	62	62	62	61	61	61	60	60	60	60	60	59	59	59	59	58	58	58	
61	61	61	60	60	60	60	59	59	59	59	58	58	58	58	57	57	57	57	56	56	~56
59	59	59	59	58	58	58	57	57	57	57	57	56	56	56	56	55	55	55	55	54	
57	57	57	57	56	56	56	56	55	55	55	55	55	54	54	54	54	53	53	53	53	
56	55	55	55	55	54	54	54	54	53	53	53	53	52	52	52	52	51	51	51	51	
54	53	53	53	53	53	52	52	52	52	51	51	51	51	50	50	50	50	49	49	49	
52	52	51	51	51	51	50	50	50	50	50	49	49	49	49	48	48	48	48	47	47	~48
50	50	50	49	49	49	49	48	48	48	48	47	47	47	47	46	46	46	46	45	45	
48	48	48	47	47	47	47	46	46	46	46	46	45	45	45	45	44	44	44	44	43	
46	46	46	46	45	45	45	45	44	44	44	44	43	43	43	43	42	42	42	42	41	
44	44	44	44	43	43	43	43	42	42	42	42	41	41	41	41	40	40	40	40	39	~40
42	42	42	42	41	41	41	41	40	40	40	40	40	39	39	39	38	38	38	38	37	
40	40	40	40	39	39	39	39	38	38	38	38	38	37	37	37	37	36	36	36	35	
38	38	38	38	37	37	37	37	36	36	36	36	36	35	35	35	35	34	34	34	33	
373	392	410	435	453	471	496	512	527	548	563	582	601	622	641	662	681	699	721	741	763	
500	525	550	575	600	625	650	675	700	725	750	775	800	825	850	875	900	925	950	975	1000	

権利者の年収

算定表 5：婚姻費用（5）子 1 人（14 歳以下）+1 人（15 歳以上）

義務者の年収

給与	事業																				
20000	19567	237	237	237	236	236	236	236	235	235	235	235	234	234	234	234	233	233	233	233	232
19000	18567	225	225	225	224	224	224	224	224	223	223	223	223	222	222	222	222	221	221	221	221
18000	17567	214	213	213	213	212	212	212	212	211	211	211	211	211	210	210	210	210	209	209	209
17000	16567	202	201	201	201	200	200	200	200	200	199	199	199	199	198	198	198	198	197	197	197
16000	15567	190	189	189	189	189	188	188	188	188	187	187	187	187	187	186	186	186	186	185	185
15000	14567	178	178	177	177	177	177	176	176	176	176	175	175	175	175	174	174	174	174	173	173
14000	13567	166	166	165	165	165	165	165	164	164	164	164	163	163	163	163	162	162	162	162	161
13000	12567	154	154	154	153	153	153	153	152	152	152	152	151	151	151	151	150	150	150	150	149
12000	11567	152	152	151	151	151	150	150	150	150	150	149	149	149	149	148	148	148	148	147	147
11000	10567	150	150	149	149	149	149	148	148	148	148	147	147	147	147	147	146	146	146	146	145
10000	9567	146	146	146	145	145	145	145	144	144	144	144	143	143	143	143	143	142	142	142	142
9800	9367	145	145	145	144	144	144	144	143	143	143	143	142	142	142	142	142	141	141	141	141
9600	9167	144	144	144	143	143	143	143	142	142	142	142	141	141	141	141	140	140	140	140	139
9400	8967	143	143	142	142	142	142	142	141	141	141	141	140	140	140	140	139	139	139	139	138
9200	8767	142	142	141	141	141	141	140	140	140	140	139	139	139	139	138	138	138	138	137	137
9000	8567	141	140	140	140	139	139	139	139	139	138	138	138	138	137	137	137	137	136	136	136
8800	8367	139	139	139	138	138	138	138	137	137	137	137	136	136	136	136	135	135	135	135	134
8600	8167	138	137	137	137	137	136	136	136	136	135	135	135	135	134	134	134	134	133	133	133
8400	7967	136	136	136	135	135	135	135	134	134	134	134	133	133	133	133	132	132	132	132	131
8200	7767	135	134	134	134	133	133	133	133	133	132	132	132	132	131	131	131	131	130	130	130
8000	7567	133	133	132	132	132	131	131	131	131	131	130	130	130	130	129	129	129	129	128	128
7800	7367	131	131	130	130	130	130	130	129	129	129	129	128	128	128	128	127	127	127	127	126
7600	7167	129	129	129	128	128	128	128	127	127	127	127	126	126	126	126	125	125	125	125	124
7400	6967	127	127	127	126	126	126	126	125	125	125	125	124	124	124	124	124	123	123	123	123
7200	6767	125	125	125	124	124	124	124	123	123	123	123	122	122	122	122	121	121	121	121	120
7000	6567	123	123	123	122	122	122	122	121	121	121	121	120	120	120	120	119	119	119	119	118
6800	6367	121	121	120	120	120	120	119	119	119	119	118	118	118	118	117	117	117	117	116	116
6600	6167	119	118	118	118	118	117	117	117	117	116	116	116	116	115	115	115	115	114	114	114
6400	5967	116	116	116	115	115	115	115	115	114	114	114	114	113	113	113	113	112	112	112	112
6200	5767	114	114	113	113	113	113	112	112	112	112	111	111	111	111	110	110	110	110	109	109
6000	5567	112	111	111	111	110	110	110	110	109	109	109	109	108	108	108	108	107	107	107	107
5800	5367	109	109	108	108	108	108	107	107	107	107	106	106	106	106	105	105	105	105	104	104
5600	5167	106	106	106	105	105	105	105	104	104	104	104	103	103	103	103	103	102	102	102	102
5400	4967	104	103	103	103	102	102	102	102	102	101	101	101	101	100	100	100	100	99	99	99
5200	4767	101	100	100	100	100	99	99	99	99	98	98	98	98	97	97	97	97	96	96	96
5000	4567	98	98	97	97	97	96	96	96	96	96	95	95	95	95	94	94	94	94	93	93
4900	4467	96	96	96	95	95	95	95	95	94	94	94	94	93	93	93	93	92	92	92	92
4800	4367	95	95	94	94	94	94	93	93	93	93	92	92	92	92	91	91	91	91	90	90
4700	4267	93	93	93	92	92	92	92	92	91	91	91	91	90	90	90	90	89	89	89	89
4600	4167	92	92	91	91	91	90	90	90	90	90	89	89	89	89	88	88	88	88	87	87
4500	4067	90	90	90	89	89	89	89	88	88	88	88	87	87	87	87	87	86	86	86	86
4400	3967	89	88	88	88	88	87	87	87	87	86	86	86	86	85	85	85	85	84	84	84
4300	3867	87	87	86	86	86	86	86	85	85	85	85	84	84	84	84	83	83	83	83	82
4200	3767	86	85	85	85	84	84	84	84	83	83	83	83	83	82	82	82	82	81	81	81
4100	3667	84	84	83	83	83	83	82	82	82	82	81	81	81	81	80	80	80	80	79	79
4000	3567	82	82	82	81	81	81	81	80	80	80	80	79	79	79	79	78	78	78	78	77
3900	3467	81	80	80	80	79	79	79	79	79	78	78	78	78	77	77	77	77	76	76	76
3800	3367	79	79	78	78	78	78	77	77	77	77	76	76	76	76	75	75	75	75	74	74
3700	3267	77	77	77	76	76	76	76	75	75	75	75	74	74	74	74	73	73	73	73	72
3600	3167	75	75	75	74	74	74	74	74	73	73	73	73	72	72	72	72	71	71	71	71
3500	3067	74	73	73	73	73	72	72	72	72	71	71	71	71	70	70	70	70	69	69	69
3400	2967	72	72	71	71	71	71	70	70	70	70	69	69	69	69	68	68	68	68	67	67
3300	2867	70	70	69	69	69	69	69	68	68	68	68	67	67	67	67	66	66	66	66	65
3200	2767	68	68	68	67	67	67	67	66	66	66	66	65	65	65	65	65	64	64	64	64
3100	2667	67	66	66	66	65	65	65	65	64	64	64	64	63	63	63	63	62	62	62	62
3000	2567	65	64	64	64	63	63	63	63	63	62	62	62	62	61	61	61	61	60	60	60
2900	2467	63	62	62	62	62	61	61	61	61	60	60	60	60	60	59	59	59	59	58	58
2800	2367	61	61	60	60	60	60	59	59	59	59	58	58	58	58	57	57	57	57	56	56
2700	2267	59	59	58	58	58	58	57	57	57	57	56	56	56	56	55	55	55	55	54	54
2600	2167	57	57	56	56	56	56	55	55	55	55	54	54	54	54	54	53	53	53	53	52
2500	2067	55	55	54	54	54	54	54	53	53	53	53	52	52	52	52	51	51	51	51	50
2400	1967	53	53	53	52	52	52	52	51	51	51	51	50	50	50	50	49	49	49	49	48
2300	1867	51	51	51	50	50	50	50	49	49	49	49	48	48	48	48	47	47	47	47	46
2200	1767	49	49	49	48	48	48	48	47	47	47	47	46	46	46	46	45	45	45	45	44
2100	1667	47	47	46	46	46	46	46	45	45	45	45	44	44	44	44	43	43	43	43	42
2000	1567	45	45	44	44	44	44	43	43	43	43	43	42	42	42	42	41	41	41	41	40
	事業	0	22	44	66	82	98	113	131	148	165	185	203	218	237	256	275	294	312	331	349
給与		0	25	50	75	100	125	150	175	200	225	250	275	300	325	350	375	400	425	450	475

232	232	232	232	231	231	231	231	230	230	230	230	230	229	229	229	229	228	228	228	228	219以上
220	220	220	220	220	219	219	219	219	218	218	218	218	217	217	217	217	217	216	216	216	~218
209	208	208	208	208	207	207	207	207	206	206	206	206	206	205	205	205	205	204	204	204	
197	196	196	196	196	196	195	195	195	195	194	194	194	194	194	193	193	193	193	192	192	~202
185	185	184	184	184	184	183	183	183	183	183	182	182	182	182	181	181	181	181	180	180	~186
173	173	173	172	172	172	172	171	171	171	171	171	170	170	170	170	169	169	169	169	168	~170
161	161	161	160	160	160	160	159	159	159	159	159	158	158	158	158	157	157	157	157	156	
149	149	149	149	148	148	148	148	147	147	147	147	147	146	146	146	146	145	145	145	145	~154
147	147	146	146	146	146	145	145	145	145	145	144	144	144	144	143	143	143	143	142	142	
145	145	145	144	144	144	144	143	143	143	143	143	142	142	142	142	141	141	141	141	140	
141	141	141	141	140	140	140	140	139	139	139	139	139	138	138	138	138	137	137	137	137	~138
140	140	140	140	139	139	139	139	138	138	138	138	138	137	137	137	137	136	136	136	136	
139	139	139	139	138	138	138	138	137	137	137	137	137	136	136	136	136	135	135	135	135	
138	138	138	137	137	137	137	136	136	136	136	136	135	135	135	135	134	134	134	134	134	
137	137	136	136	136	136	135	135	135	135	135	134	134	134	134	133	133	133	133	133	132	
136	135	135	135	135	134	134	134	134	133	133	133	133	133	132	132	132	132	131	131	131	
134	134	134	134	133	133	133	133	132	132	132	132	132	131	131	131	131	130	130	130	130	~130
133	132	132	132	132	132	131	131	131	131	131	130	130	130	130	129	129	129	129	128	128	
131	131	131	131	130	130	130	130	129	129	129	129	129	128	128	128	128	127	127	127	127	
130	129	129	129	129	128	128	128	128	127	127	127	127	127	126	126	126	126	125	125	125	
128	128	127	127	127	127	126	126	126	126	126	125	125	125	125	124	124	124	124	124	123	
126	126	126	125	125	125	125	124	124	124	124	124	123	123	123	123	122	122	122	122	121	~122
124	124	124	124	123	123	123	123	122	122	122	122	122	121	121	121	121	120	120	120	120	
122	122	122	122	121	121	121	121	120	120	120	120	120	119	119	119	119	118	118	118	118	
120	120	120	120	119	119	119	119	118	118	118	118	118	117	117	117	117	116	116	116	116	
118	118	118	118	117	117	117	117	116	116	116	116	115	115	115	115	115	114	114	114	114	~114
116	116	116	115	115	115	115	114	114	114	114	114	113	113	113	113	112	112	112	112	111	
114	113	113	113	113	113	112	112	112	112	112	111	111	111	111	110	110	110	110	109	109	
111	111	111	111	111	110	110	110	110	109	109	109	109	108	108	108	108	108	107	107	107	
109	109	109	108	108	108	108	107	107	107	107	107	106	106	106	106	105	105	105	105	104	~106
106	106	106	106	106	105	105	105	105	104	104	104	104	104	103	103	103	103	102	102	102	
104	104	104	103	103	103	103	102	102	102	102	102	101	101	101	101	100	100	100	100	99	
101	101	101	101	100	100	100	100	99	99	99	99	99	98	98	98	98	97	97	97	97	~98
99	98	98	98	98	97	97	97	97	96	96	96	96	96	95	95	95	95	94	94	94	
96	95	95	95	95	95	94	94	94	94	94	93	93	93	93	92	92	92	92	91	91	
93	93	92	92	92	92	91	91	91	91	91	90	90	90	90	89	89	89	89	89	88	~90
91	91	91	91	90	90	90	90	90	89	89	89	89	88	88	88	88	88	87	87	87	
90	90	89	89	89	89	89	88	88	88	88	87	87	87	87	87	86	86	86	86	85	
88	88	88	88	87	87	87	87	87	86	86	86	86	85	85	85	85	85	84	84	84	
87	87	86	86	86	86	85	85	85	85	85	84	84	84	84	83	83	83	83	82	82	~82
85	85	85	85	84	84	84	84	83	83	83	83	83	82	82	82	82	81	81	81	81	
84	83	83	83	83	83	82	82	82	82	82	81	81	81	81	80	80	80	80	79	79	
82	82	82	81	81	81	81	81	80	80	80	80	79	79	79	79	79	78	78	78	78	
80	80	80	80	80	79	79	79	79	78	78	78	78	78	77	77	77	77	76	76	76	
79	79	78	78	78	78	78	77	77	77	77	76	76	76	76	75	75	75	75	75	74	~74
77	77	77	77	76	76	76	76	75	75	75	75	75	74	74	74	74	73	73	73	73	
76	75	75	75	75	74	74	74	74	73	73	73	73	73	72	72	72	72	71	71	71	
74	74	73	73	73	73	72	72	72	72	72	71	71	71	71	70	70	70	70	70	69	
72	72	72	72	71	71	71	71	70	70	70	70	69	69	69	69	69	68	68	68	68	
70	70	70	70	70	69	69	69	69	68	68	68	68	68	67	67	67	67	66	66	66	~66
69	68	68	68	68	68	67	67	67	67	66	66	66	66	66	65	65	65	65	64	64	
67	67	67	66	66	66	66	65	65	65	65	64	64	64	64	64	63	63	63	63	62	
65	65	65	64	64	64	64	63	63	63	63	63	62	62	62	62	61	61	61	61	61	
63	63	63	63	62	62	62	62	61	61	61	61	61	60	60	60	60	59	59	59	59	
61	61	61	61	61	60	60	60	60	59	59	59	59	59	58	58	58	58	57	57	57	~58
60	59	59	59	59	59	58	58	58	58	57	57	57	57	56	56	56	56	56	55	55	
58	57	57	57	57	57	56	56	56	56	56	55	55	55	55	54	54	54	54	53	53	
56	56	55	55	55	55	54	54	54	54	54	53	53	53	53	52	52	52	52	52	51	
54	54	54	53	53	53	53	52	52	52	52	52	51	51	51	51	50	50	50	50	49	~50
52	52	52	51	51	51	51	50	50	50	50	50	49	49	49	49	48	48	48	48	47	
50	50	50	49	49	49	49	48	48	48	48	48	47	47	47	47	46	46	46	46	46	
48	48	48	47	47	47	47	47	46	46	46	46	45	45	45	45	45	44	44	44	44	
46	46	46	46	45	45	45	45	44	44	44	44	43	43	43	43	43	42	42	42	42	~42
44	44	44	43	43	43	43	43	42	42	42	42	41	41	41	41	41	40	40	40	40	
42	42	42	41	41	41	41	40	40	40	40	40	39	39	39	39	38	38	38	38	38	
40	40	40	39	39	39	39	38	38	38	38	38	37	37	37	37	36	36	36	36	35	
373	392	410	435	453	471	496	512	527	548	563	582	601	622	641	662	681	699	721	741	763	
500	525	550	575	600	625	650	675	700	725	750	775	800	825	850	875	900	925	950	975	1000	

権利者の年収

算定表６：婚姻費用（6）子２人（15歳以上）

義務者の年収																					
20000	19567	243	243	243	242	242	242	242	242	241	241	241	241	240	240	240	240	239	239	239	239
19000	18567	231	231	230	230	230	230	230	229	229	229	229	228	228	228	228	228	227	227	227	227
18000	17567	219	219	218	218	218	218	217	217	217	217	216	216	216	216	216	215	215	215	215	214
17000	16567	207	206	206	206	206	205	205	205	205	205	204	204	204	204	203	203	203	203	203	202
16000	15567	195	194	194	194	193	193	193	193	193	192	192	192	192	192	191	191	191	191	190	190
15000	14567	182	182	182	182	181	181	181	181	180	180	180	180	180	179	179	179	179	178	178	178
14000	13567	170	170	170	169	169	169	169	169	168	168	168	168	167	167	167	167	166	166	166	166
13000	12567	158	158	158	157	157	157	157	156	156	156	156	155	155	155	155	155	154	154	154	154
12000	11567	156	155	155	155	155	154	154	154	154	153	153	153	153	153	152	152	152	152	151	151
11000	10567	154	154	153	153	153	153	152	152	152	152	151	151	151	151	151	150	150	150	150	149
10000	9567	150	150	149	149	149	149	149	148	148	148	148	147	147	147	147	146	146	146	146	146
9800	9367	149	149	148	148	148	148	148	147	147	147	147	146	146	146	146	145	145	145	145	144
9600	9167	148	148	147	147	147	147	146	146	146	146	145	145	145	145	145	144	144	144	144	143
9400	8967	147	146	146	146	146	145	145	145	145	145	144	144	144	144	143	143	143	143	142	142
9200	8767	145	145	145	145	144	144	144	144	144	143	143	143	143	142	142	142	142	141	141	141
9000	8567	144	144	144	143	143	143	143	142	142	142	142	141	141	141	141	141	140	140	140	140
8800	8367	143	142	142	142	142	141	141	141	141	141	140	140	140	140	139	139	139	139	138	138
8600	8167	141	141	141	140	140	140	140	139	139	139	139	139	138	138	138	138	137	137	137	137
8400	7967	140	139	139	139	138	138	138	138	138	137	137	137	137	137	136	136	136	136	135	135
8200	7767	138	138	137	137	137	137	136	136	136	136	136	135	135	135	135	134	134	134	134	133
8000	7567	136	136	136	135	135	135	135	134	134	134	134	134	133	133	133	133	132	132	132	132
7800	7367	134	134	134	133	133	133	133	133	132	132	132	132	132	131	131	131	131	130	130	130
7600	7167	132	132	132	132	131	131	131	131	131	130	130	130	130	129	129	129	129	128	128	128
7400	6967	131	130	130	130	129	129	129	129	129	128	128	128	128	127	127	127	127	126	126	126
7200	6767	128	128	128	128	127	127	127	127	126	126	126	126	126	125	125	125	125	124	124	124
7000	6567	126	126	126	125	125	125	125	125	124	124	124	124	123	123	123	123	123	122	122	122
6800	6367	124	124	123	123	123	123	123	122	122	122	122	121	121	121	121	121	120	120	120	120
6600	6167	122	121	121	121	121	120	120	120	120	120	119	119	119	119	118	118	118	118	117	117
6400	5967	119	119	119	118	118	118	118	118	117	117	117	117	117	116	116	116	116	115	115	115
6200	5767	117	117	116	116	116	116	115	115	115	115	114	114	114	114	114	113	113	113	113	112
6000	5567	114	114	114	113	113	113	113	113	112	112	112	112	111	111	111	111	111	110	110	110
5800	5367	112	111	111	111	111	110	110	110	110	110	109	109	109	109	108	108	108	108	107	107
5600	5167	109	109	108	108	108	108	107	107	107	107	107	106	106	106	106	105	105	105	105	104
5400	4967	106	106	106	105	105	105	105	104	104	104	104	104	103	103	103	103	102	102	102	102
5200	4767	103	103	103	102	102	102	102	102	101	101	101	101	100	100	100	100	100	99	99	99
5000	4567	100	100	100	99	99	99	99	99	98	98	98	98	98	97	97	97	97	96	96	96
4900	4467	99	99	98	98	98	98	97	97	97	97	96	96	96	96	96	95	95	95	95	94
4800	4367	97	97	97	96	96	96	96	96	95	95	95	95	94	94	94	94	94	93	93	93
4700	4267	96	95	95	95	95	94	94	94	94	94	93	93	93	93	92	92	92	92	91	91
4600	4167	94	94	94	93	93	93	93	92	92	92	92	92	91	91	91	91	90	90	90	90
4500	4067	93	92	92	92	91	91	91	91	91	90	90	90	90	90	89	89	89	89	88	88
4400	3967	91	91	90	90	90	90	89	89	89	89	89	88	88	88	88	87	87	87	87	86
4300	3867	89	89	89	88	88	88	88	88	87	87	87	87	87	86	86	86	86	85	85	85
4200	3767	88	87	87	87	87	86	86	86	86	86	85	85	85	85	84	84	84	84	83	83
4100	3667	86	86	85	85	85	85	85	84	84	84	84	83	83	83	83	82	82	82	82	82
4000	3567	84	84	84	83	83	83	83	83	82	82	82	82	81	81	81	81	81	80	80	80
3900	3467	83	82	82	82	81	81	81	81	81	80	80	80	80	80	79	79	79	79	78	78
3800	3367	81	81	80	80	80	80	79	79	79	79	78	78	78	78	78	77	77	77	77	76
3700	3267	79	79	79	78	78	78	78	77	77	77	77	76	76	76	76	76	75	75	75	75
3600	3167	77	77	77	76	76	76	76	76	75	75	75	75	75	74	74	74	74	73	73	73
3500	3067	76	75	75	75	74	74	74	74	74	73	73	73	73	72	72	72	72	72	71	71
3400	2967	74	73	73	73	73	72	72	72	72	72	71	71	71	71	70	70	70	70	69	69
3300	2867	72	72	71	71	71	71	70	70	70	70	69	69	69	69	69	68	68	68	68	67
3200	2767	70	70	69	69	69	69	69	68	68	68	68	67	67	67	67	67	66	66	66	66
3100	2667	68	68	68	67	67	67	67	66	66	66	66	66	65	65	65	65	64	64	64	64
3000	2567	66	66	66	65	65	65	65	65	64	64	64	64	63	63	63	63	63	62	62	62
2900	2467	64	64	64	63	63	63	63	63	62	62	62	62	62	61	61	61	61	60	60	60
2800	2367	62	62	62	62	61	61	61	61	60	60	60	60	60	59	59	59	59	58	58	58
2700	2267	60	60	60	60	59	59	59	59	59	58	58	58	58	57	57	57	57	56	56	56
2600	2167	59	58	58	58	57	57	57	57	57	56	56	56	56	55	55	55	55	54	54	54
2500	2067	57	56	56	56	55	55	55	55	55	54	54	54	54	53	53	53	53	52	52	52
2400	1967	54	54	54	54	53	53	53	53	53	52	52	52	52	51	51	51	51	50	50	50
2300	1867	52	52	52	52	51	51	51	51	51	50	50	50	50	49	49	49	49	48	48	48
2200	1767	50	50	50	49	49	49	49	49	48	48	48	48	48	47	47	47	47	46	46	46
2100	1667	48	48	48	47	47	47	47	47	46	46	46	46	45	45	45	45	45	44	44	44
2000	1567	46	46	46	45	45	45	45	44	44	44	44	44	43	43	43	43	42	42	42	42
	事業	0	22	44	66	82	98	113	131	148	165	185	203	218	237	256	275	294	312	331	349
給与		0	25	50	75	100	125	150	175	200	225	250	275	300	325	350	375	400	425	450	475

239	238	238	238	238	237	237	237	237	237	236	236	236	236	236	235	235	235	235	234	234	
226	226	226	226	226	225	225	225	225	224	224	224	224	224	223	223	223	223	223	222	222	221以上
214	214	214	214	213	213	213	213	212	212	212	212	212	211	211	211	211	211	210	210	210	~220
202	202	202	201	201	201	201	201	200	200	200	200	200	199	199	199	199	198	198	198	198	~204
190	190	190	189	189	189	189	188	188	188	188	188	187	187	187	187	186	186	186	186	186	~188
178	177	177	177	177	177	176	176	176	176	176	175	175	175	175	175	174	174	174	174	173	
166	165	165	165	165	164	164	164	164	164	164	163	163	163	163	162	162	162	162	161	161	~172
153	153	153	153	153	152	152	152	152	151	151	151	151	151	150	150	150	150	150	149	149	~156
151	151	151	150	150	150	150	149	149	149	149	149	148	148	148	148	148	147	147	147	147	
149	149	149	149	148	148	148	148	147	147	147	147	147	146	146	146	146	146	145	145	145	
145	145	145	145	144	144	144	144	144	143	143	143	143	143	142	142	142	142	141	141	141	
144	144	144	144	143	143	143	143	143	142	142	142	142	142	141	141	141	141	140	140	140	~140
143	143	143	143	142	142	142	142	141	141	141	141	141	140	140	140	140	140	139	139	139	
142	142	142	141	141	141	141	140	140	140	140	140	140	139	139	139	139	138	138	138	138	
141	140	140	140	140	140	139	139	139	139	139	138	138	138	138	138	137	137	137	137	136	
139	139	139	139	139	138	138	138	138	137	137	137	137	137	136	136	136	136	136	135	135	
138	138	138	137	137	137	137	136	136	136	136	136	135	135	135	135	135	134	134	134	134	
136	136	136	136	136	135	135	135	135	135	134	134	134	134	134	133	133	133	133	132	132	~132
135	135	135	134	134	134	134	133	133	133	133	133	132	132	132	132	132	131	131	131	131	
133	133	133	133	132	132	132	132	131	131	131	131	131	131	130	130	130	130	129	129	129	
131	131	131	131	131	130	130	130	130	130	129	129	129	129	129	128	128	128	128	127	127	
130	129	129	129	129	129	128	128	128	128	128	127	127	127	127	127	126	126	126	126	125	
128	128	127	127	127	127	126	126	126	126	126	126	125	125	125	125	124	124	124	124	123	~124
126	126	125	125	125	125	124	124	124	124	124	124	123	123	123	123	122	122	122	122	121	
124	123	123	123	123	123	122	122	122	122	122	121	121	121	121	121	120	120	120	120	119	
122	121	121	121	121	121	120	120	120	120	120	119	119	119	119	118	118	118	118	118	117	
119	119	119	119	119	118	118	118	118	117	117	117	117	117	116	116	116	116	115	115	115	~116
117	117	117	116	116	116	116	116	115	115	115	115	115	114	114	114	114	113	113	113	113	
115	114	114	114	114	114	113	113	113	113	113	112	112	112	112	111	111	111	111	111	110	
112	112	112	112	111	111	111	111	110	110	110	110	110	109	109	109	109	109	108	108	108	~108
110	109	109	109	109	109	108	108	108	108	108	107	107	107	107	106	106	106	106	106	105	
107	107	107	106	106	106	106	105	105	105	105	105	104	104	104	104	104	103	103	103	103	
104	104	104	104	103	103	103	103	103	102	102	102	102	102	101	101	101	101	100	100	100	~100
101	101	101	101	101	100	100	100	100	99	99	99	99	99	99	98	98	98	98	97	97	
99	98	98	98	98	98	97	97	97	97	97	96	96	96	96	95	95	95	95	95	94	
96	95	95	95	95	95	94	94	94	94	94	93	93	93	93	92	92	92	92	92	91	~92
94	94	94	94	93	93	93	93	92	92	92	92	92	91	91	91	91	90	90	90	90	
93	92	92	92	92	92	91	91	91	91	91	90	90	90	90	89	89	89	89	89	88	
91	91	91	90	90	90	90	90	89	89	89	89	89	88	88	88	88	87	87	87	87	
89	89	89	89	89	88	88	88	88	87	87	87	87	87	87	86	86	86	86	85	85	
88	88	88	87	87	87	87	86	86	86	86	86	85	85	85	85	84	84	84	84	84	~84
86	86	86	86	85	85	85	85	85	84	84	84	84	84	83	83	83	83	82	82	82	
85	84	84	84	84	84	83	83	83	83	83	82	82	82	82	81	81	81	81	81	80	
83	83	83	82	82	82	82	81	81	81	81	81	80	80	80	80	80	79	79	79	79	
81	81	81	81	80	80	80	80	80	79	79	79	79	79	78	78	78	78	77	77	77	
80	79	79	79	79	79	78	78	78	78	78	77	77	77	77	76	76	76	76	76	75	~76
78	78	78	77	77	77	77	76	76	76	76	76	75	75	75	75	75	74	74	74	74	
76	76	76	76	75	75	75	75	74	74	74	74	74	73	73	73	73	73	72	72	72	
74	74	74	74	74	73	73	73	73	72	72	72	72	72	71	71	71	71	71	70	70	
73	72	72	72	72	72	71	71	71	71	71	70	70	70	70	69	69	69	69	69	68	~68
71	71	70	70	70	70	70	69	69	69	69	69	68	68	68	68	67	67	67	67	67	
69	69	69	68	68	68	68	68	67	67	67	67	67	66	66	66	66	65	65	65	65	
67	67	67	67	66	66	66	66	65	65	65	65	65	64	64	64	64	64	63	63	63	
65	65	65	65	65	64	64	64	64	63	63	63	63	63	62	62	62	62	61	61	61	
63	63	63	63	63	62	62	62	62	61	61	61	61	61	61	60	60	60	60	59	59	~60
62	61	61	61	61	61	60	60	60	60	60	59	59	59	59	58	58	58	58	58	57	
60	59	59	59	59	59	58	58	58	58	58	57	57	57	57	56	56	56	56	56	55	
58	57	57	57	57	57	56	56	56	56	56	55	55	55	55	55	54	54	54	54	53	
56	56	55	55	55	55	54	54	54	54	54	53	53	53	53	53	52	52	52	52	51	~52
54	54	53	53	53	53	52	52	52	52	52	52	51	51	51	51	50	50	50	50	49	
52	52	51	51	51	51	51	50	50	50	50	50	49	49	49	49	48	48	48	48	47	
50	50	49	49	49	49	48	48	48	48	48	48	47	47	47	47	46	46	46	46	45	
48	47	47	47	47	47	46	46	46	46	46	45	45	45	45	45	44	44	44	44	43	~44
46	45	45	45	45	45	44	44	44	44	44	43	43	43	43	43	42	42	42	42	41	
44	43	43	43	43	43	42	42	42	42	42	41	41	41	41	40	40	40	40	40	39	
41	41	41	41	41	40	40	40	40	40	39	39	39	39	39	38	38	38	38	37	37	
373	392	410	435	453	471	496	512	527	548	563	582	601	622	641	662	681	699	721	741	763	
500	525	550	575	600	625	650	675	700	725	750	775	800	825	850	875	900	925	950	975	1000	

権利者の年収

算定表７：婚姻費用（7）子３人（14 歳以下）

義務者の年収																					
20000	19567	247	247	246	246	246	246	246	245	245	245	245	244	244	244	244	244	243	243	243	243
19000	18567	235	234	234	234	234	233	233	233	233	233	232	232	232	232	231	231	231	231	231	230
18000	17567	222	222	222	221	221	221	221	221	220	220	220	220	220	219	219	219	219	218	218	218
17000	16567	210	210	209	209	209	209	209	208	208	208	208	207	207	207	207	207	206	206	206	206
16000	15567	198	197	197	197	197	196	196	196	196	195	195	195	195	195	194	194	194	194	194	193
15000	14567	185	185	185	184	184	184	184	184	183	183	183	183	183	182	182	182	182	181	181	181
14000	13567	173	173	172	172	172	172	171	171	171	171	171	170	170	170	170	169	169	169	169	169
13000	12567	161	160	160	160	159	159	159	159	159	158	158	158	158	158	157	157	157	157	156	156
12000	11567	158	158	157	157	157	157	157	156	156	156	156	156	155	155	155	155	154	154	154	154
11000	10567	156	156	156	155	155	155	155	155	154	154	154	154	153	153	153	153	153	152	152	152
10000	9567	152	152	152	151	151	151	151	151	150	150	150	150	150	149	149	149	149	148	148	148
9800	9367	151	151	151	150	150	150	150	150	149	149	149	149	149	148	148	148	148	147	147	147
9600	9167	150	150	150	149	149	149	149	149	148	148	148	148	147	147	147	147	147	146	146	146
9400	8967	149	149	148	148	148	148	148	147	147	147	147	146	146	146	146	146	145	145	145	145
9200	8767	148	147	147	147	147	146	146	146	146	146	145	145	145	145	145	144	144	144	144	143
9000	8567	146	146	146	145	145	145	145	145	144	144	144	144	144	143	143	143	143	142	142	142
8800	8367	145	145	144	144	144	144	143	143	143	143	143	142	142	142	142	141	141	141	141	141
8600	8167	143	143	143	142	142	142	142	142	142	141	141	141	141	140	140	140	140	140	139	139
8400	7967	142	141	141	141	141	141	140	140	140	140	139	139	139	139	139	138	138	138	138	137
8200	7767	140	140	139	139	139	139	139	138	138	138	138	138	137	137	137	137	136	136	136	136
8000	7567	138	138	138	137	137	137	137	137	136	136	136	136	136	135	135	135	135	134	134	134
7800	7367	136	136	136	136	135	135	135	135	135	134	134	134	134	134	133	133	133	133	132	132
7600	7167	135	134	134	134	133	133	133	133	133	132	132	132	132	132	131	131	131	131	130	130
7400	6967	133	132	132	132	131	131	131	131	131	130	130	130	130	130	129	129	129	129	128	128
7200	6767	130	130	130	130	129	129	129	129	129	128	128	128	128	127	127	127	127	127	126	126
7000	6567	128	128	128	127	127	127	127	127	126	126	126	126	126	125	125	125	125	124	124	124
6800	6367	126	126	125	125	125	125	125	124	124	124	124	123	123	123	123	123	122	122	122	122
6600	6167	124	123	123	123	123	122	122	122	122	122	121	121	121	121	120	120	120	120	120	119
6400	5967	121	121	121	120	120	120	120	120	119	119	119	119	118	118	118	118	118	117	117	117
6200	5767	119	118	118	118	118	117	117	117	117	117	116	116	116	116	115	115	115	115	115	114
6000	5567	116	116	115	115	115	115	115	114	114	114	114	114	113	113	113	113	112	112	112	112
5800	5367	113	113	113	113	112	112	112	112	112	111	111	111	111	110	110	110	110	110	109	109
5600	5167	111	110	110	110	110	109	109	109	109	109	108	108	108	108	107	107	107	107	107	106
5400	4967	108	108	107	107	107	107	106	106	106	106	105	105	105	105	105	104	104	104	104	103
5200	4767	105	105	104	104	104	104	103	103	103	103	103	102	102	102	102	101	101	101	101	101
5000	4567	102	102	101	101	101	101	100	100	100	100	100	99	99	99	99	98	98	98	98	98
4900	4467	100	100	100	99	99	99	99	99	98	98	98	98	98	97	97	97	97	96	96	96
4800	4367	99	98	98	98	98	98	97	97	97	97	96	96	96	96	96	95	95	95	95	94
4700	4267	97	97	97	96	96	96	96	96	95	95	95	95	94	94	94	94	94	93	93	93
4600	4167	96	95	95	95	95	94	94	94	94	94	93	93	93	93	92	92	92	92	92	91
4500	4067	94	94	93	93	93	93	93	92	92	92	92	91	91	91	91	91	90	90	90	90
4400	3967	92	92	92	91	91	91	91	91	91	90	90	90	90	89	89	89	89	89	88	88
4300	3867	91	90	90	90	90	89	89	89	89	89	88	88	88	88	88	87	87	87	87	86
4200	3767	89	89	88	88	88	88	88	87	87	87	87	86	86	86	86	86	85	85	85	85
4100	3667	87	87	87	86	86	86	86	86	85	85	85	85	85	84	84	84	84	83	83	83
4000	3567	86	85	85	85	85	84	84	84	84	84	83	83	83	83	82	82	82	82	82	81
3900	3467	84	84	83	83	83	83	82	82	82	82	82	81	81	81	81	80	80	80	80	80
3800	3367	82	82	82	81	81	81	81	80	80	80	80	80	79	79	79	79	78	78	78	78
3700	3267	80	80	80	79	79	79	79	79	78	78	78	78	78	77	77	77	77	76	76	76
3600	3167	79	78	78	78	77	77	77	77	77	76	76	76	76	76	75	75	75	75	74	74
3500	3067	77	76	76	76	76	75	75	75	75	75	74	74	74	74	74	73	73	73	73	72
3400	2967	75	75	74	74	74	74	73	73	73	73	73	72	72	72	72	71	71	71	71	71
3300	2867	73	73	72	72	72	72	72	71	71	71	71	70	70	70	70	70	69	69	69	69
3200	2767	71	71	71	70	70	70	70	69	69	69	69	69	68	68	68	68	68	67	67	67
3100	2667	69	69	69	68	68	68	68	68	67	67	67	67	67	66	66	66	66	65	65	65
3000	2567	67	67	67	66	66	66	66	66	65	65	65	65	65	64	64	64	64	63	63	63
2900	2467	65	65	65	64	64	64	64	64	63	63	63	63	63	62	62	62	62	62	61	61
2800	2367	63	63	63	63	62	62	62	62	62	61	61	61	61	60	60	60	60	60	59	59
2700	2267	61	61	61	61	60	60	60	60	60	59	59	59	59	58	58	58	58	58	57	57
2600	2167	59	59	59	59	58	58	58	58	58	57	57	57	57	56	56	56	56	56	55	55
2500	2067	57	57	57	56	56	56	56	56	56	55	55	55	55	54	54	54	54	54	53	53
2400	1967	55	55	55	54	54	54	54	54	53	53	53	53	53	52	52	52	52	51	51	51
2300	1867	53	53	53	52	52	52	52	52	51	51	51	51	51	50	50	50	50	49	49	49
2200	1767	51	51	51	50	50	50	50	50	49	49	49	49	48	48	48	48	48	47	47	47
2100	1667	49	49	48	48	48	48	48	47	47	47	47	47	46	46	46	46	45	45	45	45
2000	1567	47	47	46	46	46	46	46	45	45	45	45	44	44	44	44	44	43	43	43	43
	事業	0	22	44	66	82	98	113	131	148	165	185	203	218	237	256	275	294	312	331	349
給与		0	25	50	75	100	125	150	175	200	225	250	275	300	325	350	375	400	425	450	475

242	242	242	242	242	241	241	241	241	241	241	240	240	240	240	239	239	239	239	239	238	230以上
230	230	230	230	229	229	229	229	228	228	228	228	228	228	227	227	227	227	226	226	226	~229
218	218	217	217	217	217	217	216	216	216	216	216	215	215	215	215	215	214	214	214	214	
205	205	205	205	205	204	204	204	204	204	203	203	203	203	203	202	202	202	202	202	201	~213
193	193	193	192	192	192	192	192	191	191	191	191	191	190	190	190	190	190	189	189	189	~197
181	180	180	180	180	180	179	179	179	179	179	179	178	178	178	178	177	177	177	177	177	~181
168	168	168	168	168	167	167	167	167	166	166	166	166	166	166	165	165	165	165	164	164	~165
156	156	156	155	155	155	155	155	154	154	154	154	154	153	153	153	153	153	152	152	152	
154	153	153	153	153	153	152	152	152	152	152	151	151	151	151	151	150	150	150	150	149	~149
152	151	151	151	151	151	150	150	150	150	150	150	149	149	149	149	148	148	148	148	148	
148	148	147	147	147	147	147	146	146	146	146	146	145	145	145	145	145	144	144	144	144	
147	147	146	146	146	146	146	145	145	145	145	145	144	144	144	144	144	143	143	143	143	
146	145	145	145	145	145	144	144	144	144	144	143	143	143	143	143	142	142	142	142	142	
144	144	144	144	144	143	143	143	143	143	142	142	142	142	142	141	141	141	141	141	140	~141
143	143	143	143	142	142	142	142	141	141	141	141	141	141	140	140	140	140	139	139	139	
142	142	141	141	141	141	141	140	140	140	140	140	139	139	139	139	139	138	138	138	138	
140	140	140	140	140	139	139	139	139	138	138	138	138	138	138	137	137	137	137	136	136	
139	139	139	138	138	138	138	137	137	137	137	137	136	136	136	136	136	135	135	135	135	
137	137	137	137	136	136	136	136	136	135	135	135	135	135	134	134	134	134	134	133	133	~133
136	135	135	135	135	135	134	134	134	134	134	133	133	133	133	133	132	132	132	132	131	
134	134	133	133	133	133	133	132	132	132	132	132	131	131	131	131	131	130	130	130	130	
132	132	132	131	131	131	131	130	130	130	130	130	130	129	129	129	129	128	128	128	128	
130	130	130	129	129	129	129	129	128	128	128	128	128	127	127	127	127	127	126	126	126	
128	128	128	127	127	127	127	127	126	126	126	126	126	125	125	125	125	125	124	124	124	~125
126	126	126	125	125	125	125	124	124	124	124	124	123	123	123	123	123	122	122	122	122	
124	123	123	123	123	123	122	122	122	122	122	122	121	121	121	121	120	120	120	120	120	
121	121	121	121	121	120	120	120	120	120	119	119	119	119	119	118	118	118	118	118	117	~117
119	119	119	119	118	118	118	118	117	117	117	117	117	116	116	116	116	116	115	115	115	
117	116	116	116	116	116	115	115	115	115	115	114	114	114	114	114	113	113	113	113	113	
114	114	114	114	113	113	113	113	112	112	112	112	112	112	111	111	111	111	110	110	110	
112	111	111	111	111	111	110	110	110	110	110	109	109	109	109	109	108	108	108	108	107	~109
109	109	109	108	108	108	108	107	107	107	107	107	106	106	106	106	106	105	105	105	105	
106	106	106	106	105	105	105	105	104	104	104	104	104	104	103	103	103	103	102	102	102	
103	103	103	103	102	102	102	102	102	101	101	101	101	101	100	100	100	100	100	99	99	~101
100	100	100	100	100	99	99	99	99	98	98	98	98	98	98	97	97	97	97	96	96	
97	97	97	97	97	96	96	96	96	95	95	95	95	95	95	94	94	94	94	93	93	~93
96	96	95	95	95	95	95	94	94	94	94	94	93	93	93	93	93	92	92	92	92	
94	94	94	94	93	93	93	93	93	92	92	92	92	92	91	91	91	91	91	90	90	
93	92	92	92	92	92	91	91	91	91	91	91	90	90	90	90	89	89	89	89	89	
91	91	91	91	90	90	90	90	89	89	89	89	89	88	88	88	88	88	87	87	87	
89	89	89	89	89	88	88	88	88	88	88	87	87	87	87	86	86	86	86	86	85	~85
88	88	88	87	87	87	87	86	86	86	86	86	85	85	85	85	85	84	84	84	84	
86	86	86	86	85	85	85	85	85	84	84	84	84	84	83	83	83	83	83	82	82	
85	84	84	84	84	84	83	83	83	83	83	82	82	82	82	81	81	81	81	81	80	
83	83	82	82	82	82	82	81	81	81	81	81	80	80	80	80	80	79	79	79	79	
81	81	81	81	80	80	80	80	79	79	79	79	79	78	78	78	78	78	77	77	77	~77
79	79	79	79	79	78	78	78	78	77	77	77	77	77	77	76	76	76	76	75	75	
78	77	77	77	77	77	76	76	76	76	76	75	75	75	75	75	74	74	74	74	73	
76	76	75	75	75	75	75	74	74	74	74	74	73	73	73	73	73	72	72	72	72	
74	74	74	73	73	73	73	73	72	72	72	72	72	71	71	71	71	71	70	70	70	
72	72	72	72	71	71	71	71	71	70	70	70	70	70	69	69	69	69	69	68	68	~69
70	70	70	70	70	69	69	69	69	68	68	68	68	68	68	67	67	67	67	66	66	
68	68	68	68	68	67	67	67	67	67	67	66	66	66	66	65	65	65	65	65	64	
67	66	66	66	66	66	65	65	65	65	65	64	64	64	64	64	63	63	63	63	62	
65	64	64	64	64	64	63	63	63	63	63	63	62	62	62	62	61	61	61	61	61	~61
63	63	62	62	62	62	62	61	61	61	61	61	60	60	60	60	60	59	59	59	59	
61	61	60	60	60	60	60	59	59	59	59	59	58	58	58	58	58	57	57	57	57	
59	59	59	58	58	58	58	57	57	57	57	57	56	56	56	56	56	55	55	55	55	
57	57	57	56	56	56	56	55	55	55	55	55	54	54	54	54	54	53	53	53	53	~53
55	55	55	54	54	54	54	53	53	53	53	53	52	52	52	52	52	51	51	51	51	
53	53	53	52	52	52	52	51	51	51	51	51	50	50	50	50	50	49	49	49	49	
51	51	50	50	50	50	50	49	49	49	49	49	48	48	48	48	48	47	47	47	47	
49	48	48	48	48	48	48	47	47	47	47	47	46	46	46	46	45	45	45	45	45	~45
47	46	46	46	46	46	45	45	45	45	45	44	44	44	44	44	43	43	43	43	43	
45	44	44	44	44	44	43	43	43	43	43	42	42	42	42	41	41	41	41	41	40	
42	42	42	42	42	41	41	41	41	41	40	40	40	40	40	39	39	39	39	39	38	
373	392	410	435	453	471	496	512	527	548	563	582	601	622	641	662	681	699	721	741	763	
500	525	550	575	600	625	650	675	700	725	750	775	800	825	850	875	900	925	950	975	1000	

権利者の年収

算定表８：婚姻費用（8）子２人（14歳以下）＋1人（15歳以上）

義務者の年収																					
20000	19567	252	252	251	251	251	251	250	250	250	250	250	249	249	249	249	249	248	248	248	248
19000	18567	239	239	239	238	238	238	238	238	237	237	237	237	237	236	236	236	236	236	235	235
18000	17567	227	226	226	226	226	225	225	225	225	225	224	224	224	224	224	223	223	223	223	223
17000	16567	214	214	214	213	213	213	213	212	212	212	212	212	211	211	211	211	211	210	210	210
16000	15567	201	201	201	201	200	200	200	200	200	199	199	199	199	199	198	198	198	198	198	197
15000	14567	189	189	188	188	188	188	188	187	187	187	187	186	186	186	186	186	185	185	185	185
14000	13567	176	176	176	175	175	175	175	175	175	174	174	174	174	174	173	173	173	173	172	172
13000	12567	164	163	163	163	163	163	162	162	162	162	162	161	161	161	161	160	160	160	160	160
12000	11567	161	161	161	160	160	160	160	160	159	159	159	159	159	158	158	158	158	158	157	157
11000	10567	159	159	159	158	158	158	158	158	158	157	157	157	157	157	156	156	156	156	155	155
10000	9567	155	155	155	154	154	154	154	154	154	153	153	153	153	153	152	152	152	152	151	151
9800	9367	154	154	154	153	153	153	153	153	152	152	152	152	152	151	151	151	151	151	150	150
9600	9167	153	153	153	152	152	152	152	152	151	151	151	151	151	150	150	150	150	149	149	149
9400	8967	152	152	151	151	151	151	151	150	150	150	150	149	149	149	149	149	148	148	148	148
9200	8767	151	150	150	150	150	149	149	149	149	149	148	148	148	148	148	147	147	147	147	147
9000	8567	149	149	149	148	148	148	148	148	147	147	147	147	147	146	146	146	146	146	145	145
8800	8367	148	147	147	147	147	147	146	146	146	146	146	145	145	145	145	145	144	144	144	144
8600	8167	146	146	146	145	145	145	145	145	144	144	144	144	144	143	143	143	143	143	142	142
8400	7967	145	144	144	144	144	143	143	143	143	143	142	142	142	142	142	141	141	141	141	140
8200	7767	143	143	142	142	142	142	141	141	141	141	141	140	140	140	140	140	139	139	139	139
8000	7567	141	141	140	140	140	140	140	139	139	139	139	139	138	138	138	138	138	137	137	137
7800	7367	139	139	139	138	138	138	138	138	137	137	137	137	137	136	136	136	136	136	135	135
7600	7167	137	137	137	136	136	136	136	136	135	135	135	135	135	134	134	134	134	134	133	133
7400	6967	135	135	135	134	134	134	134	134	133	133	133	133	133	132	132	132	132	131	131	131
7200	6767	133	133	132	132	132	132	132	131	131	131	131	131	130	130	130	130	130	129	129	129
7000	6567	131	130	130	130	130	130	129	129	129	129	129	128	128	128	128	128	127	127	127	127
6800	6367	128	128	128	128	127	127	127	127	127	126	126	126	126	126	125	125	125	125	125	124
6600	6167	126	126	125	125	125	125	125	124	124	124	124	124	123	123	123	123	123	122	122	122
6400	5967	124	123	123	123	123	122	122	122	122	122	121	121	121	121	121	120	120	120	120	120
6200	5767	121	121	120	120	120	120	120	119	119	119	119	119	118	118	118	118	118	117	117	117
6000	5567	118	118	118	118	117	117	117	117	117	116	116	116	116	116	115	115	115	115	115	114
5800	5367	116	115	115	115	115	114	114	114	114	114	113	113	113	113	113	112	112	112	112	112
5600	5167	113	113	112	112	112	112	111	111	111	111	111	110	110	110	110	110	109	109	109	109
5400	4967	110	110	109	109	109	109	109	108	108	108	108	108	107	107	107	107	107	106	106	106
5200	4767	107	107	106	106	106	106	106	105	105	105	105	105	104	104	104	104	104	103	103	103
5000	4567	104	104	103	103	103	103	103	102	102	102	102	101	101	101	101	101	100	100	100	100
4900	4467	102	102	102	101	101	101	101	101	101	100	100	100	100	100	99	99	99	99	98	98
4800	4367	101	100	100	100	100	100	99	99	99	99	99	98	98	98	98	98	97	97	97	97
4700	4267	99	99	99	98	98	98	98	98	97	97	97	97	97	96	96	96	96	95	95	95
4600	4167	98	97	97	97	96	96	96	96	96	96	95	95	95	95	95	94	94	94	94	93
4500	4067	96	96	95	95	95	95	95	94	94	94	94	93	93	93	93	93	92	92	92	92
4400	3967	94	94	94	93	93	93	93	93	92	92	92	92	92	91	91	91	91	91	90	90
4300	3867	92	92	92	92	91	91	91	91	91	91	90	90	90	90	90	89	89	89	89	88
4200	3767	91	91	90	90	90	90	89	89	89	89	89	88	88	88	88	88	87	87	87	87
4100	3667	89	89	89	88	88	88	88	87	87	87	87	87	86	86	86	86	86	85	85	85
4000	3567	87	87	87	86	86	86	86	86	86	85	85	85	85	85	84	84	84	84	83	83
3900	3467	86	85	85	85	85	84	84	84	84	84	83	83	83	83	83	82	82	82	82	81
3800	3367	84	83	83	83	83	83	82	82	82	82	82	81	81	81	81	81	80	80	80	80
3700	3267	82	82	81	81	81	81	81	80	80	80	80	80	79	79	79	79	78	78	78	78
3600	3167	80	80	80	79	79	79	79	79	78	78	78	78	78	77	77	77	77	76	76	76
3500	3067	78	78	78	77	77	77	77	77	76	76	76	76	76	75	75	75	75	75	74	74
3400	2967	76	76	76	76	75	75	75	75	75	74	74	74	74	74	73	73	73	73	72	72
3300	2867	74	74	74	74	73	73	73	73	73	72	72	72	72	72	71	71	71	71	71	70
3200	2767	73	72	72	72	72	71	71	71	71	71	70	70	70	70	70	69	69	69	69	68
3100	2667	71	70	70	70	70	69	69	69	69	69	68	68	68	68	68	67	67	67	67	67
3000	2567	69	68	68	68	68	67	67	67	67	67	66	66	66	66	66	65	65	65	65	65
2900	2467	67	66	66	66	66	65	65	65	65	65	64	64	64	64	64	63	63	63	63	63
2800	2367	65	64	64	64	64	63	63	63	63	63	62	62	62	62	62	61	61	61	61	61
2700	2267	63	62	62	62	62	61	61	61	61	61	60	60	60	60	60	59	59	59	59	59
2600	2167	61	60	60	60	60	59	59	59	59	59	58	58	58	58	58	57	57	57	57	57
2500	2067	58	58	58	58	57	57	57	57	57	57	56	56	56	56	56	55	55	55	55	54
2400	1967	56	56	56	56	55	55	55	55	55	54	54	54	54	54	53	53	53	53	53	52
2300	1867	54	54	54	53	53	53	53	53	53	52	52	52	52	52	51	51	51	51	50	50
2200	1767	52	52	52	51	51	51	51	51	50	50	50	50	50	49	49	49	49	49	48	48
2100	1667	50	50	49	49	49	49	49	48	48	48	48	48	47	47	47	47	47	46	46	46
2000	1567	48	48	47	47	47	47	47	46	46	46	46	45	45	45	45	45	44	44	44	44
	事業	0	22	44	66	82	98	113	131	148	165	185	203	218	237	256	275	294	312	331	349
給与		0	25	50	75	100	125	150	175	200	225	250	275	300	325	350	375	400	425	450	475

248	247	247	247	247	247	246	246	246	246	246	246	245	245	245	245	244	244	244	244	244	232以上
235	235	235	234	234	234	234	234	233	233	233	233	233	233	232	232	232	232	231	231	231	~231
222	222	222	222	222	221	221	221	221	221	221	220	220	220	220	220	219	219	219	219	219	
210	210	209	209	209	209	209	208	208	208	208	208	208	207	207	207	207	207	206	206	206	~215
197	197	197	197	196	196	196	196	196	195	195	195	195	195	195	194	194	194	194	194	193	~199
185	184	184	184	184	184	183	183	183	183	183	183	182	182	182	182	182	181	181	181	181	~183
172	172	172	171	171	171	171	171	170	170	170	170	170	170	169	169	169	169	169	168	168	
159	159	159	159	159	158	158	158	158	158	158	157	157	157	157	157	156	156	156	156	156	~167
157	157	157	156	156	156	156	156	155	155	155	155	155	154	154	154	154	154	153	153	153	
155	155	155	154	154	154	154	154	153	153	153	153	153	153	152	152	152	152	152	151	151	~151
151	151	151	150	150	150	150	150	149	149	149	149	149	149	148	148	148	148	148	147	147	
150	150	150	149	149	149	149	149	148	148	148	148	148	148	147	147	147	147	147	146	146	
149	149	149	148	148	148	148	147	147	147	147	147	147	146	146	146	146	146	145	145	145	
148	147	147	147	147	147	146	146	146	146	146	146	145	145	145	145	145	144	144	144	144	
146	146	146	146	146	145	145	145	145	145	144	144	144	144	144	143	143	143	143	143	142	~143
145	145	145	144	144	144	144	144	143	143	143	143	143	142	142	142	142	142	141	141	141	
143	143	143	143	143	143	142	142	142	142	142	141	141	141	141	141	140	140	140	140	140	
142	142	142	141	141	141	141	141	140	140	140	140	140	139	139	139	139	139	138	138	138	
140	140	140	140	140	139	139	139	139	138	138	138	138	138	138	137	137	137	137	137	136	
139	138	138	138	138	138	137	137	137	137	137	137	136	136	136	136	135	135	135	135	135	~135
137	137	136	136	136	136	136	135	135	135	135	135	135	134	134	134	134	133	133	133	133	
135	135	135	134	134	134	134	133	133	133	133	133	133	132	132	132	132	132	131	131	131	
133	133	133	132	132	132	132	132	131	131	131	131	131	130	130	130	130	130	129	129	129	
131	131	131	130	130	130	130	129	129	129	129	129	129	128	128	128	128	128	127	127	127	~127
129	128	128	128	128	128	128	127	127	127	127	127	126	126	126	126	126	125	125	125	125	
126	126	126	126	126	126	125	125	125	125	125	124	124	124	124	124	123	123	123	123	123	
124	124	124	124	123	123	123	123	123	122	122	122	122	122	122	121	121	121	121	120	120	
122	122	121	121	121	121	121	120	120	120	120	120	120	119	119	119	119	119	118	118	118	~119
119	119	119	119	119	118	118	118	118	118	117	117	117	117	117	116	116	116	116	116	115	
117	117	116	116	116	116	116	115	115	115	115	115	114	114	114	114	114	113	113	113	113	
114	114	114	114	113	113	113	113	113	112	112	112	112	112	111	111	111	111	111	110	110	~111
111	111	111	111	111	110	110	110	110	110	110	109	109	109	109	109	108	108	108	108	107	
109	108	108	108	108	108	107	107	107	107	107	107	106	106	106	106	105	105	105	105	105	
106	105	105	105	105	105	104	104	104	104	104	104	103	103	103	103	103	102	102	102	102	~103
103	102	102	102	102	102	102	101	101	101	101	101	100	100	100	100	100	99	99	99	99	
100	99	99	99	99	99	98	98	98	98	98	98	97	97	97	97	97	96	96	96	96	
98	98	98	98	97	97	97	97	96	96	96	96	96	96	95	95	95	95	95	94	94	~95
96	96	96	96	96	96	95	95	95	95	95	94	94	94	94	94	93	93	93	93	93	
95	95	95	94	94	94	94	93	93	93	93	93	93	92	92	92	92	92	91	91	91	
93	93	93	93	92	92	92	92	92	91	91	91	91	91	91	90	90	90	90	90	89	
92	91	91	91	91	91	90	90	90	90	90	90	89	89	89	89	89	88	88	88	88	
90	90	90	89	89	89	89	89	88	88	88	88	88	87	87	87	87	87	86	86	86	~87
88	88	88	88	87	87	87	87	87	86	86	86	86	86	86	85	85	85	85	85	84	
87	86	86	86	86	86	85	85	85	85	85	84	84	84	84	84	83	83	83	83	83	
85	85	84	84	84	84	84	83	83	83	83	83	83	82	82	82	82	82	81	81	81	
83	83	83	82	82	82	82	82	81	81	81	81	81	81	80	80	80	80	80	79	79	~79
81	81	81	81	81	80	80	80	80	79	79	79	79	79	79	78	78	78	78	78	77	
79	79	79	79	79	79	78	78	78	78	78	77	77	77	77	77	76	76	76	76	76	
78	77	77	77	77	77	76	76	76	76	76	76	75	75	75	75	75	74	74	74	74	
76	76	75	75	75	75	75	74	74	74	74	74	74	73	73	73	73	73	72	72	72	
74	74	74	73	73	73	73	73	72	72	72	72	72	72	71	71	71	71	70	70	70	~71
72	72	72	72	71	71	71	71	71	70	70	70	70	70	69	69	69	69	69	68	68	
70	70	70	70	69	69	69	69	69	68	68	68	68	68	68	67	67	67	67	67	66	
68	68	68	68	68	67	67	67	67	66	66	66	66	66	66	65	65	65	65	65	64	
66	66	66	66	66	65	65	65	65	65	64	64	64	64	64	63	63	63	63	63	62	~63
64	64	64	64	64	63	63	63	63	63	63	62	62	62	62	61	61	61	61	61	60	
62	62	62	62	62	61	61	61	61	61	61	60	60	60	60	60	59	59	59	59	58	
60	60	60	60	60	59	59	59	59	59	59	58	58	58	58	58	57	57	57	57	56	
58	58	58	58	58	57	57	57	57	57	56	56	56	56	56	55	55	55	55	55	54	~55
56	56	56	56	56	55	55	55	55	55	54	54	54	54	54	53	53	53	53	53	52	
54	54	54	54	53	53	53	53	53	52	52	52	52	52	52	51	51	51	51	51	50	
52	52	52	52	51	51	51	51	51	50	50	50	50	50	49	49	49	49	49	48	48	
50	50	50	49	49	49	49	49	48	48	48	48	48	48	47	47	47	47	47	46	46	~47
48	48	48	47	47	47	47	47	46	46	46	46	46	45	45	45	45	45	44	44	44	
46	46	45	45	45	45	45	44	44	44	44	44	44	43	43	43	43	42	42	42	42	
44	43	43	43	43	43	42	42	42	42	42	42	41	41	41	41	41	40	40	40	40	
373	392	410	435	453	471	496	512	527	548	563	582	601	622	641	662	681	699	721	741	763	
500	525	550	575	600	625	650	675	700	725	750	775	800	825	850	875	900	925	950	975	1000	

権利者の年収

算定表９：婚姻費用（9）子１人（14歳以下）+２人（15歳以上）

義務者の年収

給与	事業																				
20000	19567	256	256	256	255	255	255	255	255	255	254	254	254	254	254	253	253	253	253	253	252
19000	18567	243	243	243	243	242	242	242	242	242	241	241	241	241	241	241	240	240	240	240	240
18000	17567	231	230	230	230	230	229	229	229	229	229	228	228	228	228	228	228	227	227	227	227
17000	16567	218	217	217	217	217	217	216	216	216	216	216	215	215	215	215	215	215	214	214	214
16000	15567	205	205	204	204	204	204	204	203	203	203	203	203	203	202	202	202	202	201	201	201
15000	14567	192	192	192	191	191	191	191	191	190	190	190	190	190	189	189	189	189	189	188	188
14000	13567	179	179	179	179	178	178	178	178	178	177	177	177	177	177	176	176	176	176	176	175
13000	12567	167	166	166	166	166	165	165	165	165	165	164	164	164	164	164	163	163	163	163	163
12000	11567	164	164	163	163	163	163	163	162	162	162	162	162	162	161	161	161	161	161	160	160
11000	10567	162	162	162	161	161	161	161	161	160	160	160	160	160	159	159	159	159	159	158	158
10000	9567	158	158	157	157	157	157	157	156	156	156	156	156	156	155	155	155	155	155	154	154
9800	9367	157	157	156	156	156	156	156	155	155	155	155	155	154	154	154	154	154	153	153	153
9600	9167	156	155	155	155	155	155	154	154	154	154	154	153	153	153	153	153	153	152	152	152
9400	8967	155	154	154	154	154	153	153	153	153	153	152	152	152	152	152	151	151	151	151	151
9200	8767	153	153	153	152	152	152	152	152	152	151	151	151	151	151	150	150	150	150	150	149
9000	8567	152	152	151	151	151	151	151	150	150	150	150	150	149	149	149	149	149	148	148	148
8800	8367	150	150	150	150	149	149	149	149	149	148	148	148	148	148	147	147	147	147	147	146
8600	8167	149	148	148	148	148	148	147	147	147	147	147	146	146	146	146	146	145	145	145	145
8400	7967	147	147	147	146	146	146	146	146	145	145	145	145	145	144	144	144	144	144	143	143
8200	7767	145	145	145	145	144	144	144	144	144	143	143	143	143	143	142	142	142	142	142	141
8000	7567	143	143	143	143	142	142	142	142	142	142	141	141	141	141	141	140	140	140	140	140
7800	7367	142	141	141	141	141	140	140	140	140	140	139	139	139	139	139	138	138	138	138	138
7600	7167	140	139	139	139	139	138	138	138	138	138	137	137	137	137	137	136	136	136	136	136
7400	6967	137	137	137	137	136	136	136	136	136	136	135	135	135	135	135	134	134	134	134	134
7200	6767	135	135	135	134	134	134	134	134	134	133	133	133	133	133	132	132	132	132	132	131
7000	6567	133	133	132	132	132	132	132	132	131	131	131	131	131	130	130	130	130	130	129	129
6800	6367	131	130	130	130	130	130	129	129	129	129	129	128	128	128	128	128	127	127	127	127
6600	6167	128	128	128	127	127	127	127	127	127	126	126	126	126	126	125	125	125	125	125	124
6400	5967	126	125	125	125	125	125	124	124	124	124	124	123	123	123	123	123	122	122	122	122
6200	5767	123	123	123	122	122	122	122	122	121	121	121	121	121	120	120	120	120	120	119	119
6000	5567	120	120	120	120	119	119	119	119	119	119	118	118	118	118	118	117	117	117	117	117
5800	5367	118	117	117	117	117	117	116	116	116	116	116	115	115	115	115	115	114	114	114	114
5600	5167	115	115	114	114	114	114	113	113	113	113	113	112	112	112	112	112	112	111	111	111
5400	4967	112	112	111	111	111	111	111	110	110	110	110	110	109	109	109	109	109	108	108	108
5200	4767	109	109	108	108	108	108	108	107	107	107	107	107	106	106	106	106	106	105	105	105
5000	4567	106	105	105	105	105	105	104	104	104	104	104	103	103	103	103	103	102	102	102	102
4900	4467	104	104	104	103	103	103	103	103	102	102	102	102	102	101	101	101	101	101	100	100
4800	4367	102	102	102	102	102	101	101	101	101	101	100	100	100	100	100	99	99	99	99	99
4700	4267	101	101	100	100	100	100	100	99	99	99	99	99	98	98	98	98	98	97	97	97
4600	4167	99	99	99	98	98	98	98	98	98	97	97	97	97	97	96	96	96	96	96	95
4500	4067	98	97	97	97	97	96	96	96	96	96	95	95	95	95	95	94	94	94	94	94
4400	3967	96	96	95	95	95	95	95	94	94	94	94	94	93	93	93	93	93	92	92	92
4300	3867	94	94	94	93	93	93	93	93	92	92	92	92	92	91	91	91	91	91	90	90
4200	3767	92	92	92	92	91	91	91	91	91	90	90	90	90	90	90	89	89	89	89	89
4100	3667	91	90	90	90	90	89	89	89	89	89	89	88	88	88	88	88	87	87	87	87
4000	3567	89	89	88	88	88	88	88	87	87	87	87	87	86	86	86	86	86	85	85	85
3900	3467	87	87	86	86	86	86	86	86	85	85	85	85	85	84	84	84	84	84	83	83
3800	3367	85	85	85	84	84	84	84	84	84	83	83	83	83	83	82	82	82	82	82	81
3700	3267	83	83	83	83	82	82	82	82	82	81	81	81	81	81	80	80	80	80	80	79
3600	3167	81	81	81	81	80	80	80	80	80	80	79	79	79	79	79	78	78	78	78	78
3500	3067	80	79	79	79	79	78	78	78	78	78	78	77	77	77	77	77	76	76	76	76
3400	2967	78	77	77	77	77	77	76	76	76	76	76	75	75	75	75	75	74	74	74	74
3300	2867	76	75	75	75	75	75	74	74	74	74	74	73	73	73	73	73	72	72	72	72
3200	2767	74	74	73	73	73	73	73	72	72	72	72	71	71	71	71	71	71	70	70	70
3100	2667	72	72	71	71	71	71	71	70	70	70	70	70	69	69	69	69	69	68	68	68
3000	2567	70	70	69	69	69	69	69	68	68	68	68	68	67	67	67	67	67	66	66	66
2900	2467	68	68	67	67	67	67	67	66	66	66	66	66	65	65	65	65	65	64	64	64
2800	2367	66	65	65	65	65	65	64	64	64	64	64	63	63	63	63	63	63	62	62	62
2700	2267	64	63	63	63	63	63	62	62	62	62	62	61	61	61	61	61	60	60	60	60
2600	2167	62	61	61	61	61	61	60	60	60	60	60	59	59	59	59	59	58	58	58	58
2500	2067	60	59	59	59	59	58	58	58	58	58	57	57	57	57	57	56	56	56	56	56
2400	1967	57	57	57	57	56	56	56	56	56	56	55	55	55	55	55	54	54	54	54	54
2300	1867	55	55	55	54	54	54	54	54	54	53	53	53	53	53	52	52	52	52	52	51
2200	1767	53	53	53	52	52	52	52	52	51	51	51	51	51	50	50	50	50	50	49	49
2100	1667	51	51	50	50	50	50	50	49	49	49	49	49	48	48	48	48	48	47	47	47
2000	1567	49	48	48	48	48	48	47	47	47	47	47	46	46	46	46	46	45	45	45	45
	事業	0	22	44	66	82	98	113	131	148	165	185	203	218	237	256	275	294	312	331	349
給与		0	25	50	75	100	125	150	175	200	225	250	275	300	325	350	375	400	425	450	475

252	252	252	252	251	251	251	251	251	250	250	250	250	250	250	249	249	249	249	249	248	
239	239	239	239	239	238	238	238	238	238	238	237	237	237	237	237	236	236	236	236	236	233以上
227	226	226	226	226	226	225	225	225	225	225	225	224	224	224	224	224	223	223	223	223	~232
214	213	213	213	213	213	213	212	212	212	212	212	212	211	211	211	211	211	210	210	210	~216
201	201	201	200	200	200	200	200	199	199	199	199	199	199	198	198	198	198	198	197	197	~200
188	188	188	188	187	187	187	187	187	186	186	186	186	186	186	185	185	185	185	185	184	~184
175	175	175	175	175	174	174	174	174	174	174	173	173	173	173	173	172	172	172	172	172	
162	162	162	162	162	162	161	161	161	161	161	161	160	160	160	160	160	159	159	159	159	~168
160	160	160	159	159	159	159	159	158	158	158	158	158	158	157	157	157	157	157	156	156	
158	158	158	157	157	157	157	157	156	156	156	156	156	156	155	155	155	155	155	155	154	
154	154	154	153	153	153	153	153	152	152	152	152	152	152	151	151	151	151	151	150	150	~152
153	153	153	152	152	152	152	152	151	151	151	151	151	151	150	150	150	150	150	149	149	
152	151	151	151	151	151	151	150	150	150	150	150	150	149	149	149	149	149	148	148	148	
150	150	150	150	150	150	149	149	149	149	149	149	148	148	148	148	148	147	147	147	147	
149	149	149	149	148	148	148	148	148	147	147	147	147	147	147	146	146	146	146	146	145	
148	148	147	147	147	147	147	146	146	146	146	146	146	145	145	145	145	145	144	144	144	~144
146	146	146	146	146	145	145	145	145	145	145	144	144	144	144	144	143	143	143	143	143	
145	144	144	144	144	144	144	143	143	143	143	143	143	142	142	142	142	142	141	141	141	
143	143	143	142	142	142	142	142	142	141	141	141	141	141	140	140	140	140	140	140	139	
141	141	141	141	141	140	140	140	140	140	140	139	139	139	139	139	138	138	138	138	138	
139	139	139	139	139	139	138	138	138	138	138	137	137	137	137	137	137	136	136	136	136	~136
137	137	137	137	137	137	136	136	136	136	136	136	135	135	135	135	135	134	134	134	134	
135	135	135	135	135	135	134	134	134	134	134	134	133	133	133	133	133	132	132	132	132	
133	133	133	133	133	132	132	132	132	132	132	131	131	131	131	131	130	130	130	130	130	
131	131	131	131	131	130	130	130	130	130	129	129	129	129	129	129	128	128	128	128	128	~128
129	129	129	128	128	128	128	128	127	127	127	127	127	127	126	126	126	126	126	125	125	
127	126	126	126	126	126	126	125	125	125	125	125	124	124	124	124	124	124	123	123	123	
124	124	124	124	123	123	123	123	123	122	122	122	122	122	122	121	121	121	121	121	120	~120
122	121	121	121	121	121	121	120	120	120	120	120	120	119	119	119	119	119	118	118	118	
119	119	119	119	118	118	118	118	118	117	117	117	117	117	117	116	116	116	116	116	115	
116	116	116	116	116	115	115	115	115	115	115	114	114	114	114	114	113	113	113	113	113	
114	113	113	113	113	113	112	112	112	112	112	112	111	111	111	111	111	110	110	110	110	~112
111	111	110	110	110	110	110	109	109	109	109	109	109	108	108	108	108	108	107	107	107	
108	108	107	107	107	107	107	106	106	106	106	106	106	105	105	105	105	105	104	104	104	~104
105	105	104	104	104	104	104	103	103	103	103	103	103	102	102	102	102	102	101	101	101	
102	101	101	101	101	101	101	100	100	100	100	100	99	99	99	99	99	99	98	98	98	
100	100	100	100	99	99	99	99	99	98	98	98	98	98	98	97	97	97	97	97	96	~96
98	98	98	98	98	98	97	97	97	97	97	96	96	96	96	96	96	95	95	95	95	
97	97	96	96	96	96	96	95	95	95	95	95	95	94	94	94	94	94	94	93	93	
95	95	95	95	94	94	94	94	94	93	93	93	93	93	93	92	92	92	92	92	91	
93	93	93	93	93	93	92	92	92	92	92	92	91	91	91	91	91	90	90	90	90	
92	92	91	91	91	91	91	90	90	90	90	90	90	89	89	89	89	89	88	88	88	~88
90	90	90	90	89	89	89	89	89	88	88	88	88	88	88	87	87	87	87	87	86	
88	88	88	88	88	87	87	87	87	87	87	86	86	86	86	86	85	85	85	85	85	
87	86	86	86	86	86	85	85	85	85	85	85	84	84	84	84	84	83	83	83	83	
85	85	84	84	84	84	84	83	83	83	83	83	83	82	82	82	82	82	81	81	81	
83	83	83	82	82	82	82	82	81	81	81	81	81	81	80	80	80	80	80	79	79	~80
81	81	81	81	80	80	80	80	80	79	79	79	79	79	79	78	78	78	78	78	77	
79	79	79	79	79	78	78	78	78	78	78	77	77	77	77	77	76	76	76	76	76	
77	77	77	77	77	77	76	76	76	76	76	75	75	75	75	75	75	74	74	74	74	
76	75	75	75	75	75	74	74	74	74	74	74	73	73	73	73	73	72	72	72	72	~72
74	73	73	73	73	73	73	72	72	72	72	72	71	71	71	71	71	71	70	70	70	
72	71	71	71	71	71	71	70	70	70	70	70	70	69	69	69	69	69	68	68	68	
70	70	69	69	69	69	69	68	68	68	68	68	68	67	67	67	67	67	66	66	66	
68	68	67	67	67	67	67	66	66	66	66	66	66	65	65	65	65	65	64	64	64	~64
66	66	65	65	65	65	65	64	64	64	64	64	64	63	63	63	63	63	62	62	62	
64	64	63	63	63	63	63	62	62	62	62	62	62	61	61	61	61	61	60	60	60	
62	61	61	61	61	61	61	60	60	60	60	60	60	59	59	59	59	59	58	58	58	
60	59	59	59	59	59	59	58	58	58	58	58	58	57	57	57	57	57	56	56	56	~56
58	57	57	57	57	57	56	56	56	56	56	56	55	55	55	55	55	54	54	54	54	
55	55	55	55	55	55	54	54	54	54	54	54	53	53	53	53	53	52	52	52	52	
53	53	53	53	53	52	52	52	52	52	52	51	51	51	51	51	50	50	50	50	50	
51	51	51	51	50	50	50	50	50	50	49	49	49	49	49	48	48	48	48	48	48	~48
49	49	49	49	48	48	48	48	48	47	47	47	47	47	47	46	46	46	46	46	45	
47	47	47	46	46	46	46	46	45	45	45	45	45	45	44	44	44	44	44	43	43	
45	44	44	44	44	44	44	43	43	43	43	43	43	42	42	42	42	42	41	41	41	
373	392	410	435	453	471	496	512	527	548	563	582	601	622	641	662	681	699	721	741	763	
500	525	550	575	600	625	650	675	700	725	750	775	800	825	850	875	900	925	950	975	1000	

権利者の年収

算定表 10：婚姻費用（10）子３人（15歳以上）

義務者の年収

20000	19567	260	260	260	259	259	259	259	259	258	258	258	258	258	258	257	257	257	257	257	256
19000	18567	247	247	247	246	246	246	246	246	245	245	245	245	245	245	244	244	244	244	244	243
18000	17567	234	234	234	233	233	233	233	233	232	232	232	232	232	232	231	231	231	231	231	230
17000	16567	221	221	221	220	220	220	220	220	219	219	219	219	219	219	218	218	218	218	218	217
16000	15567	208	208	208	207	207	207	207	207	206	206	206	206	206	206	205	205	205	205	205	204
15000	14567	195	195	195	194	194	194	194	194	193	193	193	193	193	193	192	192	192	192	192	191
14000	13567	182	182	182	181	181	181	181	181	180	180	180	180	180	180	179	179	179	179	179	178
13000	12567	169	169	169	168	168	168	168	168	167	167	167	167	167	167	166	166	166	166	166	165
12000	11567	166	166	166	166	166	165	165	165	165	165	164	164	164	164	164	164	163	163	163	163
11000	10567	164	164	164	164	164	163	163	163	163	163	163	162	162	162	162	162	161	161	161	161
10000	9567	160	160	160	160	159	159	159	159	159	159	158	158	158	158	158	157	157	157	157	157
9800	9367	159	159	159	159	158	158	158	158	158	158	157	157	157	157	157	156	156	156	156	156
9600	9167	158	158	158	157	157	157	157	157	157	156	156	156	156	156	155	155	155	155	155	154
9400	8967	157	157	156	156	156	156	156	155	155	155	155	155	155	154	154	154	154	154	153	153
9200	8767	156	155	155	155	155	154	154	154	154	154	154	153	153	153	153	153	152	152	152	152
9000	8567	154	154	154	153	153	153	153	153	153	152	152	152	152	152	151	151	151	151	151	150
8800	8367	153	152	152	152	152	152	151	151	151	151	151	150	150	150	150	150	149	149	149	149
8600	8167	151	151	150	150	150	150	150	150	149	149	149	149	149	148	148	148	148	148	148	147
8400	7967	149	149	149	149	148	148	148	148	148	148	147	147	147	147	147	146	146	146	146	146
8200	7767	148	147	147	147	147	146	146	146	146	146	146	145	145	145	145	145	144	144	144	144
8000	7567	146	145	145	145	145	145	144	144	144	144	144	143	143	143	143	143	143	142	142	142
7800	7367	144	143	143	143	143	143	142	142	142	142	142	142	141	141	141	141	141	140	140	140
7600	7167	142	141	141	141	141	141	140	140	140	140	140	139	139	139	139	139	139	138	138	138
7400	6967	140	139	139	139	139	138	138	138	138	138	138	137	137	137	137	137	136	136	136	136
7200	6767	137	137	137	137	136	136	136	136	136	136	135	135	135	135	135	134	134	134	134	134
7000	6567	135	135	135	134	134	134	134	134	133	133	133	133	133	133	132	132	132	132	132	131
6800	6367	133	132	132	132	132	132	131	131	131	131	131	130	130	130	130	130	130	129	129	129
6600	6167	130	130	130	129	129	129	129	129	129	128	128	128	128	128	127	127	127	127	127	127
6400	5967	128	127	127	127	127	127	126	126	126	126	126	125	125	125	125	125	125	124	124	124
6200	5767	125	125	124	124	124	124	124	124	123	123	123	123	123	122	122	122	122	122	122	121
6000	5567	122	122	122	121	121	121	121	121	121	120	120	120	120	120	120	119	119	119	119	119
5800	5367	119	119	119	119	119	118	118	118	118	118	117	117	117	117	117	117	116	116	116	116
5600	5167	117	116	116	116	116	115	115	115	115	115	115	114	114	114	114	114	113	113	113	113
5400	4967	114	113	113	113	113	112	112	112	112	112	112	111	111	111	111	111	110	110	110	110
5200	4767	110	110	110	110	110	109	109	109	109	109	108	108	108	108	108	108	107	107	107	107
5000	4567	107	107	107	107	106	106	106	106	106	106	105	105	105	105	105	104	104	104	104	104
4900	4467	106	105	105	105	105	105	104	104	104	104	104	103	103	103	103	103	103	102	102	102
4800	4367	104	104	104	103	103	103	103	103	102	102	102	102	102	102	101	101	101	101	101	100
4700	4267	102	102	102	102	101	101	101	101	101	101	100	100	100	100	100	99	99	99	99	99
4600	4167	101	100	100	100	100	100	99	99	99	99	99	99	98	98	98	98	98	97	97	97
4500	4067	99	99	98	98	98	98	98	98	97	97	97	97	97	96	96	96	96	96	96	95
4400	3967	97	97	97	97	96	96	96	96	96	95	95	95	95	95	95	94	94	94	94	94
4300	3867	96	95	95	95	95	94	94	94	94	94	94	93	93	93	93	93	92	92	92	92
4200	3767	94	94	93	93	93	93	93	92	92	92	92	92	91	91	91	91	91	90	90	90
4100	3667	92	92	91	91	91	91	91	91	90	90	90	90	90	89	89	89	89	89	89	88
4000	3567	90	90	90	89	89	89	89	89	89	88	88	88	88	88	87	87	87	87	87	87
3900	3467	88	88	88	88	87	87	87	87	87	87	86	86	86	86	86	85	85	85	85	85
3800	3367	86	86	86	86	86	85	85	85	85	85	85	84	84	84	84	84	83	83	83	83
3700	3267	85	84	84	84	84	84	83	83	83	83	83	82	82	82	82	82	82	81	81	81
3600	3167	83	82	82	82	82	82	81	81	81	81	81	81	80	80	80	80	80	79	79	79
3500	3067	81	81	80	80	80	80	80	79	79	79	79	79	78	78	78	78	78	78	77	77
3400	2967	79	79	78	78	78	78	78	77	77	77	77	77	77	76	76	76	76	76	75	75
3300	2867	77	77	76	76	76	76	76	75	75	75	75	75	75	74	74	74	74	74	73	73
3200	2767	75	75	74	74	74	74	74	73	73	73	73	73	73	72	72	72	72	72	71	71
3100	2667	73	73	72	72	72	72	72	71	71	71	71	71	71	70	70	70	70	70	69	69
3000	2567	71	71	70	70	70	70	70	69	69	69	69	69	69	68	68	68	68	68	67	67
2900	2467	69	69	68	68	68	68	68	67	67	67	67	67	67	66	66	66	66	66	65	65
2800	2367	67	67	66	66	66	66	66	65	65	65	65	65	64	64	64	64	64	63	63	63
2700	2267	65	64	64	64	64	64	63	63	63	63	63	62	62	62	62	62	62	61	61	61
2600	2167	63	62	62	62	62	61	61	61	61	61	61	60	60	60	60	60	59	59	59	59
2500	2067	60	60	60	60	59	59	59	59	59	59	58	58	58	58	58	58	57	57	57	57
2400	1967	58	58	58	58	57	57	57	57	57	56	56	56	56	56	56	55	55	55	55	55
2300	1867	56	56	56	55	55	55	55	55	55	54	54	54	54	54	53	53	53	53	53	52
2200	1767	54	54	53	53	53	53	53	52	52	52	52	52	52	51	51	51	51	51	50	50
2100	1667	52	51	51	51	51	51	50	50	50	50	50	49	49	49	49	49	49	48	48	48
2000	1567	49	49	49	49	48	48	48	48	48	48	47	47	47	47	47	47	46	46	46	46
	事業	0	22	44	66	82	98	113	131	148	165	185	203	218	237	256	275	294	312	331	349
給与		0	25	50	75	100	125	150	175	200	225	250	275	300	325	350	375	400	425	450	475

256	256	256	256	256	255	255	255	255	255	255	254	254	254	254	254	253	253	253	253	253	
243	243	243	243	243	242	242	242	242	242	242	241	241	241	241	241	240	240	240	240	240	234以上
230	230	230	230	230	229	229	229	229	229	229	228	228	228	228	228	227	227	227	227	227	~233
217	217	217	217	217	216	216	216	216	216	216	215	215	215	215	215	214	214	214	214	214	~217
204	204	204	204	204	203	203	203	203	203	203	202	202	202	202	202	201	201	201	201	201	~201
191	191	191	191	191	190	190	190	190	190	190	189	189	189	189	189	188	188	188	188	188	
178	178	178	178	178	177	177	177	177	177	177	176	176	176	176	176	175	175	175	175	175	~185
165	165	165	165	165	164	164	164	164	164	164	163	163	163	163	163	162	162	162	162	162	~169
163	162	162	162	162	162	162	161	161	161	161	161	161	160	160	160	160	160	159	159	159	
161	160	160	160	160	160	160	159	159	159	159	159	159	158	158	158	158	158	158	157	157	
157	156	156	156	156	156	155	155	155	155	155	155	155	154	154	154	154	154	153	153	153	~153
155	155	155	155	155	155	154	154	154	154	154	154	153	153	153	153	153	153	152	152	152	
154	154	154	154	154	153	153	153	153	153	153	152	152	152	152	152	152	151	151	151	151	
153	153	153	153	152	152	152	152	152	151	151	151	151	151	151	150	150	150	150	150	150	
152	151	151	151	151	151	151	150	150	150	150	150	150	149	149	149	149	149	149	148	148	
150	150	150	150	150	149	149	149	149	149	149	148	148	148	148	148	148	147	147	147	147	
149	149	148	148	148	148	148	148	147	147	147	147	147	147	146	146	146	146	146	145	145	~145
147	147	147	147	146	146	146	146	146	146	145	145	145	145	145	145	144	144	144	144	144	
145	145	145	145	145	145	144	144	144	144	144	144	143	143	143	143	143	143	142	142	142	
144	143	143	143	143	143	143	142	142	142	142	142	142	141	141	141	141	141	141	140	140	
142	142	142	141	141	141	141	141	140	140	140	140	140	140	139	139	139	139	139	138	138	
140	140	140	139	139	139	139	139	138	138	138	138	138	138	137	137	137	137	137	137	136	~137
138	138	138	137	137	137	137	137	136	136	136	136	136	136	135	135	135	135	135	135	134	
136	135	135	135	135	135	135	134	134	134	134	134	134	133	133	133	133	133	133	132	132	
133	133	133	133	133	133	132	132	132	132	132	132	131	131	131	131	131	131	130	130	130	
131	131	131	131	131	130	130	130	130	130	130	129	129	129	129	129	128	128	128	128	128	~129
129	129	129	128	128	128	128	128	127	127	127	127	127	127	126	126	126	126	126	125	125	
126	126	126	126	126	125	125	125	125	125	125	124	124	124	124	124	124	123	123	123	123	
124	124	123	123	123	123	123	123	122	122	122	122	122	122	121	121	121	121	121	120	120	~121
121	121	121	121	120	120	120	120	120	120	119	119	119	119	119	119	118	118	118	118	118	
118	118	118	118	118	118	117	117	117	117	117	117	116	116	116	116	116	115	115	115	115	
116	115	115	115	115	115	115	114	114	114	114	114	114	113	113	113	113	113	112	112	112	~113
113	112	112	112	112	112	112	111	111	111	111	111	111	110	110	110	110	110	110	109	109	
110	109	109	109	109	109	109	108	108	108	108	108	108	107	107	107	107	107	107	106	106	
107	106	106	106	106	106	106	105	105	105	105	105	105	104	104	104	104	104	103	103	103	~105
103	103	103	103	103	103	102	102	102	102	102	102	101	101	101	101	101	101	100	100	100	
102	102	102	101	101	101	101	101	100	100	100	100	100	100	99	99	99	99	99	99	98	
100	100	100	100	100	99	99	99	99	99	99	98	98	98	98	98	97	97	97	97	97	~97
99	98	98	98	98	98	97	97	97	97	97	97	97	96	96	96	96	96	95	95	95	
97	97	97	96	96	96	96	96	95	95	95	95	95	95	94	94	94	94	94	94	93	
95	95	95	95	94	94	94	94	94	94	93	93	93	93	93	93	92	92	92	92	92	
93	93	93	93	93	93	92	92	92	92	92	92	91	91	91	91	91	90	90	90	90	
92	91	91	91	91	91	91	90	90	90	90	90	90	89	89	89	89	89	89	88	88	~89
90	90	90	89	89	89	89	89	89	88	88	88	88	88	88	87	87	87	87	87	86	
88	88	88	88	87	87	87	87	87	87	86	86	86	86	86	86	85	85	85	85	85	
86	86	86	86	86	85	85	85	85	85	85	84	84	84	84	84	84	83	83	83	83	
84	84	84	84	84	84	83	83	83	83	83	83	82	82	82	82	82	82	81	81	81	~81
83	82	82	82	82	82	82	81	81	81	81	81	81	80	80	80	80	80	80	79	79	
81	81	80	80	80	80	80	80	79	79	79	79	79	79	78	78	78	78	78	77	77	
79	79	79	78	78	78	78	78	77	77	77	77	77	77	76	76	76	76	76	76	75	
77	77	77	76	76	76	76	76	76	75	75	75	75	75	75	74	74	74	74	74	73	~73
75	75	75	75	74	74	74	74	74	73	73	73	73	73	73	72	72	72	72	72	72	
73	73	73	73	72	72	72	72	72	71	71	71	71	71	71	70	70	70	70	70	70	
71	71	71	71	70	70	70	70	70	69	69	69	69	69	69	68	68	68	68	68	68	
69	69	69	69	68	68	68	68	68	67	67	67	67	67	67	66	66	66	66	66	66	
67	67	67	67	66	66	66	66	66	65	65	65	65	65	65	64	64	64	64	64	64	~65
65	65	65	65	64	64	64	64	64	63	63	63	63	63	63	62	62	62	62	62	61	
63	63	63	62	62	62	62	62	61	61	61	61	61	61	61	60	60	60	60	60	59	
61	61	61	60	60	60	60	60	59	59	59	59	59	59	58	58	58	58	58	58	57	~57
59	59	58	58	58	58	58	57	57	57	57	57	57	57	56	56	56	56	56	55	55	
57	56	56	56	56	56	56	55	55	55	55	55	55	54	54	54	54	54	53	53	53	
54	54	54	54	54	54	53	53	53	53	53	53	52	52	52	52	52	51	51	51	51	
52	52	52	52	52	51	51	51	51	51	51	50	50	50	50	50	49	49	49	49	49	~49
50	50	50	50	49	49	49	49	49	48	48	48	48	48	48	47	47	47	47	47	47	
48	48	48	47	47	47	47	47	46	46	46	46	46	46	45	45	45	45	45	45	44	
46	45	45	45	45	45	45	44	44	44	44	44	44	43	43	43	43	43	42	42	42	
373	392	410	435	453	471	496	512	527	548	563	582	601	622	641	662	681	699	721	741	763	
500	525	550	575	600	625	650	675	700	725	750	775	800	825	850	875	900	925	950	975	1000	

権利者の年収

算定表 11：養育費（1）子 1 人（14 歳以下）

義務者の年収																					
3000	2567	35	34	34	34	33	33	33	32	32	32	32	31	31	31	31	30	30	30	30	29
2800	2367	33	32	32	32	31	31	31	30	30	30	30	29	29	29	29	28	28	28	28	27
2600	2167	31	30	30	29	29	29	29	28	28	28	28	27	27	27	27	26	26	26	26	25
2400	1967	29	28	28	27	27	27	27	26	26	26	26	25	25	25	25	24	24	24	24	23
2200	1767	26	26	26	25	25	25	24	24	24	24	23	23	23	23	22	22	22	22	22	21
2000	1567	24	24	23	23	23	23	22	22	22	22	21	21	21	21	20	20	20	20	19	19
	事業	0	22	44	66	82	98	113	131	148	165	185	203	218	237	256	275	294	312	331	349
給与		0	25	50	75	100	125	150	175	200	225	250	275	300	325	350	375	400	425	450	475

算定表 12：養育費（2）子 1 人（15 歳以上）

義務者の年収																					
3000	2567	42	41	41	40	40	40	39	39	39	38	38	38	37	37	37	36	36	36	36	35
2800	2367	39	39	38	38	37	37	37	37	36	36	36	35	35	35	34	34	34	33	33	33
2600	2167	37	36	36	35	35	35	34	34	34	33	33	33	33	32	32	32	31	31	31	31
2400	1967	34	34	33	33	32	32	32	32	31	31	31	30	30	30	29	29	29	29	28	28
2200	1767	32	31	31	30	30	30	29	29	29	28	28	28	28	27	27	27	26	26	26	26
2000	1567	29	29	28	28	27	27	27	26	26	26	25	25	25	25	24	24	24	24	23	23
	事業	0	22	44	66	82	98	113	131	148	165	185	203	218	237	256	275	294	312	331	349
給与		0	25	50	75	100	125	150	175	200	225	250	275	300	325	350	375	400	425	450	475

算定表 13：養育費（3）子 2 人（14 歳以下）

義務者の年収																					
3000	2567	50	50	49	48	48	48	47	47	47	46	46	45	45	45	44	44	44	43	43	43
2800	2367	47	47	46	46	45	45	45	44	44	43	43	42	42	42	41	41	41	40	40	40
2600	2167	44	44	43	43	42	42	42	41	41	40	40	40	39	39	38	38	38	37	37	37
2400	1967	41	41	40	40	39	39	38	38	38	37	37	37	36	36	36	35	35	34	34	34
2200	1767	38	38	37	36	36	36	35	35	35	34	34	33	33	33	32	32	32	31	31	31
2000	1567	35	34	34	33	33	33	32	32	31	31	31	30	30	30	29	29	29	28	28	28
	事業	0	22	44	66	82	98	113	131	148	165	185	203	218	237	256	275	294	312	331	349
給与		0	25	50	75	100	125	150	175	200	225	250	275	300	325	350	375	400	425	450	475

算定表 14：養育費（4）子 1 人（14 歳以下）+1 人（15 歳以上）

義務者の年収																					
3000	2567	54	53	53	52	52	51	51	50	50	50	49	49	48	48	48	47	47	46	46	46
2800	2367	51	50	50	49	49	48	48	47	47	47	46	46	45	45	45	44	44	43	43	43
2600	2167	48	47	46	46	45	45	45	44	44	43	43	42	42	42	41	41	41	40	40	40
2400	1967	44	44	43	43	42	42	41	41	41	40	40	39	39	39	38	38	37	37	37	36
2200	1767	41	40	40	39	39	38	38	38	37	37	36	36	36	35	35	35	34	34	33	33
2000	1567	38	37	36	36	35	35	35	34	34	33	33	33	32	32	32	31	31	31	30	30
	事業	0	22	44	66	82	98	113	131	148	165	185	203	218	237	256	275	294	312	331	349
給与		0	25	50	75	100	125	150	175	200	225	250	275	300	325	350	375	400	425	450	475

算定表 15：養育費（5）子 2 人（15 歳以上）

義務者の年収																					
3000	2567	57	56	56	55	55	54	54	53	53	53	52	52	51	51	50	50	50	49	49	48
2800	2367	54	53	52	52	51	51	51	50	50	49	49	48	48	48	47	47	46	46	45	45
2600	2167	50	50	49	48	48	48	47	47	46	46	45	45	45	44	44	43	43	43	42	42
2400	1967	47	46	46	45	45	44	44	43	43	42	42	42	41	41	40	40	40	39	39	38
2200	1767	43	43	42	41	41	41	40	40	39	39	38	38	38	37	37	37	36	36	35	35
2000	1567	40	39	39	38	37	37	37	36	36	35	35	35	34	34	33	33	33	32	32	32
	事業	0	22	44	66	82	98	113	131	148	165	185	203	218	237	256	275	294	312	331	349
給与		0	25	50	75	100	125	150	175	200	225	250	275	300	325	350	375	400	425	450	475

算定表 16：養育費（6）子 3 人（14 歳以下）

義務者の年収																					
3000	2567	59	58	58	57	56	56	56	55	55	54	54	53	53	52	52	52	51	51	50	50
2800	2367	56	55	54	54	53	53	52	52	51	51	50	50	50	49	49	48	48	47	47	47
2600	2167	52	51	51	50	50	49	49	48	48	47	47	46	46	46	45	45	44	44	44	43
2400	1967	49	48	47	46	46	46	45	45	44	44	43	43	43	42	42	41	41	40	40	40
2200	1767	45	44	43	43	42	42	42	41	41	40	40	39	39	39	38	38	37	37	37	36
2000	1567	41	40	40	39	39	38	38	37	37	37	36	36	35	35	35	34	34	33	33	33
	事業	0	22	44	66	82	98	113	131	148	165	185	203	218	237	256	275	294	312	331	349
給与		0	25	50	75	100	125	150	175	200	225	250	275	300	325	350	375	400	425	450	475

29	29	29	29	28	28	28	28	28	27	27	27	27	27	26	26	26	26	26	26	25	25以上
27	27	27	27	26	26	26	26	26	25	25	25	25	25	25	24	24	24	24	24	24	~24
25	25	25	25	24	24	24	24	24	23	23	23	23	23	23	22	22	22	22	22	22	
23	23	23	23	22	22	22	22	22	21	21	21	21	21	21	21	20	20	20	20	20	~20
21	21	21	21	20	20	20	20	20	19	19	19	19	19	19	19	18	18	18	18	18	
19	19	19	19	18	18	18	18	18	17	17	17	17	17	17	17	16	16	16	16	16	
373	392	410	435	453	471	496	512	527	548	563	582	601	622	641	662	681	699	721	741	763	
500	525	550	575	600	625	650	675	700	725	750	775	800	825	850	875	900	925	950	975	1000	

権利者の年収

35	35	35	34	34	34	34	33	33	33	33	32	32	32	32	32	31	31	31	31	31	29以上
33	32	32	32	32	31	31	31	31	30	30	30	30	30	30	29	29	29	29	28	28	~28
30	30	30	30	29	29	29	29	28	28	28	28	28	27	27	27	27	27	26	26	26	
28	28	27	27	27	27	26	26	26	26	26	25	25	25	25	25	24	24	24	24	24	~24
25	25	25	25	24	24	24	24	24	23	23	23	23	23	22	22	22	22	22	22	21	
23	23	22	22	22	22	22	21	21	21	21	21	20	20	20	20	20	20	19	19	19	
373	392	410	435	453	471	496	512	527	548	563	582	601	622	641	662	681	699	721	741	763	
500	525	550	575	600	625	650	675	700	725	750	775	800	825	850	875	900	925	950	975	1000	

権利者の年収

42	42	42	41	41	41	40	40	40	40	39	39	39	39	38	38	38	38	37	37	37	37以上
39	39	39	39	38	38	38	37	37	37	37	36	36	36	36	35	35	35	35	34	34	~36
36	36	36	36	35	35	35	34	34	34	34	34	33	33	33	33	32	32	32	32	31	
33	33	33	33	32	32	32	32	31	31	31	31	30	30	30	30	29	29	29	29	29	~29
30	30	30	30	29	29	29	29	28	28	28	28	28	27	27	27	27	26	26	26	26	
27	27	27	27	26	26	26	26	25	25	25	25	25	24	24	24	24	24	23	23	23	
373	392	410	435	453	471	496	512	527	548	563	582	601	622	641	662	681	699	721	741	763	
500	525	550	575	600	625	650	675	700	725	750	775	800	825	850	875	900	925	950	975	1000	

権利者の年収

45	45	45	44	44	44	43	43	43	42	42	42	42	41	41	41	41	40	40	40	40	39以上
42	42	42	41	41	41	40	40	40	39	39	39	39	39	38	38	38	37	37	37	37	~38
39	39	39	38	38	38	37	37	37	36	36	36	36	36	35	35	35	34	34	34	34	
36	36	36	35	35	35	34	34	34	33	33	33	33	32	32	32	32	31	31	31	31	~31
33	32	32	32	32	31	31	31	31	30	30	30	30	29	29	29	29	28	28	28	28	
30	29	29	29	28	28	28	28	27	27	27	27	27	26	26	26	26	25	25	25	25	
373	392	410	435	453	471	496	512	527	548	563	582	601	622	641	662	681	699	721	741	763	
500	525	550	575	600	625	650	675	700	725	750	775	800	825	850	875	900	925	950	975	1000	

権利者の年収

48	48	47	47	47	46	46	46	45	45	45	45	44	44	44	43	43	43	42	42	42	42以上
45	44	44	44	43	43	43	42	42	42	42	41	41	41	40	40	40	40	39	39	39	~41
41	41	41	41	40	40	40	39	39	39	38	38	38	38	37	37	37	36	36	36	36	
38	38	38	37	37	37	36	36	36	35	35	35	35	34	34	34	34	33	33	33	33	~33
35	34	34	34	34	33	33	33	32	32	32	32	31	31	31	31	30	30	30	30	29	
31	31	31	30	30	30	30	29	29	29	29	28	28	28	28	27	27	27	27	26	26	
373	392	410	435	453	471	496	512	527	548	563	582	601	622	641	662	681	699	721	741	763	
500	525	550	575	600	625	650	675	700	725	750	775	800	825	850	875	900	925	950	975	1000	

権利者の年収

50	49	49	49	48	48	47	47	47	46	46	46	46	45	45	45	44	44	44	44	43	43以上
46	46	46	45	45	45	44	44	43	43	43	43	42	42	42	41	41	41	41	40	40	~42
43	42	42	42	42	41	41	40	40	40	40	39	39	39	39	38	38	38	37	37	37	
39	39	39	38	38	38	37	37	37	36	36	36	36	35	35	35	35	34	34	34	34	~34
36	35	35	35	35	34	34	34	33	33	33	33	32	32	32	32	31	31	31	31	30	
32	32	32	31	31	31	30	30	30	30	30	29	29	29	28	28	28	28	27	27	27	
373	392	410	435	453	471	496	512	527	548	563	582	601	622	641	662	681	699	721	741	763	
500	525	550	575	600	625	650	675	700	725	750	775	800	825	850	875	900	925	950	975	1000	

権利者の年収

算定表 17：養育費（7）子２人（14 歳以下）+１人（15 歳以上）

義務者の年収 給与	事業																				
3000	2567	61	61	60	59	59	58	58	57	57	56	56	55	55	55	54	54	53	53	52	52
2800	2367	58	57	56	56	55	55	54	54	53	53	52	52	52	51	51	50	50	49	49	48
2600	2167	54	53	53	52	52	51	51	50	50	49	49	48	48	47	47	47	46	46	45	45
2400	1967	51	50	49	48	48	47	47	47	46	46	45	45	44	44	43	43	43	42	42	41
2200	1767	47	46	45	45	44	44	43	43	42	42	41	41	41	40	40	39	39	38	38	38
2000	1567	43	42	41	41	40	40	39	39	38	38	38	37	37	36	36	35	35	35	34	34
	事業	0	22	44	66	82	98	113	131	148	165	185	203	218	237	256	275	294	312	331	349
給与		0	25	50	75	100	125	150	175	200	225	250	275	300	325	350	375	400	425	450	475

算定表 18：養育費（8）子１人（14 歳以下）+２人（15 歳以上）

義務者の年収 給与	事業																				
3000	2567	63	63	62	61	61	60	60	59	59	58	58	57	57	56	56	55	55	55	54	54
2800	2367	60	59	58	58	57	57	56	56	55	55	54	54	53	53	52	52	51	51	50	50
2600	2167	56	55	54	54	53	53	52	52	51	51	50	50	50	49	49	48	48	47	47	46
2400	1967	52	51	51	50	49	49	49	48	48	47	47	46	46	45	45	44	44	44	43	43
2200	1767	48	47	47	46	46	45	45	44	44	43	43	42	42	41	41	41	40	40	39	39
2000	1567	44	43	43	42	42	41	41	40	40	39	39	38	38	38	37	37	36	36	35	35
	事業	0	22	44	66	82	98	113	131	148	165	185	203	218	237	256	275	294	312	331	349
給与		0	25	50	75	100	125	150	175	200	225	250	275	300	325	350	375	400	425	450	475

算定表 19：養育費（9）子３人（15 歳以上）

義務者の年収 給与	事業																				
3000	2567	65	64	64	63	62	62	62	61	60	60	59	59	58	58	57	57	57	56	56	55
2800	2367	61	61	60	59	59	58	58	57	57	56	56	55	55	54	54	53	53	52	52	51
2600	2167	58	57	56	55	55	54	54	53	53	52	52	51	51	50	50	49	49	49	48	48
2400	1967	54	53	52	51	51	50	50	49	49	48	48	47	47	47	46	46	45	45	44	44
2200	1767	50	49	48	47	47	46	46	45	45	44	44	43	43	43	42	42	41	41	40	40
2000	1567	45	45	44	43	43	42	42	41	41	40	40	39	39	39	38	38	37	37	36	36
	事業	0	22	44	66	82	98	113	131	148	165	185	203	218	237	256	275	294	312	331	349
給与		0	25	50	75	100	125	150	175	200	225	250	275	300	325	350	375	400	425	450	475

52	51	51	51	50	50	49	49	49	48	48	48	47	47	47	47	46	46	46	45	45	45以上
48	48	47	47	47	46	46	46	45	45	45	44	44	44	43	43	43	43	42	42	42	~44
45	44	44	44	43	43	42	42	42	41	41	41	41	40	40	40	39	39	39	39	38	
41	41	40	40	40	39	39	39	38	38	38	38	37	37	37	36	36	36	35	35	35	~36
37	37	37	36	36	36	35	35	35	34	34	34	34	33	33	33	33	32	32	32	32	
34	33	33	33	32	32	32	31	31	31	31	30	30	30	30	29	29	29	29	28	28	
373	392	410	435	453	471	496	512	527	548	563	582	601	622	641	662	681	699	721	741	763	
500	525	550	575	600	625	650	675	700	725	750	775	800	825	850	875	900	925	950	975	1000	

権利者の年収

53	53	53	52	52	51	51	51	50	50	50	49	49	49	48	48	48	47	47	47	46	46以上
50	49	49	49	48	48	47	47	47	46	46	46	46	45	45	45	44	44	44	43	43	~45
46	46	45	45	45	44	44	44	43	43	43	42	42	42	41	41	41	40	40	40	40	
42	42	42	41	41	41	40	40	40	39	39	39	38	38	38	38	37	37	37	36	36	~37
38	38	38	38	37	37	37	36	36	36	35	35	35	35	34	34	34	33	33	33	33	
35	34	34	34	33	33	33	32	32	32	32	31	31	31	31	30	30	30	30	29	29	
373	392	410	435	453	471	496	512	527	548	563	582	601	622	641	662	681	699	721	741	763	
500	525	550	575	600	625	650	675	700	725	750	775	800	825	850	875	900	925	950	975	1000	

権利者の年収

55	54	54	54	53	53	52	52	52	51	51	51	50	50	50	49	49	49	48	48	48	46以上
51	51	50	50	50	49	49	48	48	48	48	47	47	47	46	46	46	45	45	45	44	~45
47	47	47	46	46	45	45	45	44	44	44	44	43	43	43	42	42	42	41	41	41	
43	43	43	42	42	42	41	41	41	40	40	40	40	39	39	39	38	38	38	37	37	~37
40	39	39	39	38	38	38	37	37	37	36	36	36	35	35	35	35	34	34	34	33	
36	35	35	35	34	34	34	33	33	33	33	32	32	32	31	31	31	31	30	30	30	
373	392	410	435	453	471	496	512	527	548	563	582	601	622	641	662	681	699	721	741	763	
500	525	550	575	600	625	650	675	700	725	750	775	800	825	850	875	900	925	950	975	1000	

権利者の年収

事項索引

ま行

や行

ら行

判例索引

著者紹介

三平聡史（みひら・さとし）

〔略歴〕

昭和48年　埼玉県大宮市（現在のさいたま市）生まれ
平成8年　早稲田大学理工学部資源工学科卒業
平成14年　弁護士登録
平成19年　弁護士法人みずほ中央法律事務所開設

〔主な著書〕

『共有不動産の紛争解決の実務―使用方法・共有物分割の協議・訴訟から登記・税務まで』（民事法研究会）
『会社法対応　株主代表訴訟の実務相談』（ぎょうせい）（共著）
『Q＆A 事業承継に成功する法務と税務46の知識』（大蔵財務協会）（共著）
『非上場株式換価・評価・M＆A実務マニュアル』（朝日中央出版社）（共著）
『事業転換マニュアル』（朝日中央出版社）（共著）
『株式交換・移転、会社分割実務のすべて』（朝日中央出版社）（共著）
『相続税軽減・納税実務のすべて』（朝日中央出版社）（共著）
『事業承継実務のすべて』（朝日中央出版社）（共著）
『相続紛争の予防と解決実務のすべて』（朝日中央出版社）（共著）
『会社支配権紛争の予防と解決実務のすべて』（朝日中央出版社）（共著）

〔事務所所在地（東京事務所）〕

〒160-0004　東京都新宿区四谷1-8-14　四谷1丁目ビル3階
弁護士法人みずほ中央法律事務所
Tel：03-5368-6030／FAX：03-5368-6031
https://www.mc-law.jp

〔ご連絡窓口〕

著者としては，新たな法令・解釈についての調査，研究を続けておりますので，本書の内容についてお気づきの点がありましたら，著者の所属する事務所の次のメールアドレスあてに，ご連絡くださいますと幸いです。

soudan@mc-law.jp

ケーススタディ　多額の資産をめぐる離婚の実務
―財産分与，婚姻費用・養育費の高額算定表

2020年5月20日　初版第1刷発行
2020年9月10日　初版第2刷発行
2022年6月14日　初版第3刷発行

著　者　三平聡史
発行者　和田　裕

発行所　日本加除出版株式会社
本　社　郵便番号 171-8516
東京都豊島区南長崎3丁目16番6号
TEL (03)3953-5757(代表)
(03)3952-5759(編集)
FAX (03)3953-5772
URL www.kajo.co.jp

営業部　郵便番号 171-8516
東京都豊島区南長崎3丁目16番6号
TEL (03)3953-5642
FAX (03)3953-2061

組版　(株)精興社　／　印刷・製本　京葉流通倉庫(株)

落丁本・乱丁本は本社でお取替えいたします。
★定価はカバー等に表示してあります。

Printed in Japan
ISBN978-4-8178-4643-3